スポーツ
健康科学

編集　佐藤洋

Health and
sports science

執筆者一覧

編　者

佐藤洋（<ruby>佐<rt>さ</rt></ruby><ruby>藤<rt>とう</rt></ruby><ruby>洋<rt>よう</rt></ruby>）／明星大学

執筆者（掲載順）

佐藤洋（前出）‥‥‥‥‥‥‥‥‥‥‥‥‥‥‥ 第 1 章

<ruby>髙尾尚平<rt>たか お しょうへい</rt></ruby>／日本福祉大学 ‥‥‥‥‥‥‥‥ 第 2 章

<ruby>藤本太陽<rt>ふじもとたいよう</rt></ruby>／福山平成大学 ‥‥‥‥‥‥‥‥ 第 3 章

<ruby>田中良<rt>た なかりょう</rt></ruby>／大阪体育大学 ‥‥‥‥‥‥‥‥‥ 第 4 章

<ruby>田中愛<rt>た なかあい</rt></ruby>／東京学芸大学 ‥‥‥‥‥‥‥‥‥ 第 5 章

<ruby>川田裕樹<rt>かわ た ゆう き</rt></ruby>／國學院大學 ‥‥‥‥‥‥‥‥‥ 第 6 章

<ruby>石井哲次<rt>いし い てつ じ</rt></ruby>／神奈川大学 ‥‥‥‥‥‥‥‥‥ 第 7 章

<ruby>野村由実<rt>の むらゆ み</rt></ruby>／千葉工業大学 ‥‥‥‥‥‥‥‥ 第 8 章

<ruby>沼津直樹<rt>ぬ づ なお き</rt></ruby>／日本体育大学 ‥‥‥‥‥‥‥‥ 第 9 章

<ruby>向本敬洋<rt>むかいもとたかひろ</rt></ruby>／東京理科大学 ‥‥‥‥‥‥‥ 第 10 章

<ruby>馬場俊一<rt>ば ば しゅんいち</rt></ruby>／しのざき整形外科 ‥‥‥‥‥‥ 第 11 章

<ruby>西島大祐<rt>にしじまだいすけ</rt></ruby>／鎌倉女子大学短期大学部

‥‥‥‥‥‥‥‥‥‥‥‥‥‥‥ 第 11 章コラム

<ruby>波多野圭吾<rt>は た の けい ご</rt></ruby>／神奈川大学 ‥‥‥‥‥‥‥‥ 第 12 章

<ruby>韓一栄<rt>はんいるよん</rt></ruby>／神奈川大学 ‥‥‥‥‥‥‥‥‥‥ 第 13 章

はじめに

　本書を手に取っていただいた皆様に、厚く御礼を申し上げます。ぜひ、本書を通した学びから「スポーツ健康科学」の入り口をのぞいていただきたいと思います。

　本書につきましては、大学や短期大学、専門学校などで開講されているスポーツ・健康科学系科目でご使用いただけるように編集されております。必修科目でも、一般教養科目でも、ご使用いただけます。本書は、体育・スポーツ・健康科学における「専門性（正確性）」と「わかりやすさ」を両立させること、また、この複合領域の基礎となる知識を身につけることを念頭に置いております。

　ほんの一例ですが、作成にあたり全員が意識したコンセプト・強みを紹介します。

・体育・スポーツ・健康科学の専門的知識をわかりやすく伝えること、ポイントを絞った簡潔な記述とし、各章のまとめに「学びの確認」を設定する。
・専門用語や語句の解説に始終した内容ではなく、事例や研究などを紹介しながらエビデンスに基づく解説で、専門的なものの見方や裏づけられた根拠を学ぶ。
・テキストの紙面に二次元コードを掲載し、資料や必要な情報にアクセスできる。
・教員のシラバス作成や、大学教育で求められる講義の一助となる要素（各章ごとのねらい・目的・目標を明示、各節ごとの要約など）を盛り込む。

　学習者はアンダーラインを引き、発言を余白にメモしたような経験があると思います。しかし、その時ばかりの使用で後は自宅の片隅に、というケースは少なくありません。

　学び手が学習するこの知識は、ただただ単位を取るために獲得するものではありません。当然ながら、これだけを知って（押さえて）さえおけばよい、といったこともありません。学習者はいわば“人生の時間”をしっかり使い、生涯付き合っていくことになる身体のこと、そしてその周辺の理論を学びます。これらの学びを達成するために、テキストとしてよりよい補助となるべく、本書は「自分の手（字）で汚して使うこと」ができるように仕上げました。ぜひ、自ら執筆して学んだ本書を手元に残していただき、何年後かには、「この時はこんなことを書いたんだ」と自分の執筆を顧みられることを切に願います。

　結びになりますが、編者が示した企画趣旨に賛同し、多忙の中ご執筆いただいた著者の方々に、心より御礼申し上げます。また、本書の出版をご提案いただき、出版までいつもご丁寧に導いていただいた株式会社みらいの皆様に、執筆者を代表して、改めまして御礼を申し上げます。

2022 年 6 月

編著者　佐藤洋

もくじ

はじめに

第1章　スポーツとは何か

1　私たちの頭の中にあるスポーツとは ……………………………………………11
　　1　スポーツという言葉の認識 ………………………………………………11
　　2　スポーツの定義や特徴に迫る ……………………………………………12

2　スポーツと人間の関係 ……………………………………………………………14
　　1　スポーツにのめり込む要因とは …………………………………………14
　　2　スポーツすることの意味や意義 …………………………………………17

3　スポーツするという行為論 ………………………………………………………19
　　1　私たちを"よく"あろうとさせるもの …………………………………19
　　2　「行為」を「選択」する実践学 …………………………………………20
　　3　スポーツ健康科学から学べること ………………………………………22

第2章　健康とは何か

1　WHOの健康の定義について ……………………………………………………25
　　1　健康をめぐる疑問 …………………………………………………………25
　　2　WHOの健康の定義 ………………………………………………………26

2　健康という問題 ……………………………………………………………………27
　　1　WHOの健康の定義に対する批判的見解 ………………………………27
　　2　医学の性質と健康に関する問い …………………………………………28
　　3　WHOの健康の定義と健康不安の問題について ………………………29

3　健康を「自分事」として考えるために …………………………………………31
　　1　疾病生成論から健康生成論へ ……………………………………………31
　　2　健康生成論の考え方とSOCについて …………………………………32
　　3　健康の概念を再考する ……………………………………………………33
　　column　コロナ時代の中で健康を考える ……………………………………37

第3章　心の健康とストレスマネジメント

1 ストレスと心の健康 ································· 39
　1　心の健康 ···························· 39
　2　ストレスと心身の疾病との関係 ··········· 40
　3　ストレスのメカニズム ················· 42
　4　ストレスの評価法 ··················· 47

2 ストレスマネジメント ·················· 48
　1　ストレスマネジメントについて ··········· 48
　2　心の健康のためのストレスマネジメント技法 ·· 50

　column アスリートと心の健康 ··············· 55

第4章　子どものからだと心

1 子どものからだと心の実態 ·············· 57
　1　子どものからだの実態─新体力テストと学校健康診断の結果をもとに─ ········· 57
　2　子どもの心の場所とその発達 ············ 59
　3　子どもの心の実態─子どものからだと心・連絡会議の調査結果をもとに─ ········ 62

2 子どもの生活の実態 ·················· 63
　1　子どもの身体活動の実態 ··············· 63
　2　子どもの電子メディア利用の実態 ········· 65
　3　子どもの睡眠の実態 ················· 66

3 子どものからだと心の健康にかかわる遊び・スポーツのあり方 ··········· 67
　1　子どもの健康にかかわる遊び ············ 67
　2　子どもの健康にかかわるスポーツのあり方 ···· 68

　column 子どもの健康にかかわる学校環境 ······· 71

第5章　パラスポーツ

1 パラスポーツとは ··················· 73
　1　パラスポーツとは ··················· 73
　2　パラスポーツの歴史 ················· 74
　3　パラスポーツの制度と施策 ············· 75

2 パラスポーツから学ぶ障害の捉え方 ········· 77
　1　「障害」についての基礎知識 ············· 77
　2　障害学における障害の捉え方：
　　　インペアメント、ディスアビリティ、ハンディキャップ ·········· 78

3　道具とルールの工夫……………………………………………79

3 パラスポーツの取り組みと課題…………………………………82
　1　パラスポーツに現れる「身体」……………………………82
　2　ユニバーサルデザインの考え方……………………………82
　3　今後の課題…………………………………………………84

column シッティングバレーボールの魅力………………………87

第6章　生活習慣病と運動・身体活動

1 生活習慣病とは………………………………………………89
　1　わが国の疾患構造の変化と成人病・生活習慣病……………89
　2　代表的な生活習慣病…………………………………………91
　3　生活習慣病の原因と解決策…………………………………97

2 生活習慣病の予防・改善と運動・身体活動…………………99
　1　身体活動量・体力と生活習慣病……………………………99
　2　運動による生活習慣病予防・改善のメカニズム…………100
　3　運動による生活習慣病予防の実際…………………………102

column 痩せによって引き起こされる健康問題…………………105

第7章　生活習慣病の予防と改善

1 生活習慣病の予防と改善のための生活の見直し……………107
　1　生活習慣病の予防と改善のために…………………………107
　2　生活習慣病の予防と改善の基本……………………………109

2 生活習慣病とバランスのよい食事…………………………112
　1　バランスのよい食事と栄養素……………………………112
　2　PFCバランスによる食事の取り方………………………114
　3　食事バランスガイドの活用………………………………116
　4　食生活指針…………………………………………………117

3 生活習慣と現代病……………………………………………118
　1　飲酒がもたらす健康への影響……………………………118
　2　喫煙がもたらす健康への影響……………………………119
　3　カフェインがもたらす健康への影響……………………119
　4　健康食品やサプリメントの取り方………………………120
　5　生活習慣とストレス、うつ病……………………………121
　6　スマホ症候群・ゲーム依存症……………………………121

column 昼寝のすすめ　居眠り防止のための昼寝………………123

第8章 体力を測る

1 体力を測る ·· 125
　1 体力の概念 ·· 125
　2 体力を測る意義 ·· 127
　3 体力要素の測定法 ·· 128

2 ライフステージにおける健康課題と必要な体力 ·················· 134
　1 子ども:神経機能の発達と調整力 ································ 134
　2 高齢者:QOL向上と日常生活を営むための体力 ·················· 135
　3 妊産婦:妊娠・出産による身体機能の変化と体力維持・回復 ······ 136
　column 妊娠・出産を契機とした女性の健康と社会活躍について考えよう ······ 139

第9章 身体動作を科学する

1 バイオメカニクスとは ·· 141
　1 バイオメカニクスについて ······································ 141
　2 スポーツバイオメカニクスとその歴史 ···························· 141
　3 なぜスポーツバイオメカニクスを学ぶのか ························ 142

2 スポーツバイオメカニクスの基礎知識 ···························· 143
　1 キネマティクス的分析 ·· 143
　2 キネティクス的分析 ·· 144

3 さまざまなバイオメカニクス ···································· 146
　1 生活とバイオメカニクス ·· 146
　2 自分の動作を観察してみよう ···································· 149
　3 連続写真をつくって自分の動作を評価してみよう ················ 151
　column バイオメカニクスという情報を使う ························ 155

第10章 身体の仕組みとトレーニング

1 身体の仕組み ·· 157
　1 筋・骨格系 ·· 157
　2 脳・神経系 ·· 159
　3 呼吸・循環器系 ·· 161
　4 エネルギー供給系 ·· 163

2 トレーニングの原理・原則とトレーニングによる身体の適応 ······ 164
　1 トレーニングの原理 ·· 164
　2 トレーニングの原則 ·· 165

3 トレーニングプログラムの立案 ·· 167
   1 トレーニングプログラム立案の手順 ··· 167
   2 レジスタンス運動におけるトレーニングプログラムの設定条件 ···· 168
   3 有酸素運動におけるトレーニングプログラムの設定条件 ············ 173
   4 トレーニング前後のコンディショニング ····································· 176
   5 トレーニングプログラム例 ·· 177
  column レジスタンス運動（筋トレ）と減量 ······································· 179

第11章　スポーツ障害・スポーツ医学

1 スポーツ外傷・スポーツ障害 ·· 181
   1 スポーツ外傷とスポーツ障害の分類 ··· 181
   2 年齢別で発症しやすいスポーツ外傷・スポーツ障害 ·················· 183

2 スポーツ場面における応急処置と予防 ··· 184
   1 スポーツ外傷（骨折・脱臼・捻挫など）への対応 ····················· 184
   2 熱中症・脱水症などの予防と応急処置 ·· 185
   3 一次救命処置・心肺蘇生 ··· 186

3 スポーツ時（主にスポーツ障害）における疼痛緩和をめざすには ········ 189
   1 スポーツ障害への対応 ·· 189
   2 自分のけがや障害とどう向き合うか ··· 191
   3 その対策（学生が心掛けられること） ·· 191
  column 腰痛改善の体幹運動 ··· 194
  column 野外活動・自然体験活動における安全管理 ···························· 195

第12章　健康・スポーツと性

1 私たちのからだと性 ·· 197
   1 からだの「性」の決定 ·· 197
   2 発育発達・加齢における性差 ··· 197
   3 妊娠・出産と健康 ·· 199
   4 性感染症・エイズ ·· 200
   5 スポーツの実践における性差 ··· 201

2 スポーツとジェンダー ·· 203
   1 セックスとジェンダー ·· 203
   2 多様な性 ·· 204
   3 スポーツとジェンダー ·· 205
  column 東京2020オリンピック・パラリンピックとジェンダー ············· 211

第13章　ライフステージと生涯スポーツ

1　ライフステージに応じたスポーツ ·· 213
　1　加齢による体力の変化 ·· 213
　2　各年代におけるスポーツ活動 ·· 215

2　生涯スポーツ ·· 216
　1　生涯スポーツとは ·· 216
　2　スポーツの楽しみ方の多様性 ·· 218
　3　ニュースポーツ ·· 221

3　健康と生涯スポーツ ·· 223
　1　QOLと生涯スポーツの役割 ·· 223
　2　わが国におけるスポーツ立国戦略 ·· 223

column 言い訳しない！　有酸素運動は、まとまった時間がなくても細切れでもよい ············ 227

索引 ·· 228

スポーツとは何か

なぜこの章を学ぶのですか？

スポーツは私たちの生きる世界に当たり前のように存在していますが、あなたはどのように理解しているでしょうか。また、実際にスポーツをする人がその意味や価値をよくわからないのならもったいないですよね。
第1章では、そもそもスポーツとは何か、そしてスポーツを通して何を学ぶのかについて考察します。

第1章の学びのポイントは何ですか？

スポーツの経験はあると思うのですが、その最中、「なぜあんなプレー（判断）をしたのか」自分の行為をどこまで理解して説明ができるでしょうか。
人間には無意識の領域がたくさんあります。ここでは反省的態度から、あなたの行為に迫りましょう。

＼ 考えてみよう ／

① 「スポーツって何？」と問われたとき、その実施の意味・意義について、あなたはどのように答えることができるでしょうか。

② あなたはスポーツで、楽しいこと・苦しいこと・嬉しいこと・辛いことを体験すると思います。この経験は、今後の人生に生きるのでしょうか。

1 私たちの頭の中にあるスポーツとは

スポーツとは文化概念である。元々必要としてきた身体活動が人間の生活にあり、その活躍の場として文化的発展を遂げた成果がスポーツであるといえる。「スポーツ」の確固たる定義はないが、樋口聡による遊戯性・組織性・競争性・身体性というスポーツの構成要素は、スポーツと他の活動を区別するための観点となる。

1 スポーツという言葉の認識

（1）スポーツとは文化概念である

　スポーツという言葉を使って本章を進めていくのであるが、まず初めに、「スポーツとは文化概念である」ことを強調したい。

　この点を考えるために、読者には実践したことがある・見たことがある・知っている、といった現在のスポーツを想像してほしい。想像してもらったスポーツには長い時間をかけてルール（規則）やスコア（得点）やタイム（時間）などが整備されてきた歴史がある。私たちはこうした歴史の上で成り立つようなスポーツを考えているのではないだろうか。

　上述した歴史のおかげで、私たちは使用する言語が違っても、大人や子どものように体格や体力が違っても、老若男女が集まったとしても、肌の色が違っていても、世界中の人々とスポーツすることが可能である。このように考えると、誰もがいつでも楽しめるように発展してきたスポーツとは、世界共通語としての機能をもち、そして、誰もがその現象や意味を共有できるような文化なのである。

（2）スポーツが生活に根づく理由

　図らずも、私たちの生活の中にはスポーツが自然に溶け込んでいる。それではなぜ、スポーツは私たちの生活に溶け込んでいるのだろうか。

　スポーツが文化であることは上記の通りだが、文化の意味を確認すると「人間が自然に手を加えて形成してきた物心両面の成果。衣食住をはじめ技術・学問・芸術・道徳・宗教・政治など生活形成の様式と内容とを含む」[1]とある。人間は生活の中で何らかをスポーツへと昇華させたのだろうか。

　人間が狩猟などを通して生活していた頃は、速く走ることや跳べること、ものを遠くに投げることが必要であった。それは獲物を獲得するためであり、そのために身体をよりよく動かすこと、すなわち身体活動なくしては生活が

成り立たたなかったことを意味する。こうした着眼点をもとに、人間は現在のスポーツへと身体活動を昇華させたのではないかと仮定して考えてみよう。

　実際のスポーツ場面では、人間は「走る」「跳ぶ」「投げる」といった身体活動を複雑に組み合わせて実施している。私たちはサッカーにせよ、野球にせよ、バスケットボールにせよ、それぞれのスポーツの特性にあった身体活動を実践しているのではないだろうか。それはまさに、獲物が得点などに置き換わっただけで、人間にとって必要な身体活動が生きる場面という意味では、通底するその本質的な考え方は変わらないように思われる。

　つまり、もともと必要としてきた身体活動が人間の生活にあり、その活躍の場として文化的発展を遂げた成果がスポーツなのである。これが私たちの生活にスポーツが溶け込む状況が生まれた理由であると考えられる。

（3）制定されたスポーツの法律

　日本は 2011（平成 23）年にスポーツ基本法を公布している。その前文は「スポーツは、世界共通の人類の文化である」と始まる。少なくとも日本では、スポーツは地球に生きる人類共通の文化であることを世界に向けて主張したことになる。ここでは、スポーツ基本法で定められるスポーツの定義を少し噛み砕きながら整理したい。

　スポーツ基本法に見るスポーツとは、心と身体を健全な発達に導くものとされている。適度な運動習慣を子どもの頃から身につけておくことは、人生の質（quality of life：QOL）を高めることになる。この意味で、義務教育段階にある子どもたちが体育という教育を通じて身体活動やスポーツを行うことはある種で理に適っている。

　スポーツは精神を十分に満たす充足感を獲得すること、自分の行為を自分で規制しようとする自律心、その他精神の涵養（養い育てること）のためにも有効とされる。さらに、スポーツは今日、国民が生涯にわたって心身ともに健康で、文化的な生活を営む上で不可欠であると述べられる。まさにこの一文では、人間が文化的な生活を営むためにスポーツは欠かせないものと謳われているのであり、私たちの生活に密接に関係することを認めている。

2 スポーツの定義や特徴に迫る

（1）スポーツに見る 4 つの構成要素

　まずはスポーツの定義づけを試みたいのであるが、実は確定した定義は存

在していない。この理由は、時代によってスポーツの考え方や見方が目まぐるしく変化するからである。例えば e スポーツ（electronic sports）が盛んになると「e スポーツはスポーツなのか」といった課題が出るように、スポーツという言葉の捉え方は時代とともに変化している現実がある。

　それではスポーツの定義は難しくとも、ここではスポーツの定義を試みた研究者の議論をヒントに、スポーツの特徴づけを試みたい。

　スポーツ美学の研究者である樋口聡は、「スポーツとは、日常とは異なる意味連関をもつ特殊な情況のなかで（遊戯性）、人為的な規則にもとづき（組織性）、他人との競争や自然との対決を含んだ（競争性）、身体的活動（身体性）である」[2]と述べる。スポーツ倫理学の研究者である近藤良享も、スポーツの定義には諸説あると述べた上で、遊戯性、組織性、競争性、身体性の 4 つの構成要素を備えた活動がスポーツであると述べる[3]。

　今一度整理をすると、❶遊戯性とは、スポーツが日常生活とは異なる非日常の時間・空間の中で行われる活動ということを意味する。❷組織性とは、制度性とも表現でき、スポーツが成立するためにはルールの明確性や絶対性によって支えられなければならないことを意味する。❸競争性は、スポーツでは必然的に競い合いが生じることを意味する。なお、この競争には人と人、チームとチーム、人・チームと自然といった競争の形も含まれる。❹身体性とは、スポーツには身体的に熟練することや卓越した技能を身につけるという性質が伴うことを意味する。

　両者に見る遊戯性・組織性・競争性・身体性という 4 つの構成要素は、スポーツと他の活動を区別するための観点になる[4]。つまり、この 4 つの要素を備えた活動であれば、スポーツとして特徴づけられる活動といえるだろう。

（2）スポーツへの期待と現実

　スポーツを愛好する人々は何を期待して実施するのだろうか。もちろん、スポーツに期待することは人によって異なる。ここでは本書のキーワードである健康と関連づけながら、生涯スポーツの文脈からその実際に迫る。

　スポーツ哲学の研究者である関根正美は、「生涯スポーツが人間にとって持つ意味は、スポーツが『楽しみと健康』をもたらすという点に集約される」[5]と述べる。続けて、「人間としての主体性や人間としての価値の獲得、楽しみの享受を得るために生涯スポーツが求められなければならない」[6]と述べる。つまり、生涯にわたってスポーツと付き合うことは楽しみと健康をもたらし、また逆説的には、私たちの主体性や人間的な価値の獲得のために、スポーツに携わっていくことの必要性が指摘されている。

しかし、現実は綺麗事だけではすまないのである。スポーツを行うことですぐに「楽しみと健康」が得られるわけではない。そこには、苦労や挫折などの過程が存在する。関根は次のように述べる。

　型すなわち理念に向かって成し遂げてゆくとき、人は当然のことながら失敗の不安や挫折といった経験を余儀なくされる。努力を求められることなしに、何事かを成就達成することなどあり得ないのである。ましてや、自己実現を獲得しようとするのであれば、それに伴う苦しみも覚悟しなければならない[7]。

　スポーツはやっておくととにかく効果的なので推奨すればよい、ということはない。当たり前のことではあるが、何らかの達成を得るためには、失敗の不安や挫折などの体験はツキモノであり、自己実現を達成するためには、そこに見合う「努力」をしなければならないのである。

2 スポーツと人間の関係

　人はなぜスポーツをするのか。なぜスポーツに夢中になり、パフォーマンスの向上をめざそうとするのか。この疑問の答えには、「競争」のないスポーツはないこと、「困難」のないスポーツもない中で、失敗を繰り返そうとも「何か」を成し遂げようとする人間（自分）の姿を想像する必要があるだろう。

1 スポーツにのめり込む要因とは

（1）スポーツと競技スポーツ

　スポーツは、常に私たちの生活と密接にかかわりながら、形のないものとして存在している。おそらく、私たちが求めるならばスポーツという言葉を聞かない日はない。それはそれだけ私たちの生活に浸透している証拠である。実際にはスポーツのよい部分や嫌な部分を見たことがあると思われる。もしかすると、体育会系といわれるような競技の世界に身を置いていた人や、それを近くで見ていた人は、競技スポーツにおいて喜怒哀楽に絡むさまざまな体験・経験をすることが多かったかもしれない。

　ここでは、スポーツと競技スポーツの違いを考えるために、そのヒントとして両者の違いを「遊戯性（play）」と「競技性（athletics）」という観点

から考察してみよう [8]。

❶楽しもうとするような遊戯性 ⇔ ❷ライバルに負けまいと臨む競技性の、2様の対比を想像いただきたい。もし、そのスポーツが遊戯性か競技性のどちらかに偏ってしまうならば、ルールなど度外視で遊び呆けることに徹するか、競争を指向して勝利の追求に徹するか、結果的に極端などちらかになる。要は、やっている人が楽しければ何でもいい、強ければ何でもいいといった世界観がそこにはある。

スポーツまたは競技スポーツであっても、その実施にあたっては競争による勝利や成功をめざして取り組んでいることには変わりない。しかし、スポーツと競技スポーツには決定的に異なる点がある。それは、競技スポーツが競技性に多少なりとも偏ることにある。もちろん、それはアスリートがスポーツを楽しんでいないということではない。そもそもスポーツには「気晴らし」や「遊び」という意味があるが [9]、競技スポーツとは、気晴らしや遊びを抑えた活動だといえるだろう。

また、私たちは普段何気なくスポーツという言葉を使っているが、わざわざ競技スポーツという言葉はあまり使わない。上述の議論によってスポーツと競技スポーツが異なることを示したが、私たちはいつの間にか競技スポーツの意味も含めて、スポーツという言葉を使っている現実がある。

(2)「競争」のないスポーツはない

突然だが、スポーツに競争のない形式などがあるだろうか。本章の第1節第2項に記載した通り、4つの構成要素から特徴づけたスポーツを考えていくならば、❸競争性とあるように、人と人（個人戦や自己との競争）、チームとチーム（団体戦など）、人・チームと自然（サーフィンや登山など自然と向き合うもの）といった競争の形式（形態）が存在する。この意味で考えると、スポーツに競争はツキモノなのである。

トーマス（C. Thomas）は、スポーツにおける「競争」の目的は勝利や成功であると述べる [10]。裏を返せば、スポーツにおける「競争」によってこそ、私たちは勝利や成功を手にするのである。そこでは程度の差はあれど、さまざまな次元の競争が行われている。例えば、格闘技では厳しい対人練習を通じて勝利を掴むのであるし、ダンスには一糸乱れぬ作品としての成功がある。私たちは、勝利や成功を掴むために、スポーツというある種の「競争」の世界にのめり込む。

他方、サイモン（R. L. Simon）は「自己との競争を目指す選手にとっての目的は、相手を負かそうとするのではなく、自らの競技能力を高めること」[11] と述べる。彼が述べる競争の形式は「自己との競争」が意識させら

れている。もちろん、相手に勝つことをめざさないことはないが、先のトーマスの論考とは競争の形式（形態）が異なる。健康維持のためのダイエットなどは自分との戦いであるが、一方では他者を振り向かせるためのある種の「競争」なのである。それはまさに、自己実現のための「競争」である。

　また、スポーツ哲学者であるドゥルー（S. B. Drewe）は、特定のスポーツにおける共同的努力について次のように述べている。

　　スポーツの内在的価値には、身体能力、共同の努力を通じた人間の連帯、特定のスポーツの卓越性への関心が含まれる。内在的価値の本質は、それが当の活動の論理的属性だということである。したがって、そうした価値を手に入れたいのなら、これらの価値が内在的であるような活動に従事するのは有意義である。スポーツの内在的価値を追求するさい重要なことは、競争とは卓越性の追求において共同に努力することだという理解である[12]。

　スポーツにある内在的価値が人を夢中にさせるのである。例えば、思いの通りに自分の身体をコントロールすること、誰かと意思疎通することに美しさを感じること、その結果を他者に認めてもらえるような状況である。スポーツの実施に際して、こうした価値を見出して努力することは、自然なことなのである。

（3）「困難」のないスポーツもない

　「競争」やスポーツの内在的価値がアスリートを惹きつけ突き動かすならば、アスリートが好んでスポーツにのめり込む光景は容易に想像できる。しかし、こうした光景には「困難」がツキモノである。スポーツ社会学者の吉田毅は「そもそも種々の困難は、アスリートがそれ相応の目標を目指して競技生活を送っていく際には付き物とも言えよう」[13]、「アスリートには競技生活ないしはその後において、種々の困難が不可避といっても過言ではない」[14]と述べている。アスリートには、スポーツに熱を帯びる過程で「困難」が立ちはだかる。

　関連する言説を列挙してみよう。例えば、学生時代に競技スポーツへ熱中したあまり、いざ競技生活から離れると立ち行かなくなるアスリートは少なくない[15]。それはまさに、学校における勉学を疎かにしてでも、競技を生活の中心に据え続けたことが当てはまる。さらに、アスリートは子どもの頃の目標や願望をほとんど実現できず、競技スポーツの世界から退くことが多い。なぜなら、競技スポーツの世界で安定した居場所を見出そうとしたとし

ても、そこには厳しい競争的現実があるからである[16]。こうした現実はしばしばセカンドキャリア問題を引き起こす。子ども時代から将来を有望視されてきたアスリートはキャリアから離れると競技以外の社会的活動がほとんど初めての体験になり、満足な生活や仕事を為すことに支障あることが考えられる。競技生活に長くのめり込むことは、ある種ギャンブル的要素すらある。また、競技団体によってはプロ契約制度自体がなく、競技のトップ選手であってもアマチュアとして生活することは珍しいことではない。このように、競技という世界にアスリートが惹きつけられ、のめり込むことには、ときに社会的問題すら引き起こす現実がある。

2 スポーツすることの意味や意義

（1）卓越しようとする存在について

　アスリートにとって、社会的現実の観点から厳しい現実があることを述べた。しかし、スポーツに熱中したことのある人（または好きな趣味に没頭したことがある人）にはわかると思うが、まさにそれをやっている時は、先のことなど考えず、楽しく、それが幸せ、むしろこの瞬間を一生懸命に生きている実感すらもつことがある。

　もちろん、こうした生き方がすなわち「本当によいこと」なのかは別の問題である。ここでは、なぜ人間は失敗や不成功を重ねながらも、好きなことには没頭してしまうのかという人間学的な問題を考えてみたい。

　ここでは「卓越（excellence）」概念をヒントに考えてみる。先のドゥルー論（p.16）でも述べたが、もし、あなたが一見ギャンブルとも思えるような競技的生活にのめり込んでいたとしても、実際には試合のための練習や準備に熱心に取り組み、努力をしている。こうした人間的な営みである努力について、スポーツ哲学者のワイス（P. Weiss）は「卓越」概念を使って次のように述べる。

　　競技者は彼自身を現在充足するために戦っている。（中略）彼は、未来ではなくて、現在、彼に可能である卓越（excellence）を求めており、卓越できるし、卓越するのである[17]。

　努力する存在は「現在充足するために戦っている」のであるが、卓越しようとするあなたは、その世界（業界）で認められる卓越性（優秀性）を求めている。つまり、アスリートとしてのあなたならば、その競技種目における

卓越性に基づき、実現可能な勝利や成功を掴むために努力しており、競技の世界における劣等評価のような好ましくないことの存在を感じていたとしても、その世界（業界）で卓越しようとする存在なのである。

（2）"よく"なろうとする人間的性向

　前項では卓越しようとする存在について述べた。ここで、一つの問いを投げかけたい。それは、卓越しようとするあり方を、どのように考えればよいのかということである。ここでは阿部悟郎の指摘を引用しよう。

　　　われわれは失敗にも、「何か」を学ぶではないか。その「よさ」や「何か」の高さが卓越性である。つまり、そこに表現された意味や価値の高さが卓越である [18]。

　この議論では失敗における「何か」や「よさ」の存在が指摘されている。一度、想像をしていただきたい。私たちは失敗や挫折なしに長い競技生活を送り、それにのめり込み続けることができるのだろうか。むしろ、失敗や挫折が、競技生活を続けるための重要なエッセンスになっているのではないだろうか。逆説的には、勝利や成功だけを継続するアスリート（全て自分の思い通りに物事が進んでいる人間）などいないのではないだろうか。

　本項の冒頭では、卓越しようとするあり方をどのように考えればよいかと問いかけたが、ひとまずは、失敗や挫折から学ぶ「何か」や「よさ」がアスリートたちを競技にのめり込ませるあり方を考えるヒントになる。

　では、アスリートが失敗や挫折なしに競技生活へのめり込むことがないと考えるならば、どのようなメンタリティや態度をとって競技生活を過ごすのか。要点を整理すると、卓越すること自体が競技の一つの目的として存在すると同時に、その目的を達成するためには失敗を繰り返しながらも努力するといった、人間的性向あるいは特性がそこにあると考えることができるだろう。

3 スポーツするという行為論

　"いま"の自分をつくってきたのは、間違いなく、これまでの自分の行為による結果の積み重ねである。では、私たちはこれまでの行為から「何を」学んできたのだろうか。本節では、実際にスポーツを実践する場面に着目して、私たちの行為の前段階で必ず起きているはずの「選択」という点から考えていく。

1 私たちを"よく"あろうとさせるもの

（1）スポーツにかける期待と立場

　本節では"よく"あろうとする人間を考察するために、私たちがスポーツにどんな期待をもっているのか、その状況を概観してみよう。

　谷口勇一らの研究では"子どものスポーツ"に対する期待構造について保護者に意識調査を行い、スポーツを通した人格形成や日常生活に役立つ何かを得てほしいと期待していることを明らかにしている。この結果を見ると、保護者はスポーツに対して子どもに何らかの恩恵や教育的効果を期待している。だが、実際にスポーツする子どもは保護者とは異なる意義（価値）を見出している。

　　子ども自身がスポーツ活動に対して抱く期待内容としては、「スポーツでは勝ちたい」と思い、そのことを以って「有名になりたい」、「いろんな人から注目を浴びたい」といった、いわばスポーツが有している文化的特性の中でも特に、アゴン（競争的要素）を多分に含んだスポーツの価値意識に対する期待感が強い[19]。

　スポーツを"させる保護者"と"している子ども"では、行為の意義（価値）の捉え方が異なる。特に、後者について考えると、実際にスポーツをしている子どもは「○○したい（なりたい）」と、それぞれ"よく"あろう考える存在のようである。

　だが、子どもといってもアスリートも十人十色である。実施するスポーツの種目も違えば、環境や性質、性格も異なる。このようなアスリートたちがいかに"よく"あろうとするのかについて考えるために、本節では古代ギリシアの議論を使用してみよう。

（2）有徳な行為論

　ここで用いる概念は「アレテー」である。アレテーは「よさ」の他、「卓越（excellence）」「徳（virtue）」とも訳される概念である。古代ギリシアの研究者である藤沢令夫は、アレテーを「徳」とする場合、その基本的な意味理解を次のように述べている。

　　「徳」と書くと、いかにも道徳的な意味合いに感じられるが、そう訳される原語「アレテー」の基本的な意味は、「よさ、すぐれてあること、卓越性」ということであり、むしろ積極的な「能力」の意味に近い[20]。

　この指摘は、あくまでアレテーの意味を理解するための一つの捉え方であるが、この積極的な「能力」としての「徳」という考え方を踏まえながら、アスリートの行為を解釈していこう。

　積極的な能力としての「徳」を考えるために、例えば、スポーツにおいて必須の能力と考えられる「自信」をキーワードとして考えてみたい。藤沢にならえば、「自信」という「徳」はアスリートにとっての"よさ"であり、その状態自体がすぐれてあることであり、自信自体が卓越した「能力」なのである。つまり「自信」をもっているアスリートとは「徳」ある（また自信という「徳」を発揮できる）アスリートなのである。

2 「行為」を「選択」する実践学

（1）実践的な知について

　「能力」としての「徳」は、人間的な"よさ"として発揮されるものである。例えば、前述の自信の他にも、勇敢、責任、正義、勇気、気転など、発揮できる人間的"よさ"（これは、そういう人柄と考えてもよい）自体は多くある。こうした"よさ"である「徳」を発揮することが「有徳な行為」なのである。

　では、どうすれば「有徳な行為」が身につくのだろうか。勝利者・成功者となるべく、何らかの「徳」を獲得しようとするアスリートにとって、正しい行為を選択するためには何が必要なのか。古代ギリシアの哲学者、アリストテレスに語らせてみよう。

　　「選択」ということは、知慮なくしても、徳なくしても、ただしい選択たりえないものなることが明らかである。後者は目的をただしく措定せ

め、前者は目的へのただしきもろもろのてだてに到達せしめるのだからである[21]。

　ここで初めて出てきたキーワードが知慮（フロネーシス）である。知慮とは「実践的な知」といわれるものである。これがなくては、正しい選択は成立しない。翻って考えれば、あなたの行為にはさまざまなやり方があるのかも知れないが、常々私たちは、何が正しいことなのかを考えた上で行為を「選択」しているのである。

　例えば、次のような例を考えてみよう。あなたは、ケガを押してでも大会に出場しようとしている。しかし、あなたはケガを悪化させる可能性がある。また、チームの状況によっては迷惑をかける可能性も考えられる。こうした状況をあなたはどのように考えるだろうか。もちろん、正解はない。重要なことは、与えられた状況に対してどういった判断を下すかというプロセスに「実践的な知」が必要であるということである。

（2）賞賛されるアスリート

　その道の「実践的な知」を身につけた上での「有徳な行為」の議論をアスリートの現実に当てはめながら考えてみると、次の通りである。

　アスリートは、知慮という「実践的な知」を蓄えた「経験」をもって、「能力」としての「徳」を発揮した「行為」を「選択」することができる。裏を返せば、スポーツ業界ではよく言われる「練習しないことは試合でもできない」ということは当たり前である。たまたまうまくいくことはあるかもしれない。しかしそれらは一瞬のひらめきによるものであって、悪く言えばその場凌ぎである。勝利や成功をめざすアスリートにとって、いつも安定したプレーや高いパフォーマンスを維持することの方が重要であることは言うまでもない。

　また、高いパフォーマンスを発揮できるから、大会で優勝するほど強いからといって、すなわちそのアスリートが素晴らしい人間であるということにはならない。今、素晴らしいと考えているのは結果としての優勝や強さに対してであり、これまでの議論を見てみれば、本当の素晴らしさとは人間的な"よさ（徳）"の中にある。結果的な外面よりも、それを達成する内面的な確かなものにこそ、本当に賞賛される本質があると見ることが大切である。

3 スポーツ健康科学から学べること

　本章では、特にスポーツの世界で生きるアスリートを例にしながら、人間の生のあり方について議論を展開してきた。アスリートが競技社会で生きられる時間は、人生の中でもわずかな時間しかない。そのため、今しかできないようなスポーツ実践を通して生活を充実させることは「今」の時期を最大限に利用することにもなる。長い目で見れば、生きる指針を決定する人格形成の基盤を構築するための時期であるのかもしれない。

　スポーツ健康科学を学ぶ者であれば、スポーツという特殊な世界自体を知ることや、その世界で生きる人間について知ること、そしてその中で何を学ぶことができるのかを知ることが重要である。そして、自分の生活の中でも、今後の人生にも援用できる考え方やあり方を学ぶことも重要となる。

引用文献

1）新村出編『広辞苑［第4版］』岩波書店　1991年　p.2288
2）樋口聡『スポーツの美学—スポーツの美の哲学的探究—』不昧堂出版　1987年　p.31
3）近藤良享『スポーツ倫理』不昧堂出版　2012年　pp.25-26
4）髙橋徹編『はじめて学ぶ体育・スポーツ哲学』みらい　2018年　pp.15-16
5）関根正美「スポーツにおける多元的生—生涯スポーツの哲学的基礎に向けて—」『体育・スポーツ哲学研究』第18巻第2号　日本体育・スポーツ哲学会　1996年　pp.14-15
6）同上書5）　p.15
7）前掲書5）　p.15
8）大橋道雄編著、服部豊示・阿部悟郎『体育哲学原論—体育・スポーツの理解に向けて—』不昧堂出版　2011年　p.142
9）丹羽劭昭『スポーツと生活』朝倉書店　1982年　p.42
10）C. Thomas, *Sport in a philosophic Context*, Lea & Febiger, 1983, pp.77-78
11）R. L. サイモン（近藤良享・友添秀則訳）『スポーツ倫理学入門』不昧堂出版　1994年　p.24
12）S. B. ドゥルー（川谷茂樹訳）『スポーツ哲学の入門—スポーツの本質と倫理的諸問題—』ナカニシヤ出版　2012年　p.47
13）吉田毅「競技者の困難克服の道筋に関する社会学的考察—主体的社会化論を手がかりに—」『体育学研究』第46巻第3号　日本体育学会　2001年　p.242
14）吉田毅「競技者の転身による困難克服の道筋に関する社会学的考察—元アメリカ杯挑戦艇クルーを事例として—」『体育学研究』第51巻第2号　日本体育学会　2006年　p.126
15）加部究『それでも「美談」になる高校サッカーの非常識』カンゼン　2013年
16）A. プティパ、D. シャンペーン、J. チャルトラン他（田中ウルヴェ京・重野弘三郎訳）『スポーツ選手のためのキャリアプランニング』大修館書店　2005年

17）P. ワイス（片岡暁夫訳）『スポーツとはなにか』不昧堂出版　1985 年　p.11

18）前掲書 8）　p.130

19）谷口勇一・渕辰男・永井太介他「"子どものスポーツ"に対する期待構造（1）—小学生とその保護
　　者への意識調査から—」『生涯学習教育研究センター紀要』第 7 号　大分大学生涯学習教育センター
　　2007 年　p.35

20）藤沢令夫『プラトンの哲学』岩波書店　1998 年　p.51

21）アリストテレス（高田三郎訳）『ニコマコス倫理学（上）』岩波書店　1971 年　p.323

学びの確認

①スポーツを継続的に実施するためには、どんな注意が必要ですか。また、どのよう
　な「努力」が必要となりますか。

....

....

....

②人間（アスリート）が何かにのめり込むように熱中するのはなぜですか。卓越しよ
　うとする人間の姿について、具体的に記述してください。

....

....

....

③スポーツの経験や体験から、人生に生かせる教訓を学ぶことはできていましたか。
　あなたのこれまでの行為を思い出して、どんな「実践的な知」を蓄えてきましたか。

....

....

....

健康とは何か

なぜこの章を学ぶのですか？

　健康な生活を送るためには、「健康とは何か」を理解しておく必要があります。「健康とは何か」を理解しておかなければ、誤った情報や健康観に翻弄されてしまう可能性があるからです。「健康とは何か」を理解することは、自らの健康を適切に保持・増進させていくための礎となります。

第2章の学びのポイントは何ですか？

　本章の学びのポイントは、「健康とは何か」を問い深めることです。その際、自分にとって何が生きがいであるのかを自らに問いかけることが肝要です。「健康とは何か」を自分事として考えることが、本章の学びにおける最大のポイントです。

＼ 考えてみよう ／

① 「健康とは何か」と問われたとき、皆さんはどのように答えるでしょうか。

② 皆さんは自分自身のことを健康だと思いますか。またそれはなぜでしょうか。

1 WHO の健康の定義について

健康とは何かを考えるための出発点として、本節では、WHO の健康の定義を確認する。WHO が定義する健康とは、肉体的・精神的・社会的に完全に良好な状態（well-being）である。それは、単に疾病がないことや虚弱でないこととイコールではない。WHO によると、到達可能な最高水準の健康を享受することは全ての人類の基本的権利の一つである。

1 健康をめぐる疑問

（1）私たちに身近な健康

　健康とは何か。人は、どのような場合に健康であるといえるのだろうか。本章では、健康の本質を問い深めていく。

　私たちの身の回りには、「健康」と名のつく言葉が数多く存在する。例えば、「健康診断」や「健康サプリ」「健康食品」といったフレーズは、日常的に見聞きする言葉である。「健康」という言葉は、他方で、国家的な施策でも用いられる。厚生労働省は、国民の健康を促進するべく、「健康日本 21」[*1] という施策を進めてきた[1]。この施策は、健康寿命の延伸や生活習慣病の予防、健康を守るための社会環境の整備などをめざした、国民の健康づくり運動である。

　これらの点を確認するだけでも、私たちにとって健康は、身近なものとなっているように思われる。しかし、私たちは「健康」という言葉と身近に接しているにしても、健康の本質についてどれだけ知っているのだろうか。

（2）健康をめぐる問い

　健康について考えていくと、私たちは、その本質にかかわる問いに直面する。例えば、健康診断は、身長や体重のみならず、視力や聴力、血液や心肺などの状態を精緻に明らかにしてくれる。診断結果には、「A」や「B」といった判定が下され、医師による所見が寄せられる。では、健康診断の結果がよければ、人は「健康」なのだろうか。そうであるならば、生まれながらにして聴覚に障害のある人は、不健康であるということになってしまうだろう。だが、実際には、障害のある人であっても、健康的な人生を歩んでいる人もたくさんいる。多くの人は、パラリンピックで躍動するアスリートを目にして、不健康であるとは思わないはずである。では、健康とは一体どのようなものであるのだろうか。ここに、健康をめぐる疑問が生じる。

＊1　「健康日本 21」については、厚生労働省のホームページ（https://www.mhlw.go.jp/stf/seisakunitsuite/bunya/kenkou_iryou/kenkou/kenkounippon21.html）も確認してみよう。

とりわけ、健康について学んでいくうえでは、「健康とは何か」を押さえておく必要がある。「健康とは何か」が分かっていなければ、そもそも、どのような状態を健康と見なすべきかが不明瞭になってしまうからである。また、「健康とは何か」を理解しておかなければ、健康に関する情報を適切にキャッチすることができないばかりか、誤った情報に翻弄されてしまう可能性もある。さらにいえば、誤った健康観は、差別や偏見を生み出す源泉ともなり得る。「健康とは何か」を問うことは、人が健康な生を営んでいく上で不可欠な作業である。

2　WHO の健康の定義

（1）WHO の健康の定義の確認

　「健康とは何か」を考える上で一つの参照軸となるのは、世界保健機関（World Health Organization：以下「WHO」）の健康の定義である。WHO の健康の定義は、戦後の 1946 年に発表されて以来、健康を理解するための根拠として数多く参照されてきた。読者の中にも、この定義を見聞きしたことのある人は多いのではないだろうか。まずは、WHO の健康の定義を確認してみよう。

　　健康とは、肉体的・精神的・社会的に完全に良好な状態（well-being）であり、単に疾病や虚弱がないことではない。
　　（Health is a state of complete physical, mental and social well-being and not merely the absence of disease or infirmity）[2]

　上記の定義のポイントは 2 つある。1 つは、健康という概念が、病気や虚弱ではないことを超えて、「完全に良好な状態」を指すということである。もう 1 つは、健康は、肉体的・精神的・社会的要素のそれぞれから成り立つという点である。WHO が提唱する健康は、これら 3 つの要素が完全に良好であることを求めるものであり、その意味で、トータルな概念である。
　WHO は、健康を一つの権利として位置づけている。WHO によると、到達可能な最高水準の健康を享受することは、人種や宗教、政治的信条、経済的・社会的状態の差異にかかわらず、全ての人類の基本的権利の一つである。それゆえに WHO は、医学や心理学、およびその他の諸学問の恩恵を全ての人々へ広げることが、十全な健康の達成のために不可欠であると表明している[3]。

（2）WHO の健康の定義と私たちの生活

　こうした WHO の健康観は、コロナ禍を経験した私たちにとって理解しやすいのではないだろうか。私たちは 2020（令和 2）年より、新型コロナウイルス（COVID-19）の感染拡大に伴い、ステイホームを要求されていた。ステイホームの徹底は、強力な感染症対策の一つとして推奨された。だが、ステイホームの徹底はうつ病の発症や悪化に拍車をかける要因になり得るともいわれている[4]。また、コロナ禍においては、社会的な健康を脅かすような事態も生じた。2020（令和 2）年には、例えば、パチンコ店でクラスターが発生しているかのような風評が生じ、パチンコ店やそこに足を運ぶ人々へ差別的な批判が寄せられた[5] *2。

　このように、肉体的・精神的・社会的要素のいずれかを重視するのみでは、完全な健康を享受することはできない。WHO が主張するように、健康を実現する上では、肉体的・精神的・社会的要素のそれぞれが重要であるだろう。

＊2　東京都医師会は、当初、パチンコ店でクラスターが発生しているとの見解を示していたが、後にこれが事実誤認の発言であったとして訂正の声明を出している。

2　健康という問題

　WHO が定義する健康は、世界中で多く参照されてきた一方で、ある批判の対象となっている。それは、「完全に良好な状態」という健康観と医学の発展とのミスマッチに対する批判である。医学が高度に発展した社会では、「完全に良好な状態」としての健康をめざすことがかえって困難となる。なぜなら、医学の発展に伴い、「完全に良好ではない状態」の範囲が拡張され細分化されるからである。そのとき健康は、無限追求目標のようになってしまい、健康不安を惹起する要因ともなり得る。

1　WHO の健康の定義に対する批判的見解

（1）社会の医療化

　もっとも、WHO が定義する健康は、完全無欠の健康観であるわけではない。WHO の健康観に対しては、批判的見解が示されていることも事実である。本項では、まず、先の健康の定義に対する批判的見解を確認する。

　WHO の健康の定義は、「社会の医療化（medicalization of society）」*3 を招くきっかけになったと批判されている[6]。医療化した社会では、医学の見地が健康の尺度として権威性を帯びるようになる。それゆえに、WHO の健康の定義を踏襲するかぎりでは、人々は、むしろ健康から遠ざかっていくと指摘されている。

＊3　社会の医療化
社会におけるさまざまな事柄が医療の対象として規定されていくことを意味する。後に取り上げるように、「メタボリックシンドローム（内臓脂肪症候群）」は、かつては異常なものとされていなかったが、医学の発展に伴い病気の予備軍として規定されるようになった。なお「医療化」とは反対に、「脱医療化」という傾向も存在する。例えば、同性愛はかつて精神疾患の一種として見なされていた

が、20世紀の後半に至って同性愛が異常な状態ではないことが認められるようになった。

上記の批判は、一見すると奇妙ではないだろうか。素朴に考えれば、医療や医学の発展・普及は、WHOが定義するような「完全に良好な状態」としての健康へ人々を導くものであるかのように思えるからである。しかし、事柄の事情はそう単純ではない。「医学の発展・普及＝健康」と等式づけられないことには、それなりの理由がある。

（2）医学の発展とWHOの健康の定義

医学の発展は、さまざまな疾病の克服に寄与してきた。このことは、WHOが設立されるまでの歴史的背景に鑑みても確かである。第1次世界大戦では、スペイン風邪やマラリア、チフスなどの感染症が流行し、戦闘による死者数と匹敵するほどの人々が感染症により亡くなった。だが、第2次世界大戦の際には、感染症による死者数は大きく減少することとなる。この変移の背景には、国際保健協力の進展とそれに伴う医学の発展があったといわれている。国際保健協力と医学の発展に伴い、第2次世界大戦の際には、感染症に抗する方策が共有されるようになり、ペニシリンの携帯や抗マラリア薬などの使用が普及していった。

こうした動向をリードしたのは、1921年に設立された国際連盟保健機関である。国際連盟保健機関とは、WHOの前身となった組織である。この連盟機関の活動はWHOに引き継がれ、戦後も医学的根拠に基づきながら、清潔な居住環境の整備や人々の栄養状態の改善など、幅広い領野から健康を推進してきた[7]。以上の歴史的動向は、先に参照した「医学や心理学、およびその他の諸学問の恩恵を全ての人々へ広げる」というWHOの理念と符合するものであるだろう。

それにもかかわらず、WHOの提唱する健康観が——ないしは、医学の発展・普及が——健康の増進とイコールではないのはなぜなのだろうか。この点を理解するためには、医学というものの性質と健康不安の問題を検討する必要がある。

2 医学の性質と健康に関する問い

（1）医学のもつ性質を考える

私たちが医学と呼ぶものは、どのような性質をもつものであるだろうか。私たちが医学としてイメージするものは、おおよそ西洋医学である。西洋医学は、自然科学を応用した学問分野である。私たちは、多くの面において、西洋医学の恩恵にあずかっている。実際に私たちは、定期的な健康診断によ

り、心身の状態を精緻に点検することができる。また、体調を崩した場合は、医師の治療や薬剤の処方などを受けることができる。このように、一般的に想起される医学のイメージは、「心身の状態をチェックし、病気を治してくれるもの」といったところであるだろう。

（2）異常を生み出す医学の側面

　一方で、健康をより深く考えるためには、医学のもつ別の側面を把握しておく必要がある。医学は、病気を改善に向かわせるものであると同時に、正常（normal）と異常（abnormal）を切り分ける原初のシステムでもある[8]。医学は、科学的な分析を通して、ある状態を「病気」と名づける。裏を返せば、私たちが病気と認識するものは、おおよそ医学がそう名づけたもののことである。さらに、現代の医学は「病気の認識」のみならず、「病気のリスク因子の認識」にまで分析の視野を広げている。

　例えば、メタボリックシンドローム（内臓脂肪症候群）という概念は、その一例である。メタボリックシンドロームは、生活習慣病の予防を促進するために名づけられた医学の言葉である。厳密にいうと、メタボリックシンドロームは病名ではない。しかし、医学の見地からすれば、内臓脂肪の過多は一種の疾病予備軍として認識される。このようにして医学は、社会や人間の中に「異常」を生み出す。

　医学が異常な状態を「病気」と名づけるシステムである以上、医学が発展すればするほどに、病気やそのリスク因子の種類は増えていかざるを得ない。医療化した社会では、異常とされる状態が次々と拡張され細分化される。これが、「社会の医療化」の特徴の一つである。

　では、「社会の医療化」は、私たちの健康とどのようにかかわっているのだろうか。それは、健康不安というある種の不健康さとかかわっている。

3　WHO の健康の定義と健康不安の問題について

（1）「完全に良好な状態」について考える

　いま一度、WHO の健康の定義を思い出してみよう。WHO によると、健康とは、肉体的・精神的・社会的に完全に良好な状態なのであった。だが、医療化した社会では、「完全に良好な状態」の実現はむしろ遠ざかっていく。

　すでに気づいている人もいるかもしれないが、「完全に良好な状態」という健康の規定は、非常にあいまいなものである。何をもって「完全に良好」と見なすべきかについては、明確ではないからである。その一方で、「完全

に良好ではない状態」については特定しやすい。医学の力を借りることで、病気やリスク因子の特定が精緻に可能となるからである。こうした条件下では、健康を判断するための材料は、その対概念である「完全に良好ではない状態」の方に求められることになる。つまり、「完全に良好ではない状態」を消去することにより「完全に良好な状態」を追い求めようとする消去法的思考が生まれる [9]。

　だが、医療化した社会では、「完全に良好ではない状態」の消去もまた困難を極める。前項で確認した通り、医学が発展すればするほど、病気やリスク因子の数は増えていき、完全に良好ではないとされる範囲が拡張されるからである。それでもなお、完全な健康を求めようとすれば、私たちは、健康不安の悪循環に巻き込まれてしまう。以下では、健康不安の問題をわが国の疾患の消息に照らし合わせて考えてみる。

（2）無限追及目標となる健康

　現代の日本では、「悪性新生物（がん）」「脳卒中」「心筋梗塞等の心血管疾患」「糖尿病」「うつ病やその他の心の病気（精神疾患）」が、広範かつ継続的な医療提供が必要とされる5疾患として挙げられている [10]。これらは、国民の多くにかかわる疾患であり、わが国では死亡者数の多い疾患である。この5疾患の特徴の一つは、そのほとんどが慢性疾患であるということである。慢性疾患の発症には、遺伝要因のみならず、食生活や運動習慣、飲酒や喫煙の習慣、睡眠習慣ひいては広義の外部環境など、生活習慣の全般にかかわるリスク因子が複合的に関係している。この点において慢性疾患は、感染症と異なる性質をもっている。感染症の場合には、体内への病原体の侵入を防ぐことやワクチンの接種などが明確な対応策となり得る。他方、慢性疾患の場合には、そのリスク因子は多岐にわたっており、病気の進行具合についても自覚症状に乏しい [11]。ゆえに、慢性疾患を完全に予防しようとするなら、ひとまず、医学が示すリスク因子を一つ一つ潰していくほかない。だが、慢性疾患の進行は、自覚症状に乏しいものであるから、リスク因子の排除が病気の予防に寄与しているのかを正確に実感することはできない。その間にも医学の発展は、病気のリスク因子を次々と発見していく。それに応じて、健康に対して懸念しなければならない事項は増えていき、より複雑で高度な予防対策が求められるようになる。「完全に良好な状態」としての健康を求めれば求めるほどに、健康に対する不安は、逆説的にも膨張してしまう。

　このように、医学の知見のみを判断基準とし、WHOが提唱する「完全に良好な状態」としての健康を追求しようとするならば、人は、健康不安の悪循環に巻き込まれていく。そのとき健康は、追っても追っても追いつくこ

とのない「無限追求目標」[12] となり得る。私たちは、こうした批判が WHO の健康観に対して差し向けられていることを把握しておく必要がある。

3　健康を「自分事」として考えるために

　WHO の健康観に批判的な眼差しが向けられている中、現代では、健康生成論という新たな考え方が提起されている。健康生成論は、医学の尺度のみによって「健康／不健康」を二分するのではなく、「健康─健康破綻の連続体」として健康を捉える考え方である。今日では、こうした健康観の転向に伴い、健康を「完全に良好な状態」と捉えるのではなく、「適応や自己管理の能力」と解釈する動向がある。この考え方において重要なことは、自らにとって望ましい生が何かを問い深めることである。

疾病生成論から健康生成論へ

　前節の考察は、医学の知見を軽視するものでも、医学の未熟さを指摘するものでもない。医学の発展は、かつては救うことのできなかった命を救うことへ貢献してきた。また、医学の知見は、私たちが心身の状態を客観的に評価する上で不可欠なものである。このことを忘れてはならない。

　問題は、「完全に良好な状態」という健康観であり、医学の知見のみを健康の指標にする態度である。問題の所在は、私たち自身の健康に対する向き合い方にある。私たちは、病気の予防やリスク因子の排除に迫られ、「完全に良好な状態」というあいまいな地点をめざすことが本当に健康と呼べるのかを自らに問いかけてみる必要がある。

　では、「完全に良好な状態」という観念に縛られずに、それでもなお「健康とは何か」を問い深めるためには、どのような考え方が求められるのか。実のところ、現代ではある健康観の転向が生じている。それは、疾病生成論（pathogenesis）から健康生成論（salutogenesis）への転向である。疾病生成論から健康生成論への転向は、もともと、医療社会学・健康社会学者であるアントノフスキー（A. Antonovsky）が 20 世紀の後半に提起した考え方である。アントノフスキーが提唱する健康生成論は、「完全に良好な状態」をめざす健康観ではない。あるいは、「完全に良好ではない状態」を徹底的に排除しようとする健康観でもない。そうであるならば、疾病生成論から健康生成論への転向は、どのような健康観の変化なのであろうか。

2 　健康生成論の考え方と SOC について

（1）疾病生成論

　本項では、疾病生成論と健康生成論の概念をアントノフスキーの著作を参照しながら確認する [13]。あらかじめ断っておくと、疾病生成論は、ここまで本章が批判的に検討してきた健康観と符合し、健康生成論は、それと異なる健康観を提起し得るものである。

　アントノフスキーによると、疾病生成論とは、正常と異常を二分し、病気やリスク因子の排除を健康の指標とするような健康観である。だが、疾病生成論の観点は、包括的な健康を問題にすることはできず、それぞれの病気の改善を図るにとどまる。こうした問題は、前節で検討した社会の医療化の難点と一致する。

（2）健康生成論と SOC

　これに対してアントノフスキーは、健康生成論という概念を提唱する。健康生成論の特徴はいくつかある。健康生成論では、人間の状態を健康—健康破綻の連続体（health ease ╱ dis-ease continuum）と捉える（図2-1）。この考え方は、正常（健康）と異常（健康破綻）を二分する疾病生成論と対極にある。健康生成論は、健康—健康破綻の連続体において、人間が健康の極に近いのか、健康破綻の極に近いのかを問題とする。健康生成論では、病気やリスク因子の有無を健康の指標とするのではなく、その人の健康要因に着目する。つまり、ある人が健康の極に近い生き方をできているのであれば、その状態を支えている健康要因を大切にする。

　健康生成論では、首尾一貫感覚（sense of coherence：以下「SOC」）の充実が健康を生成する要因として位置づけられている。SOC は、把握可能感と処理可能感、有意味感の 3 要素からなる。把握可能感とは、自らの置かれた状況に秩序性を感じ、一定の予測と説明が可能であるという感覚であ

図 2-1 　健康生成論における「健康—健康破綻の連続体」

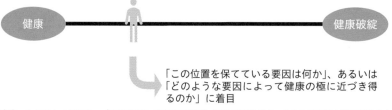

出典 　A. アントノフスキー（山崎喜比呂・吉井清子監訳）『健康の謎を解く—ストレス対処と健康保持のメカニズム—』
　　　有信堂高文社 　2001 年をもとに筆者作成

る。処理可能感とは、困難な状況に置かれたとしても、それに対処し得る能力や資源が自分にはあるという感覚である。有意味感とは、人生において生じる問題や要求に対して、エネルギーを投じたり、かかわる価値を感じたりする感覚である。なお、精神科医の斎藤環は、SOC の 3 要素を「わかる（把握可能感）」「できる（処理可能感）」「意味がある（有意味感）」と言い換えている[14]。

（3）生活のストーリーと健康生成論

　ここでは、健康生成論を理解するために、一つの例を想定してみよう。例えば、脚に不自由を抱える年配の男性がいるとする。彼は、ジョギングやスポーツなどの運動をすることができない。彼の毎日は、起床後に車いすで煙草を買いに出かけることから始まる。煙草を手にした彼は雀荘(じゃんそう)に向かい、仲間たちと麻雀をしながらコーヒーと煙草をたしなむ。夜には、ビールを片手に妻と談笑にふける。疾病生成論の立場からすれば、この男性は、不健康であるほかない。彼の生活は、運動不足や喫煙、飲酒といった不健康要因に囲まれている。だが、健康生成論に基づけば、異なる解釈が可能となる。煙草を買いに出かけ、仲間たちと麻雀を楽しむ日々は、車いすによる移動という不自由を伴いながらも、彼の日常に秩序性を与え（把握可能感）、生きがいをもたらす（有意味感）。飲酒がリスク因子であるにしても、妻との晩酌もまた、彼の生きがいとなり得よう（有意味感）。また、こうした人々とのかかわりの中で、「たとえ困難があっても仲間や妻へ助けを求めることができる」という確信を得られるのなら、彼の生活は安心に包まれたものとなる（処理可能感）。健康生成論の観点からは、こうした生き方は、健康の極に近い状態にあると考えられるのである。

　以上のように、健康生成論では、人の生を健康―健康破綻の連続体として考える。健康生成論では、局所的な病気の有無ではなく、その人の生活の全体的なストーリーが問題となる。健康生成論に基づけば、人は病気や障害があったとしても、健康であり得る。

3　健康の概念を再考する

（1）ケアとキュア

　ここまで、社会の医療化の問題点との対比から、健康の概念を批判的に考えてきた。その文脈の中で参照したのが、疾病生成論から健康生成論への健康観の転向であった。もっとも、医療のあり方にも、一定の変化が生じてき

ていることを指摘しておく必要があるだろう。それは、キュア（cure）からケア（care）への変化である。

ケアとは、20世紀末から21世紀にかけて、さまざまな場面で使われるようになった言葉である[15]。キュアからケアへの変化は、医療主導の「病気の発見→治療→元の状態への復元」という考え方（キュア）から、患者の自立や尊厳、生活の質といったものを支援する考え方（ケア）への変化であるといえる[16]。終末期医療における緩和ケアや精神疾患に対するオープンダイアローグ*4 といった取り組みは、病気やリスク因子の除去のみを目標としない医療のあり方を特徴づけている。

（2）WHOの健康の定義を問い直す

疾病生成論から健康生成論への健康観の転向に伴い、WHOの健康の定義に対しても、積極的な問い直しがなされている。それは、「完全に良好な状態」という健康観に修正を加え、肉体的・精神的・社会的という枠組みを引き継ごうとするものである。現代では、健康を適応や自己管理の能力（the ability to adapt and to self-manage）と捉える動向がある[17]。そこでは、健康の肉体的・精神的・社会的側面が、以下のように再解釈されている。

ヒューバー（M. Huber）らは、肉体的な健康を移りゆく状況の中で生理的なホメオスタシス*5 を維持する能力と定義し、精神的な健康をSOCが充実した状態としている。さらに彼女らは、社会的な健康について、その人のポテンシャルや義務を実現させる能力（capacity）、およびその人自身の生活をある程度自立して管理する能力（ability）、ならびに社会的な活動に参加することのできる能力として説明している。

こうした健康観の変化は、健康の概念の再考を迫るものである。前節で検討した通り、健康は「完全に良好な状態」という無限追求目標であるべきではない。健康はむしろ、人生の目標や生きがいとの関係から捉えられるべきものである。健康とは、人が自らの生をよりよく生きるための肉体的・精神的・社会的な基盤であるとともに、よく生きようとする私たち自身を養うものである。

（3）「自分事」として考える健康

私たちが自らの健康を促進していく上では、もちろん医学の知見や健康に関連する情報が有益となる。本章では、医学のみを基準とした健康観を批判的に見てきたが、医学そのものを批判してきたわけではない。健康生成論を提唱したアントノフスキーもまた、疾病生成論を放棄すべきと考えているのではなく、健康生成論と相補的な関係にあるものとして位置づけている[18]。

*4 オープンダイアローグ
フィンランドで生まれた精神疾患治療の方法である。「オープンダイアローグ」では、投薬や入院を主とした治療を行うのではなく、患者や家族、医療者が対等な目線で対話を繰り返すことにより症状の緩和をめざす。

*5 ホメオスタシス
生体の外から受ける環境等の変化に適応し、生体が自らの内部状態を一定に保つ現象である。なお「ホメオスタシス」は、日本語では「恒常性維持機能」と呼ばれる。併せて第3章（p.42）も参照のこと。

医学の知識や健康に関する情報は、私たちが自らの現状を判断する上でなおも重要である。その意味では、ヘルスリテラシーをもつことが肝要である。ヘルスリテラシーとは、健康に関連する情報を、獲得し、処理し、話し合うことのできる技能である[19]。

　本書の内容も、読者のヘルスリテラシーに基づきながら、取捨選択され、理解されるべきである。そのためには、どのような生き方が自らにとってよりよいものであるのかを問い深め、そのような生き方を支えるものとして健康を考えていかなければならない。本章は、次章以降の学びに先立ち、上記の問いへ読者を誘うことを期している。ぜひとも、健康を「自分事」として考えてみてほしい。

引用文献

１）厚生労働省「国民の健康の増進の総合的な推進を図るための基本的な方針」2012 年
　　https://www.mhlw.go.jp/bunya/kenkou/dl/kenkounippon21_01.pdf
２）WHO, WHO remains firmly committed to the principles set out in the preamble to the Constitution
　　https://www.who.int/about/governance/constitution
３）同上 2）
４）鳥集徹『コロナ自粛の大罪』宝島社新書　2021 年　pp.149-152
５）東京都医師会「5 月 13 日開催の記者会見における発言の一部訂正について」
　　https://www.tokyo.med.or.jp/18877
６）M. Huber, J. A. Knottnerus, L. Green *et al.*, How should we define health?, *BMJ (online)*, 343:d4163, 2011, 1-2
　　DOI:10.1136/bmj.d4163
７）詫摩佳代『人類と病』中公新書　2020 年　pp.25-62
８）佐藤友亮『身体知性―医師が見つけた身体と感情の深いつながり―』朝日新聞出版　2017 年　pp.14-28
９）上杉正幸『健康不安の社会学―健康社会のパラドックス―』世界思想社　2000 年　pp.8-9
10）厚生労働書編『平成 30 年版厚生労働白書―障害や病気などと向き合い、全ての人が活躍できる社会に―』日経印刷　2018 年　pp.69-70
11）上杉正幸『健康病―健康社会はわれわれを不幸にする―』洋泉社　2002 年　pp.82-86
12）前掲書 9）　p.13
13）疾病生成論と健康生成論に関する考察は、以下のアントノフスキーの文献を参照する。A. アントノフスキー（山崎喜比呂・吉井清子監訳）『健康の謎を解く―ストレス対処と健康保持のメカニズム―』有信堂高文社　2001 年　pp.3-18
14）斎藤環『人間にとって健康とは何か』PHP 新書　2016 年　p.22
15）加藤直克「ケアからケアへ―ケアの意味への再帰的アプローチ」実存思想協会編『生命技術と身体』

　　理想社　2012年　pp.61-62

16）前掲書14）　pp.23-26

17）前掲書6）　p.2

18）前掲書13）　pp.3-17

19）N. D. Berkman, T. C. Davis, L. McCormack, Health Literacy: What Is It?, *Journal of Health Communication (online)*, 2010, 16

　　DOI: https://www.tandfonline.com/action/showCitFormats?doi=10.1080/10810730.2010.499985

学びの確認

① WHO は健康をどのように定義していましたか。

....

....

....

②医学のみを指針とした健康観には、どのような問題点がありますか。

....

....

....

③健康生成論の考え方は、どのようなものだったでしょうか。疾病生成論との違いを指摘しながら、まとめてみましょう。

....

....

....

コロナ時代の中で健康を考える

日本体育大学／髙尾尚平

■ コロナ禍の現在：
社会や人間のあり方に対する不安

2022（令和4）年現在、私たちは、コロナ禍の時代を経験しました。混沌とした状況下では、どうしても、目先の感染症対策に目を奪われがちになります。コロナ禍では、本論で取り上げたパチンコ店に対する風評被害のみならず、自粛警察といった問題も起きました。ワクチン接種も始まりましたが、ワクチンを打った人（打てた人）と打っていない人（打てない人）との間で、社会的な分断が生じる恐れもあります。

こうした諸問題の背景には、疾病生成論のような健康観が通底しているのではないでしょうか。それは、感染症対策が至上の価値となり、「ゼロリスク」を志向する健康観です。

では、「ゼロリスク」とは、どのような状況を指すのでしょうか。感染症にかぎっていえば、人間と人間が全く会わない状況が「ゼロリスク」です。そうした状況では、感染症のリスクが排除されるのみならず、人間と人間が会うことによって生じうる軋轢や暴力なども減少していくことでしょう。

しかし、私たちは、そうした状況が人間にとって本当に善いものであるのかを少し立ち止まって考えてみる必要があります。そもそも、人と会うことなく、私たちは人間らしく生きられるのでしょうか。かつて、哲学者の和辻哲郎は、「人間」は、「人の間」の存在であると考えました。この和辻の考えは、人間として生きることが、もとより、他者との関係を前提にしていることを私たちに教えてくれます。

「ゼロリスク」に心を奪われ、人間と人間が会うことを拒絶する社会は、「人間」が生きることの前提を何ほどか忘却しているように思えます。現代は、感染症対策のみならず、人間そのものや望ましい社会のあり方が問われている時代なのではないでしょうか。

■ コロナ禍で健康を考える：
「ただ生きること」と「善く生きること」

哲学者のソクラテスは、ただ生きることよりも、善く生きることの大切さを説いた人物であったといわれています。ソクラテスは、死を回避するだけの生よりも、死をも受け入れた生の方に、魂の気高さを捉えた哲学者です。このようなソクラテスの考えは、現代において示唆的であるのみならず、本章で確認した健康生成論に通ずるものがあるように思えます。健康生成論に基づくなら、私たちは、病気やリスク要因の排除のみに意識を縛られるのではなく、善く生きるための要因を探究していくべきでしょう。

私たちは、コロナ禍において一定の不自由さを強いられています。そうした中でも、より善く生きるためには、何が必要であるのかを問い深めていくことが大切です。また、コロナ禍の現在は、かつては当たり前のように行われていた「友人とたむろすること」や「飲み会をすること」、ひいては「人と会うこと」といった出来事の尊さを教えてくれている気がします。私たちは、こうした経験から、「善く生きること」のヒントを得られるのではないでしょうか。本章の学びを踏まえるなら、「善く生きること」を可能にする基盤が健康であるといえそうです。

もちろん、人が「善く生きること」を大切するためには、その前提として、「ただ生きること」が尊重されていなければなりません。新型コロナウイルスは、ある年齢層や基礎疾患を有する人に対しては、死に直結するダメージを与えるものです。「善く生きること」が大切であるのと同様に、「ただ生きること」を望む魂の叫びを無下にしてはいけないでしょう。私たちは、こうした多元的な視野から健康について考えていく必要があります。

第3章 心の健康とストレスマネジメント

なぜこの章を学ぶのですか？

　現代社会では、ストレスや心の病気により心の健康が損なわれていることが問題となっています。心の健康は生きがいや生活の質にかかわるため、心の健康について学ぶことはとても大切なことです。

第3章の学びのポイントは何ですか？

　本章では、心の健康とストレスとの関係、ストレスメカニズムと心の健康を保つためのストレスマネジメントについて学びます。
　本章で得た知識を実践に応用し、健康なライフスタイルの確立に期待しています。

＼＼ 考えてみよう ／／

① あなたが現在抱えているストレスはどのようなものがあるか考えてみましょう。

② あなたが現在行っているストレス対処法はどのようなものがあるか振り返ってみましょう。

1 ストレスと心の健康

> ストレスは「生体に生じる歪み」を意味し、ストレッサー、ストレス耐性、ストレス反応に区別されている。ストレスメカニズムを理解し、ストレスを適切に評価することは、心の健康の保持・増進に向けた現状把握やストレスマネジメントに活用することが可能となる。

1 心の健康

　「健康日本 21」[*1 1)] によると、心の健康とは「いきいきと自分らしく生きるための重要な条件である」とされている。その条件として具体的には、①自分の感情に気づいて表現できること（情緒的健康）、②状況に応じて適切に考え、現実的な問題解決ができること（知的健康）、③他人や社会と建設的でよい関係を築けること（社会的健康）、④人生の目的や意義を見出し、主体的に人生を選択すること（人間的健康）の 4 つの条件が挙げられている。このことから、心の健康とは、単に精神疾患がなければよいというものではなく、自己を自覚し確立していること、そして他者との関係を良好に維持できることを意味している。また、こうした心の健康は生活の質にも大きく影響を及ぼすため、心の健康を保つことが求められている。

　心の健康を保つには、適度な運動、バランスのとれた栄養・食生活、心身

＊1　健康日本 21
「21 世紀における国民健康づくり運動」（通称「健康日本 21」）とは、2000（平成 12）年に厚生労働省により策定された健康増進施策である。基本趣旨は、全国民が健康で心身豊かに生活できる社会とするため、壮年期死亡の減少と健康寿命の延伸及び生活の質の向上を実現することである。2012（同 24）年に改正され、2013（同 25）年から「第 2 次」となった。

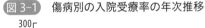

図 3-1　傷病別の入院受療率の年次推移

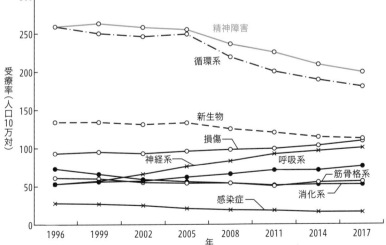

出典　厚生労働省「平成 29 年（2017）患者調査の概況」
https://www.mhlw.go.jp/toukei/saikin/hw/kanja/17/index.html

の疲労回復と充実した人生をめざす休養、さらに、ストレスや心の病気とうまく付き合うといったことが必要な要素とされている。しかし、近年では、図 3-1 に示されているように、精神疾患で入院している患者の割合が高く、また生活習慣病関連疾患で入院している患者よりも多いことから、ストレスや心の病気により、心の健康が損なわれていることが分かる[2]。こうした背景から、心の健康を保つための取り組みとして、ストレスや心の病気への対処が注目されている。

2 ストレスと心身の疾病との関係

(1) ストレスとは

ストレスとは、もともと物理学や工学の領域において用いられてきた用語であり、物体に圧力を加えることで生じる「歪み」を意味している[3]（図 3-2）。このストレスという用語を医学や生物学の領域に初めて用いたのはキャノン（W. B. Cannon）である。その後、セリエ（H. Selye）によりストレスに関する研究が進められ、ストレスを「生体に生じる歪み」を意味する概

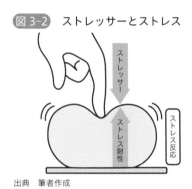

図 3-2　ストレッサーとストレス

出典　筆者作成

念として生体に適応し、広く用いられるようになった。また、セリエはストレスを引き起こす刺激となるものをストレッサーと呼び、ストレスの刺激と反応を区別した。今日では一般に、ストレス刺激をストレッサー、ストレッサーに抵抗する力や歪みを戻す力をストレス耐性、ストレッサーに適応しようとして生じる生体の反応をストレス反応と呼んでいる[4]。

(2) ストレスと心身の疾病

ストレッサーには、物理的（寒暑、放射線、騒音など）、化学的（たばこ、排気ガス、薬物など）、生理的（疲労、睡眠不足、細菌、花粉など）、心理・社会的（人間関係、仕事上や家庭の問題など）なものがあり、生体はストレッサーの種類に対して特異的反応と非特異的反応を示す。特異的反応とは特定のストレッサーによって現れる特定の反応（高温による皮膚のやけどなど）を指し、非特異的反応とはストレッサーの種類に関係なく生体に生じる反応（ストレス関連障害の胸腺萎縮、副腎肥大、胃潰瘍（ストレスの３大特徴）など）のことを指している（図 3-3）[5]。また、非特異的反応を示す過程と

図 3-3　ストレッサーの種類と反応

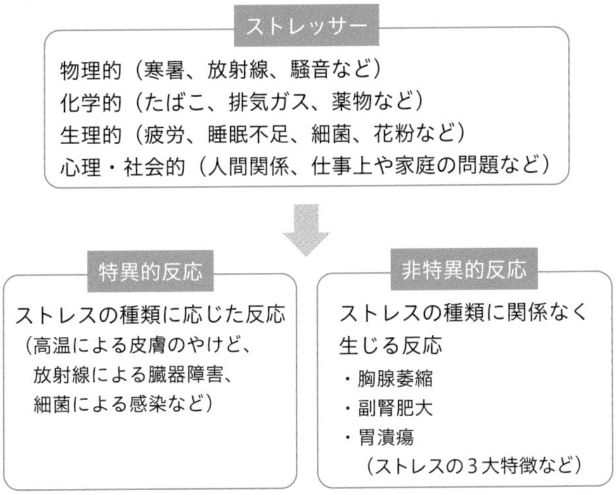

ストレッサー

物理的（寒暑、放射線、騒音など）
化学的（たばこ、排気ガス、薬物など）
生理的（疲労、睡眠不足、細菌、花粉など）
心理・社会的（人間関係、仕事上や家庭の問題など）

特異的反応

ストレスの種類に応じた反応
（高温による皮膚のやけど、
　放射線による臓器障害、
　細菌による感染など）

非特異的反応

ストレスの種類に関係なく
生じる反応
・胸腺萎縮
・副腎肥大
・胃潰瘍
　（ストレスの 3 大特徴など）

出典　福島哲夫責任編集『公認心理師必携テキスト改訂第 2 版』学研メディカル秀潤社　2020 年　p.358 を一部改変

図 3-4　さまざまなストレス反応

	一次的反応	二次的反応	重篤な反応（ストレス関連障害）
心理的反応	不安感　怒り イライラ　悲しみ おちこみ　など	無気力 うつ気分	【循環器系】 ・本態性高血圧　・心筋梗塞 ・狭心症　　　　・不整脈 【消化器系】 ・消化性潰瘍　　・過敏性腸症候群
行動的反応	集中力低下　飲酒・喫煙量増加 引きこもり　性欲減退 不眠　　　　意欲減退　など		【呼吸器系】 ・過呼吸症候群　・気管支喘息の悪化 【骨格筋系】 ・筋緊張性頭痛　・慢性疼痛
身体的反応	心拍数の増加 血圧上昇 末梢発汗 筋緊張　など	頭痛 めまい 肩こり 胃痛 下痢　など	【心理・行動系】 ・不登校　・出社拒否　・職場不適応 ・アルコール依存　・引きこもり ・不安障害　・うつ病　・適応障害

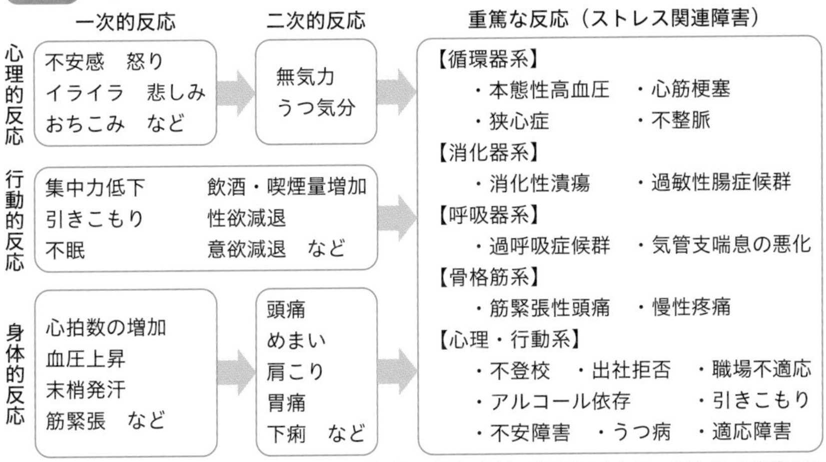

出典　坂野雄二監修、嶋田洋徳・鈴木伸一編著『学校、職場、地域におけるストレスマネジメント実践マニュアル』
　　　北大路書房　2004 年　p.6

してのストレス反応や症状については 図 3-4 の通りである。そして、ストレス反応は大きく分けて心理的反応、行動的反応、身体的反応の 3 つに分類される[6]。心理的反応は感情の変化、行動的反応は問題行動の顕在化、身体的反応は生理的な変化が挙げられる。これらは個人差もあるが、相互に関連することでさまざまな症状に発展する。そして、さまざまなストレス反応は、短期的な一次的反応から重症度の高い二次的反応へと至り、やがてストレス性疾患へと移行する。この際、疾患への移行は個人の素因も大きく関係している。

3 ストレスのメカニズム

（1）キャノンのホメオスタシスと緊急反応

　ストレスという用語が使用される以前に、ストレス理論の基礎となる概念がいくつか提唱されている。その一つに、ベルナール（C. Bernard）の内部環境と外部環境がある。内部環境とは組織や細胞を取り巻く体液などの生命体内部を指し、外部環境とは生命体を取り巻く周囲の環境のことを指す。ベルナールは、生体には外部環境が変化しても、内部環境を一定に保とうとする性質（内部環境の恒常性）があることを発見した。その後、この性質はキャノンにより恒常性維持機能（ホメオスタシス）と名づけられた。

　また、キャノンはストレッサーによる生体の反応として、緊急反応という概念も提唱している。これは、生体に危機が及ぶ状況では、自律神経系や内分泌系の活動亢進により生体内に変化が生じることを意味している。この変化は、天敵に遭遇した場合に、戦うか逃げるかといった必要性が生じる際に現れることから「fight or flight（闘争―逃走反応）」とも呼ばれている。

（2）セリエの生理的ストレス理論

　キャノンにより生体に危機が及ぶ際には、それに対応するために、生体内に変化が生じることが示された。セリエは、その際、ストレッサーの種類にかかわらず非特異的な生理反応が生じることを明らかにした。これは、汎適応症候群（General Adaptation Syndrome：GAS）と呼ばれ、時間経過の中で警告反応期、抵抗期、疲憊期の３つの段階に分けられる 図 3-5 [7]。

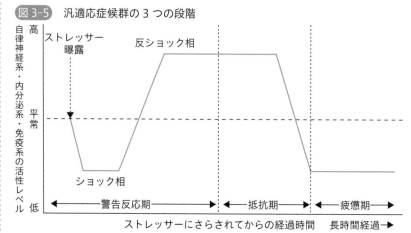

図 3-5　汎適応症候群の３つの段階

出典　海保博之監修、小杉正太郎編『ストレスと健康の心理学』朝倉書店　2006 年　p.6

①　警告反応期

　ストレッサーに対する最初の防衛段階であり、一時的に抵抗力が低下するショック相を経て、抵抗力が高まる反ショック相へと移行する。ショック相ではショックに対する適応が発現する前の段階で、体温・血圧・血糖値の低下、神経活動抑制、筋緊張の低下、血液の濃縮、組織崩壊などが出現する。これは、数分〜 1 日続いたあと、反ショック相に移行する。反ショック相は、生体防衛反応が高度に現れる段階で、副腎肥大、胸腺萎縮、血圧・体温・血糖値・精神活動の上昇、筋緊張の増加などが見られる。抵抗力が高まり、ストレッサーへの適応が始まる。

②　抵抗期

　この段階は持続するストレッサーと抵抗力が一定のバランスをとっている状態で、適応現象が安定しており、生体防衛反応が完成された時期と位置づけることができる。しかし、適応を続けるにもエネルギーが必要で、ストレスが持続して消耗すると、適応力が徐々に低下し疲憊期に入る。

③　疲憊期

　長い期間ストレッサーを受け続けると、生体は適応しきれなくなる。やがて抵抗力を失い、再び警告反応期のショック相に見られる症状を示し、体温低下、胸腺萎縮、副腎皮質機能低下などが起こり、身体疾患が引き起こされ、ついには死に至る。

（3）ストレスの生理的メカニズム

　ストレッサーにさらされたときの生体内部で生じるストレス反応については、キャノンやセリエの研究から、図3-6 に示されているような生理反応のメカニズムが説明されている[8]。ストレッサーからの情報は、感覚器官を通して大脳皮質に伝わり、扁桃体から視床下部へ伝達される。そこから、視床下部―下垂体―副腎皮質系（hypothalamic–pituitary–adrenocortical axis：以下「HPA 系」）、視床下部―交感神経―副腎髄質系（sympathetic–adrenal–medullary axis：以下「SAM 系」）の 2 つの伝達経路に分かれてストレスの反応の指令が出される。

①　視床下部―下垂体―副腎皮質系（HPA 系）

　下垂体で副腎皮質を刺激するホルモン（ACTH）がつくられ、このACTH が血液を通り副腎皮質に達し、ストレスホルモンであるコルチゾールが分泌される。コルチゾールは、心拍の上昇や血糖値の上昇、代謝の促進、抗炎症および免疫抑制などが引き起こされる。

②　視床下部―交感神経―副腎髄質系（SAM 系）

　視床下部から脳幹、延髄を経由して交感神経に刺激が伝達される。その結

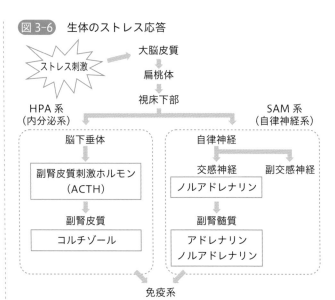

図 3-6　生体のストレス応答

資料　田中喜秀「唾液ストレス関連成分の迅速分析法」『臨床検査』第 52 巻第 4 号　医学書院　2008 年　pp.441-449 より作成
出典　田中喜秀・脇田慎一「ストレスと疲労のバイオマーカー」『日本薬理学雑誌』第 137 巻第 4 号　日本薬理学会 2011 年　pp.185-188

果、交感神経の末端からノルアドレナリン分泌が促進される。血中にノルアドレナリンとアドレナリンが多量に分泌されることにより、血管の収縮、胃腸の働きの抑制、心拍の上昇、血圧の上昇が引き起こされる。

　ストレッサーが加わると、前述した生理的反応が生じるが、ストレッサーがなくなるとストレスは減少し、生体は元に戻る。しかし、ストレッサーにさらされ続けると、身体疾患を引き起こすこととなる。

（4）初期の心理社会的ストレス理論

　第二次世界大戦後、社会的変化に伴い、研究対象が一般市民への日常生活における問題へと移行したことや、セリエのストレス理論が心理学界にも影響を及ぼすようになったことから、心理学領域におけるストレス研究が盛んに行われることとなった。初期の心理学的ストレス研究では、特定のストレッサーが引き起こすストレス反応は一定であると考えられ、心身の健康に与える影響が強い出来事を特定することに注目が集まっていた。そのような中、ホームズとレイ（T. H. Holmes & R. H. Rahe）は、生活上の変化に人が再適応するまでの労力が健康に影響を及ぼし、その労力が一定以上になるとストレス性疾患を引き起こすと考え、生活上の大きな変化（ライフイベント）とそのストレス価（有害度）を評価する社会的再適応評価尺度（Social Readjustment Rating Scale：以下「SRRS」）を作成した（表 3-1）。このSRRS はストレスの標準化として脚光を浴び、現在まで心理社会的ストレス研究の主流となっている。

表 3-1　社会的再適応評価尺度（SRRS）

ライフイベント	得点	ライフイベント	得点	ライフイベント	得点
1　配偶者の死	100	16　経済状況の悪化	38	31　仕事の状況が変化する	20
2　離婚	73	17　親友の死亡	37	32　住居が変わること	20
3　別居	65	18　異なった仕事への配置換え	36	33　学校が変わること	20
4　留置所拘留	63	19　配偶者との論争回数の変化	35	34　レクリエーションの変化	19
5　家族メンバーの死	63	20　1万ドル以上の抵当・借金	31	35　教会活動の変化	19
6　自分の病気・障害	53	21　担保物件の請戻し権の喪失	30	36　社会活動の変化	18
7　結婚	50	22　仕事上の責任の変化	29	37　1万ドル以下の抵当・借金	17
8　解雇される	47	23　子どもが家を去っていく	29	38　睡眠習慣の変化	16
9　夫婦の和解	45	24　姻族とのトラブル	29	39　家族団らん回数の変化	15
10　退職	45	25　優れた個人の業績	28	40　食習慣の変化	15
11　家族の一員が健康を害する	44	26　家が仕事を始める、中止する	26	41　休暇	13
12　妊娠	40	27　学校が始まる	26	42　クリスマス	12
13　性的困難	39	28　生活状況の変化	25	43　ちょっとした違反行為	11
14　新たな家族が増える	39	29　習慣を改める	24		
15　仕事の再適応	39	30　上司とのトラブル	23		

※　過去1年間に起こったライフイベントを選び、各項目の点数を合計する。
　　合計得点が300点を超えた場合80%の人が、200〜299点の場合50%の人が、ストレス関連の疾患にかかる危険性をもつとされる。
出典　T. H. Holmes, R. H. Rahe, The social readjustment rating scale, *Journal of Psychosomatic Research*, 11(2), 1967, 213–221

（5）現在の心理社会的ストレス理論

①　個人差を考慮したストレスモデル

　ホームズとレイによるライフイベント研究は、ストレスの評価と疾患発症の予測として注目を浴びたが、いくつか問題点も指摘されている。

　ラザルス（R. S. Lazarus）は、SRRSには健康と無関係または関連性が低い項目があることや、ライフイベントよりもささいな出来事（デイリーハッスル）の方が日常で問題になること、ライフイベントがどのような価値をもつかは個人によって異なる可能性があることから、個人の認知過程を考慮する必要があるなどの批判的な見解を示し、異なるストレス理論を考案した。

　ラザルスとフォルクマン（S. Folkman）は、ストレッサーがそのままストレス反応に直結するという単純なモデルではなく、ストレッサーに対する個人の意味づけや対処の仕方が異なる点を重視し、個人と環境との相互作用を重視した認知的評価モデル（トランスアクショナルモデル）を提唱した（図 3-7）[9]。このモデルは、ストレッサーのストレス価を査定する認知的評価過程と、対処行動（コーピング）という媒介過程を経てストレス反応が生じると仮定されており、ストレスとは、この一連の過程を示す構成概念と見なされた。

②　トランスアクショナルモデルについて

　認知的評価には、一次評価と二次評価の2つの段階がある。一次評価では、個人がストレッサーを自分と関係するかどうか判断し、関係がある場合は自分にとって有害なのか有益なのかを判断する。その判断には、個人の価値観や要求が影響している。続く二次評価では、一次評価にてストレッサーが有

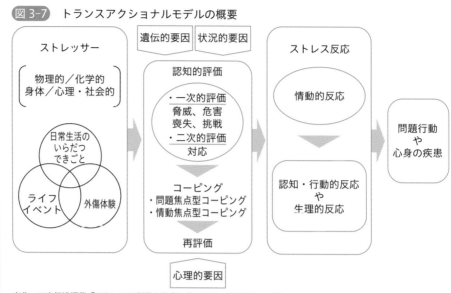

図 3-7 　トランスアクショナルモデルの概要

出典　二木鋭雄編著『ストレスの科学と健康』共立出版　2008 年　p.80

害と判断された場合に、それをコントロール可能か、対処できるかどうかの判断が行われる。これらの評価過程を経て、ストレッサーを評価した後に、ストレス反応を低減するためのコーピングが行われる。

　コーピングとは「自分に負荷をもたらすと判断された外的・内的な圧力に打ち勝ったり、それを減少させたり、受け入れたりするための認知的あるいは行動的な努力」と定義されている。その種類は問題焦点型コーピングと情動焦点型コーピングに区別され、それぞれに認知を変える方法と行動を変える方法がある（表 3-2）。問題焦点型コーピングとは、ストレッサーそのものを変化させようと、直接的に解決を試みるコーピングである。情動焦点型コーピングとは、問題解決はひとまず置いておき、自分のネガティブな感情を和らげようと試みるコーピングである[10]。

　コーピングにおいて、問題を回避したり、逃避したりといった消極的な対処を長期間続けていると、不登校などの不適応行動や心身の健康障害などを

表 3-2 　コーピング方略の 8 分類

問題―情動	問題焦点型				情動焦点型			
関与―回避	関与型		回避型		関与型		回避型	
認知―行動	認知型	行動型	認知型	行動型	認知型	行動型	認知型	行動型
方略名	計画立案	情報収集	あきらめ	責任回避	肯定的思考	カタルシス	思考回避	気晴らし
具体例	問題解決の計画を立てる	情報を集める	あきらめる	責任を逃れる	よい面を探す	誰かに話を聞いてもらう	くよくよ考えないようにする	気晴らしをする

出典　嶋田洋徳・小野久美子「第 1 章　ストレス内容の推移と対処」上里一郎監修、竹中晃二編『ストレスマネジメント―「これまで」と「これから」―』ゆまに書房　2005 年　pp.40-50

もたらす危険性があるため、自分に合ったコーピングを確認するとともに、より積極的なコーピングを行うよう努力することが重要である。また、その際はコーピングを続けているうちに疲労が蓄積するコーピングのコストにも留意する必要がある。

4 ストレスの評価法

　ストレスを評価することはストレスに対する自覚を高めることや、適切なストレス対処が行われているか判断することなどに役立つため重要である。ストレスの評価は、ストレッサーを評価することと、ストレス反応を評価することに区別できる。

　ストレッサーを評価する代表的な測定法は、ホームズとレイの SRRS である。また、SRRS の概念を参考に夏目誠・村田弘 [11] は大学生版を作成している。いずれも得点が高いほど疾患を引き起こす確率が高くなる。

　ストレス反応を評価する方法は、生理的方法と心理的方法に分けられる。生理的方法は、ストレス時に分泌されるホルモン（コルチゾール、アミラーゼなど）、脳波、血圧、筋電位、心拍などが指標とされる。これらは、ストレスの生理的メカニズムと密接に関係しているため、ストレス反応の評価指標として用いられている。

　心理的方法は、ストレス時の心身の不定愁訴[*2]や感情状態を自己評価するといった方法が一般的である。代表的なものとしては、抑うつの評価にはうつ病自己評価尺度（The Center for Epidemiologic Studies Depression Scale：CES-D）、不安の評価には顕在性不安尺度（Manifest Anxiety Scale：MAS）や、状態不安と特性不安[*3]を分離して評価できる状態・特性不安検査（State-Trait Anxiety Inventory：STAI）、感情状態の評価には気分状態プロフィール検査（Profile of Mood States 2nd Edition：日本語版 POMS2）、日常的な心理的ストレス反応の評価には心理的ストレス反応尺度（Stress Response Scale：SRS-18）などがある。

＊2　不定愁訴
明らかな身体的原因が認められないにもかかわらず、倦怠感や頭痛、不眠といった体調不良の自覚がある状態。

＊3　状態不安とは特定の場面や出来事に対して抱く一時的な不安反応を指し、特性不安は場面に影響されず、普段不安をどのように感じているかという反応傾向を指す。

2 ストレスマネジメント

ストレスマネジメントとして、スポーツや運動、コーピングリストの作成、マインドフルネス、呼吸法、漸進的筋弛緩法、自律訓練法などが挙げられる。これらを有効なストレスマネジメントの方法として用いるためには、自分に合った方法を見つけ、日頃から継続して練習することが重要となる。

1 ストレスマネジメントについて

(1) ストレスマネジメントとは

　ストレスの多い現代社会では、ストレスを完全に除くことは難しいため、ストレスとうまく付き合い、適切に対処していく、ストレスマネジメントが必要不可欠である。ストレスマネジメントとは、ストレス反応の生起を阻止するための対応策のことを意味し、個人が日常的に行い、結果として健康の維持・増進がもたらされるような活動全般を指している。最近では、学校や職場などのさまざまな場面でストレスマネジメントを養う介入も行われており、そのような介入を指してストレスマネジメントと呼ぶこともある。この場合、個人や集団（学校、職場、臨床場面）を対象に第三者が介入を行い、最終的に個人のストレス耐性を高めることが狙いとされている。

　介入は、トランスアクショナルモデルに基づくストレス構造に関する知識

図 3-8 ストレスマネジメントにおける介入技法

環境への介入	
・ストレッサーの軽減・除去	・サポート体制の構築
・組織的取り組み	・環境改善・整備
・上司への指導	・教師との連携

個人への介入		
考え方への介入	**コーピングへの介入**	**ストレス反応への介入**
・思考のセルフ・モニタリング	・対処レパートリーの拡充	・リラクセーション
・自己教示法	・コーピングの使い方の再検討	自律訓練法
・思考中断法	・行動リハーサル	呼吸法
・認知再体制化	・社会的スキル訓練	漸進的筋弛緩法
・サポート期待の増大	・対処の効果に関するセルフ・	・バイオフィードバック
・セルフ・エフィカシーの向上	モニタリング	・系統的脱感作法

出典　坂野雄二監修、嶋田洋徳・鈴木伸一編著『学校、職場、地域におけるストレスマネジメント実践マニュアル』北大路書房　2004 年 p.9

の獲得をめざすとともに、認知的評価やコーピングなどを状況に応じて柔軟に変化できるような訓練や、ストレス反応を調整する技法の練習という内容で構成されている（図3-8）。介入方法は、環境への介入として、ストレスの原因となる要素を除去したり、周囲のサポート体制を整備することに重点を置く介入がある。また、個人への介入として、認知的評価の変容を目的とした考え方の介入、対処方略のレパートリーの拡充をめざすコーピングの介入、ストレス反応の調整技法の習得をめざすストレス反応への介入がある。

（2）スポーツや運動と心の健康

　スポーツや運動は、一過性、また長期継続にかかわらず、ストレス反応を軽減することが示されている（表3-3）[12]。一過性のスポーツや運動がもたらす効果としては、ジョギングを行うことにより心理的ストレスへの回復に影響を与える副交感神経の改善が見られることや、中等度の運動負荷（主観的にややきつい程度）の強度を課すことでポジティブ感情が喚起されるなど、リラクセーションの強化、ストレス及び不安の低減などの効果が報告されている[13)14]。また、長期継続のスポーツや運動がもたらす効果としては、メンタルヘルスの改善などが報告されている。

　さらに、近年では、運動の効果発現のメカニズムについても解明されつつある。ニコラス（Nicholas A. Mischel）ら[15]によれば、動物を対象とした実験から、運動を定期的に行うと、延髄の神経細胞の突起の数が減少し、自律神経の興奮が抑えられることが示された。このことから、運動を行うことで脳自体が変化することが明らかとなり、心の健康を維持改善する方法として運動の注目が高まっている。なお運動の負荷としては、息が少し上がる程度の速度で歩く有酸素運動を、1回30分週3回以上行うことが推奨[16]されている。

表 3-3　WHO が示した身体活動の効果

生理学的効果	短期的恩恵	1. 血中のグルコースの上昇 2. カテコールアミン（アドレナリン、ノルアドレナリン）の分泌 3. 睡眠の量および質の強化
	長期的恩恵	1. 心臓血管系機能（有酸素性持久力）の改善 2. 筋力の強化 3. 柔軟性の維持・増強 4. バランス、協応力の維持・増進 5. 動作速度の維持
心理学的効果	短期的恩恵	1. リラクセーションの強化 2. ストレスおよび不安の低減 3. 気分の強化
	長期的恩恵	1. 一般的安寧の獲得 2. メンタルヘルスの改善 3. 認知機能の改善 4. 運動の制御とパフォーマンスの向上 5. 技能の獲得
社会学的効果	短期的恩恵	1. 高齢者の権限の強化 2. 社会的統合の強化
	長期的恩恵	1. 社会との関わりの強化 2. 新しい親交の形成 3. 社会的ネットワークの拡大 4. 役割の維持と新しい役割の獲得 5. 世代間活動の強化

出典　WHO, *The Heidelberg guidelines for promoting physical activity among older persons.*, 1996, 3-5（訳：竹中晃二「スポーツと健康」上田雅夫監修『スポーツ心理学ハンドブック』実務教育出版　2000 年　p.302）

2 心の健康のためのストレスマネジメント技法

（1）コーピングリスト

　コーピングとは、ストレスへの対処を意味し、その種類としても問題焦点型コーピングと情動焦点型コーピングがある。コーピングの方法を検討する際、ストレスの状況に応じて、適切なコーピングが実施できるように、できるだけ多様なコーピングを作成する必要がある。ここでは、多様なコーピングを作成するためのコーピングリスト[17]について紹介する（図3-9）。

図 3-9　コーピングの方法

できるだけ多くの気晴らしをリストアップする	「認知するコーピング」もリストアップする	作成したリストを持ち歩く	ストレスを客観的に観察する
・質よりも量が重要であるため、100個のリストを作成する ・リストには、気晴らしの内容をより具体的に記述する 例：好きな音楽を聴く 　　マッサージへ行く 　　散歩する　など	・具体的な行動だけでなく、頭の中で想像するだけでも気晴らしなることもリストアップする 例：ハワイの海を思い描く 　　猫を飼うことを想像する 　　「たいしたことないよ」 　　と思う　など	・ストレスはできるだけ早く対処し、積み重ならないように、状況に応じて即座に対処することが求められる ・作成したリストを持ち歩き、ストレス状況に応じてリストを参考に即座に対処する	・自分のストレスを客観的に観察し、ストレス価と用いたコーピングの効果について振り返り、効果的なコーピングにつなげる

（2）マインドフルネス

　マインドフルネスとは「今この瞬間に意図的に、価値判断をすることなく、注意を向けることによって得られる気づき」[18]と定義され、その促進方法は東洋の座禅やヨガなどの心身修養法がもととなっている。マインドフルネスの方法には、呼吸瞑想（こきゅうめいそう）（呼吸に意識を向ける）、歩行瞑想（歩くことに意識を向ける）、そしゃく瞑想（食べることに意識を向ける）、ボディスキャン（身体感覚に注意を向ける）などがある。マインドフルネスの基本的な方法である、呼吸瞑想については、図3-10の通りである。

（3）呼吸法

　リラクセーション技法の中でも最も用いられている心理技法である。人は緊張すると呼吸が浅くなり、息苦しく感じることがあるが、これは酸欠状態ではなく、過呼吸状態に陥っていることが原因と考えられている。このことから、呼吸法の手順は、❶息を吐いて、❷吸って、❸吐くという手続きが自然である[19]。図3-11は、呼吸法の一つである腹式呼吸の手順である。

図 3-10　マインドフルネスの手順

姿勢を整える	呼吸をあるがままに感じる	わいてくる雑念や感情にとらわれない	瞑想を終了する
・あおむけか座った姿勢で閉眼にて行う ・座って行う場合は、背筋をまっすぐ伸ばし、肩を落として力を抜く	・呼吸をコントロールしようとせず、身体がしたいようにさせる ・呼吸に伴って腹や胸が膨らんだり縮んだりする感覚に注意を向け、その感覚の変化を「気づき」が追いかけてくるようにする	・雑念が浮かんできたことに気づいたら、そのたびに呼吸から注意をそらせたものは何か確認してから、静かに腹や胸に注意を戻し、息が出たり入ったりするのを感じ取る	・瞼の裏に注意を向け、そっと目を開けていく ・伸びをしたり、身体をさすったりして、普段の自分に戻る

これを毎日都合のいい時間に15分間行い、生活の中に組み入れることで、どのように感じるか観察する

図 3-11　腹式呼吸の手順

姿勢を整える	息を吐く（10〜15秒）	息を吸う（5秒）	息を止める（2〜3秒）	息を吐く（10〜15秒）
・あおむけ、座った姿勢で行う ・初心者の場合、あおむけが行いやすい	・下腹部をへこませるようにして口から息を吐き出す	・下腹部を大きく膨らませるようにして鼻から息を吸い込む	・息を吸い込んだところで息を止め（止息）、下腹部に力を入れる	・下腹部をへこませるようにして息を口から吐き出す

一連の流れを 3 〜 5 回繰り返し行い、心身の緊張と弛緩に注意を向ける

（4）漸進的筋弛緩法

　漸進的筋弛緩法は、アメリカの神経生理学者であるジェイコブソン（E. Jacobson）が 1929 年に開発した心理技法である。ジェイコブソンは、身体各部の筋弛緩によって大脳の興奮を低下させ、それによって不安を軽減できると考えた。そこで、随意的に筋を弛緩させた状態をつくり出せば、心身ともに緊張から解放されると考え、筋弛緩の体系的技法を開発した。

　漸進的筋弛緩法は全身の骨格筋を❶手（左右）・腕（左右）、❷額・目・顔面・首・肩、❸胸・腹、❹脚（左右）の 4 筋群、計 13 部位に分け、各部位を随意的に 60 〜 70 ％の力具合で 6 秒程度緊張した状態を保持する。その後、力を抜き、25 秒程度筋が弛緩していく状態に意識を向ける。この動作を部位ごとに 2 回ずつ繰り返していく。 図 3-12 は、全身の簡易法である[20]。

図 3-12　漸進的筋弛緩法（簡易法：全身）の手順

①握りこぶしをつくる	②腕に力を入れながら肘を曲げる	③胸を広げ両肩を広げながら背中をそらす	④両肩を上げて首を後ろに反らす

⑤最後に眉間と口に力を入れる	⑥⑤の後一気に脱力していすなどに身体を預ける	⑦心身のリラックした感じをゆったりと味わう

これを 2 〜 3 回繰り返し、筋の緊張と弛緩を全身で繰り返し行っていくことでリラクセーション感を獲得していく

（5）自律訓練法

　自律訓練法は、ドイツの精神科医のシュルツ（J. H. Schultz）によって1932 年に創案された心身の自己調整法である。シュルツは、フォクト（O. Vogt）の催眠研究に刺激され、催眠の生理学的メカニズムについて研究を進めた。シュルツは催眠状態にある被験者の内省報告について検討したところ、多くの被験者に共通して気持ちのよさや四肢に重み（重感）、温かみ（温感）が生じていることを発見した。この結果から、気持ちのよさや四肢の重感、温感は催眠状態をもたらす基本的要素であるとし、逆に自分自身でその感覚を思い浮かべながら生じさせることによって催眠状態をつくり出せることができるのではないかと考えた。その後、暗示の公式について試行を重ね、最終的に自律訓練法の標準練習となる、背景公式と 6 つの公式にまとめられた（表 3-4）[21]。ここでは、自律訓練法の手順としてよく用いられている「四肢重感練習」と「四肢温感練習」について紹介する（図 3-13）。

表 3-4　自律訓練法の公式

練習段階と名前	公式の内容
背景公式（安静練習）	気持ちが落ち着いている
第 1 公式（四肢重感練習）	両腕・両脚（あし）が重たい
第 2 公式（四肢温感練習）	両腕・両脚（あし）が温かい
第 3 公式（心臓調整練習）	心臓が静かに規則正しく（自然に）打っている
第 4 公式（呼吸調整練習）	楽に（自然に）呼吸（いき）をしている
第 5 公式（腹部温感練習）	腹（胃のあたり）が温かい
第 6 公式（額部涼感練習）	額が心地よく（快く）涼しい

出典　松岡洋一・松岡素子『自律訓練法』日本評論社　1999 年　p.44

図 3-13　自律訓練法の手順

・楽な姿勢をとり、目を閉じて、心の中で「気持ちが落ち着いている」と繰り返し唱える ・そうなろうとはせず、ただ繰り返し唱える	・右腕に意識・注意を傾け「右腕が重たい」と繰り返し唱える ・これを右腕―左腕―両腕―右脚―左脚―両脚―両腕両脚―全身と順に行っていく	・心の中で唱える言葉を「温かい」に変えて、「四肢温感練習」も同様の手順で行い行う	・これを 1 回 5 分程度、1 日 3 回行い、心身の変化に注意を向ける

注意点
・受動的注意集中：積極的に気持ちを落ち着けようだとか、腕や脚を重く、もしくは温かくしようとはせず、自然に心身の状態が変化するのを待ち、それを観察する受け身の態度を指している。自律訓練法を行う際はこの受動的注意集中を意識して行うことが求められる。
・消去動作：自律訓練法を行うと一時的に覚醒水準が低下した状態となる。そこで、自律訓練法の練習後には必ず消去動作といわれる動作を行い、意識の状態を元の状態（通常の状態）に戻すことが必要となる。手順としては、手のひらの開閉運動、両腕の曲げ伸ばし、大きく伸びをするという動作を徐々に力を強めながら繰り返す。

　　ここでは、ストレスマネジメントの方法としていくつか技法を紹介した。これらの技法を有効なストレスマネジメントの方法として用いるためには、自分に合った技法を見つけ、日頃から継続して練習し、身につけていくことが必要である。

引用文献

1 ）厚生労働省「健康日本 21（休養・こころの健康）」
　　https://www.mhlw.go.jp/www1/topics/kenko21_11/b3.html
2 ）厚生労働省「平成 29 年（2017）患者調査の概況」
　　https://www.mhlw.go.jp/toukei/saikin/hw/kanja/17/index.html
3 ）厚生労働省「e ラーニングで学ぶ　15 分でわかるセルフケア」
　　https://kokoro.mhlw.go.jp/selfcare/
4 ）長見まき子・森本兼曩「メンタルヘルス入門」『産業衛生学雑誌』第 44 巻第 4 号　日本産業衛生学会　2002 年　pp.73-75
5 ）福島哲夫責任編集『公認心理師必携テキスト改訂第 2 版』学研メディカル秀潤社　2020 年　p.358
6 ）坂野雄二監修、嶋田洋徳・鈴木伸一編著『学校、職場、地域におけるストレスマネジメント実践マニュアル』北大路書房　2004 年　pp.3-11
7 ）海保博之監修、小杉正太郎編『ストレスと健康の心理学』朝倉書店　2006 年
8 ）田中喜秀・脇田慎一「ストレスと疲労のバイオマーカー」『日本薬理学雑誌』第 137 巻第 4 号　日本薬理学会　2011 年　pp.185-188
9 ）二木鋭雄編著『ストレスの科学と健康』共立出版　2008 年　p.80
10）嶋田洋徳・小野久美子「第 1 章　ストレス内容の推移と対処」上里一郎監修、竹中晃二編『ストレスマネジメント―「これまで」と「これから」―』ゆまに書房　2005 年　pp.40-50
11）夏目誠・村田弘「ライフイベント法とストレス度測定」『公衆衛生研究』第 42 巻第 3 号　国立保健医療科学院　1993 年　pp.402-412
12）上田雅夫監修『スポーツ心理学ハンドブック』実務教育出版　2002 年　pp.300-310
13）徳永幹雄編著『教養としてのスポーツ心理学』大修館書店　2005 年　pp.108-116
14）荒井弘和・竹中晃二・岡浩一朗「一過性運動に用いる感情尺度―尺度の開発と運動時における感情の検討―」『健康心理学研究』第 16 巻第 1 号　日本健康心理学会　pp.1-10
15）N. A. Mischel, I. J. Llewellyn-Smith, P. J. Mueller, Physical (in)activity-dependent structural plasticity in bulbospinal catecholaminergic neurons of rat rostral ventrolateral medulla, *Journal of Comparative Neurology*, 522(3)　2014　499-513
16）日本動脈硬化学会編『動脈硬化性疾患予防ガイドライン 2017 年版』日本動脈硬化学会　2017 年
17）伊藤絵美『コーピングのやさしい教科書』金剛出版　2021 年　pp.64-104
18）J. Kabat-Zinn, Mindfulness-based interventions in context: Past, present, and future., *Clinical Psychology: Science and practice*, 10(2), 144-156
19）三村覚「心の変化は呼吸に表れる」ベースボール・マガジン社『コーチング・クリニック』2013 年 02 月 27 日発売号　ベースボール・マガジン社　2013 年　pp.14-17

20）日本スポーツ心理学会編『スポーツメンタルトレーニング教本三改訂版』大修館書店　2016 年
21）松岡洋一・松岡素子『自律訓練法』日本評論社　1999 年

参考文献

荒木雅信編著『これから学ぶスポーツ心理学改訂版』大修館書店　2018 年
平木場浩二編『現代人のからだと心の健康―運動の意義と応用―』杏林書院　2006 年
楠本恭久編著『はじめて学ぶスポーツ心理学 12 講』福村出版　2015 年
森和代・石川利江・茂木俊彦編『よくわかる健康心理学』ミネルヴァ書房　2012 年
野口京子『新版　健康心理学』金子書房　2006 年

学びの確認

自身のストレス評価とストレスマネジメントの技法体験を振り返ってみよう

①ストレス評価として、ストレッサーとストレス反応の評価はいかがだったでしょうか。自身のストレス状況を客観的に振り返りましょう。

②ストレスマネジメントの技法体験から、どの技法が自身に合っていたでしょうか。また、技法を体験することで心身にどのような変化がみられたか振り返りましょう。

③①と②から、日常場面でどのようにストレスと向き合い、対処していきますか。本章から学んだことを日常場面にも応用しましょう。

アスリートと心の健康

福山平成大学／藤本太陽

東京 2020 オリンピック・パラリンピックとアスリート

2021（令和 3）年に東京 2020 オリンピック・パラリンピックが開催されました。本大会は新型コロナウイルス感染症の影響により、1 年間の大会延期、また世界中でさまざまな議論が交わされる中開催されました。そして、メダル獲得をめざして、ひたむきに戦いに挑むアスリートの姿に多くの人々が感動し、コロナ禍を乗り越える勇気を与えてくれる大会となりました。

一方で、本大会は新型コロナウイルス感染症の影響に加え、心の健康の問題により、大会を辞退・棄権する選手が見られるなど、アスリートの心の健康についても注目が集まりました。

アスリートと心の健康

アスリートは、健全な心身を有しているという先入観が抱かれやすく、アスリート自身も自らが抱える心の問題を人に話すことは弱い行為であると考える者もいるため、心の問題を公にすることはあまりありませんでした。しかし、近年ではテニス競技の大坂なおみ選手が全仏オープンでの記者会見を精神的負担を理由に拒否したことや、東京 2020 オリンピックで金メダルを期待されていた体操競技のシモーネ・バイルズ選手が心の健康を理由に棄権したことで、アスリートの心の健康について注目が集まりました。また、バイルズ選手の「心の健康が第一で、それがなければスポーツを楽しむことができないし、思うように成功はできない。大会を欠場して自分自身に集中しても良い」と語る姿に多くのアスリートが感銘を受け、自身のうつや不安との戦いについて語るなど、心の健康について公にするアスリートが続々と現れ、アスリートの心の健康への理解が求められています。

アスリートの心の健康に関する取り組み

わが国のラグビートップリーグの男性選手を対象に心の健康状態について調査した研究では、回答者 251 名のうち、4 割を超える選手が心理的なストレスを感じたり、うつや不安障害の疑いや何らかの精神的な不調を経験していることが示されました。さらに、約 8 ％の選手は過去 2 週間以内に「死にたい」などと考えたことがあるという結果も示されるなど、アスリートであるラグビー選手においても、一般人と同様に心の健康上の課題を経験している可能性があることが報告されています[1]。こうした研究から、アスリートの心の健康の理解を促すことや支援策を検討する取り組みとして、日本ラグビーフットボール選手会と国立精神・神経医療研究センターは「よわいはつよいプロジェクト」を発足し、アスリートが経験した心の悩みや不調と向き合う姿などが発信され、アスリートの心の健康に対する意識変革やメンタルフィットネス（心の状態を正しく認識し柔軟に対応する力）の向上の取り組みが行われています。

このように、近年、アスリートの心の健康が重要視され、その支援策についてもさまざまな取り組みが行われています。そして、アスリートが自分らしくあるためにも、われわれも、「アスリートは一人の人間である」ということを忘れずに、アスリートの心の健康について配慮する姿勢が求められるでしょう。

引用文献
1）Y. Ojio *et al.*, Anxiety and Depression Symptoms and Suicidal Ideation in Japan Rugby Top League Players, *International Journal of Environmental Research and Public Health,* 18(3), 2021, 1205

第4章 子どものからだと心

なぜこの章を学ぶのですか？

子どもは「社会を映す鏡」といわれます。子どもが幸せでなかったり、生きづらさや困難さを抱えていたりするなら、その原因は子ども自身ではなく、社会や生活環境にあるというわけです。では、現代社会を映し出す鏡である「現代の子どもの健康や生活」は、どんなものになっているでしょうか。子どもと接する場面では、その子どもを取り巻く生活背景にまで思いをめぐらせる必要があります。

第4章の学びのポイントは何ですか？

本章では、子どものからだと心の実態を把握するとともに、それらと関連する生活習慣や遊び・スポーツの状況についても確認し、現代を生きる子どもの理解を深めていきます。

考えてみよう

1. あなたが子どもだった頃（小・中学生の頃）、どのような生活を送っていたかを思い出してみましょう。

2. あなたが子どもだった頃（小・中学生の頃）、どのような遊びや運動をしていたかを思い出してみましょう。

56

1 子どものからだと心の実態

　子どもの元気がないといわれることが増えた。ただ、毎年実施される新体力テストの結果を確認すると、合計点は継続的に向上している。学校健康診断の結果を確認しても、裸眼視力の低下以外問題は見つからない。一方で、心の場所とされる脳の前頭葉機能の発達は、昔に比べて遅くなり、「心の育ち」が心配される。

1 子どものからだの実態
―新体力テストと学校健康診断の結果をもとに―

　「最近の子どもは、昔と違って元気がない」といわれるようになって随分長い時間が経った。私自身も、学校の先生や周りの大人から同じようなことをいわれながら育ってきた。では、現代を生きる子どもは、何が昔と違うから元気がないのだろうか（また、元気がないと感じさせるのだろうか）。まずは、子どものからだの実態を把握することで、昔と何が変化したのか確認する。日本では、子どものからだの実態を容易に把握することができる。毎年必ず「新体力テスト」と「学校健康診断」が、各学校で実施されているからである。これらの結果を年代別に確認することで、子どものからだに起こった変化を把握していく。

　はじめに、1999（平成 11）年から 2020（令和 2）年までの新体力テストの結果を確認すると、合計点はいずれの年齢でも継続的に右肩上がりになっている（ 図 4-1 ）[1]。この背景には、「上体起こし」「反復横とび」「20 m シャトルラン」の平均値が増加傾向にあることが挙げられる。一方、平均値が減少している項目は、「握力」「ボール投げ」である。ただ、年齢が高いほ

図 4-1　7 歳、9 歳、11 歳、13 歳における新体力テスト合計点の年次推移

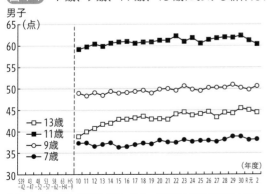
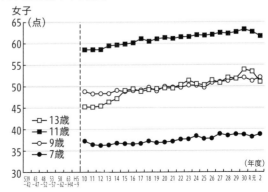

出典　スポーツ庁『令和 2 年度　体力・運動能力調査報告書』2021 年

どそれら得点の減少傾向は緩やかでもある。結果をどの年代までさかのぼって比較するかによって「向上したのか」「低下したのか」といった解釈は異なるものの、少なくとも最近の20年間の結果はおおむね向上を示している。現代の子どもの体力・運動能力は、「元気がない」といわれる理由にはならなさそうである。

では、「学校健康診断」の結果はどうだろうか。学校で実施される健康診断では、「身長」「体重」「視力」「歯及び口腔の疾病及び異常の有無」「耳鼻咽頭疾患の有無」[*1]等を測定したり検査したりする。「身長」「体重」の年次推移を確認してみると、身長は男女ともに1948（昭和23）年以降しばらく上昇傾向にあったものの、1994（平成6）年から2001（同13）年あたりでピークになり、その後横ばいが続いている（図4-2）[2]。体重も男女ともに1948（昭和23）年以降増加傾向が続いたが、1998（平成10）年から2006（同18年）あたりでピークを迎え、その後は身長と同様に横ばい（または、若干の減少傾向）である。

続いて、「視力」「歯及び口腔の疾病及び異常の有無」「耳鼻咽頭疾患の有無」の結果も概観する（図4-3）[3]。まず目を引くのは、一時は被患率が極めて高かった「う歯（むし歯）」であろう。1980（昭和55）年頃は90%を超える被患率であったが、それ以降は右肩下がりで現在では35%ほどである。

＊1 「歯及び口腔の疾病及び異常の有無」では、う歯、歯列・咬合、顎関節、歯垢、歯肉の状態を診断する。「耳鼻咽頭疾患の有無」では、耳疾患、鼻・副鼻腔疾患、口腔咽喉頭疾患・異常について診断する。

図4-2 11歳、14歳における身長の年次推移

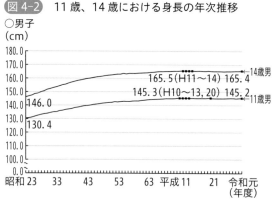

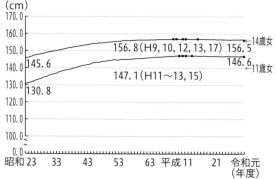

出典　文部科学省『令和元年度　学校保健統計調査報告書』2020年

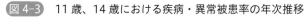

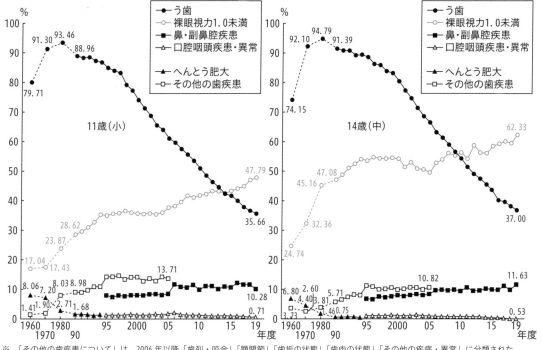

図 4-3　11 歳、14 歳における疾病・異常被患率の年次推移

※　「その他の歯疾患について」は、2006 年以降「歯列・咬合」「顎関節」「歯垢の状態」「歯肉の状態」「その他の疾病・異常」に分類された。
出典　子どものからだと心・連絡会議『子どものからだと心白書 2020』2020 年　p.87 を一部改変

　それとは異なり、「裸眼視力 1.0 未満」の者の割合は増加している。視力の低下には、近年になって改めて指摘されるようになった過剰な電子メディア利用が関連していると考えられている。「鼻・副鼻腔疾患（蓄膿症、アレルギー性鼻炎（花粉症））等」は、2019 年（令和元）年に被患率が過去最高（中学生 12.1％、高校生 9.9％）となった。

　増加傾向の「裸眼視力 1.0 未満」「鼻・副鼻腔疾患」には留意が必要であるものの、体格はピーク後に横ばいで、う歯の被患率も低下している現代の子どもの健康状態は「元気がない」といわれるほどかというと疑問が残る。

2　子どもの心の場所とその発達

（1）子どもの心と実行機能

　子どもの「元気」には、からだの大きさや機能、運動能力だけでなく、「心」といった精神的要素もかかわる。からだの実態把握に続いて、心の実態についても確認していく必要がありそうだ。しかし、心はどのように把握できるのだろうか。この問いの答えには、ある事例がヒントになる。

　19 世紀に鉄道関係の仕事をしていたゲージ（P. Gage）は、責任感が強

く勤勉で周囲から慕われる人物であった。しかし、不運にも仕事現場で起こった爆発事故に巻き込まれ、鉄の棒が頭蓋骨を破って頭を貫通してしまった。彼は一命を何とか取り止めたものの、鉄の棒は脳も貫通してしまっていて、前頭葉の一部も損傷していた。

　この事例が注目されているのは、彼の心が事故後に大きく変化したからである。身体的な健康は以前と大きく変わらない一方で、同僚への気配りができなくなるなど、自分をコントロールできなくなってしまったのだ。これら一連の出来事から、前頭葉（中でも前頭前野と呼ばれる領域）が、心の機能とかかわっていることが知られるようになった。その後、研究活動が盛んに行われ、現在では前頭前野が「自分の理性を保ちながら目標を達成する能力」である「実行機能」*2 と深くかかわっているとされている。

　つまり、子どもの心は、心と深く関連する前頭前野の機能である「実行機能」を測定することでその一部を把握できそうである。早速、心の実態を確認していきたいところではあるが、その前にからだの発育発達過程について整理する。

（2）子どものからだの発育発達過程

　人間は「生理的早産」4) といわれるように、他の哺乳類動物に比べて未熟な状態で生まれてくる。その後、遅れを取り戻すかのように 1 歳を迎えるまで急激に発育する。この時期の発育速度は、生涯で最速である。続く、幼児期後半から小学校高学年（約 10 歳くらいまで）は、男女ともに一定の速さで発育していく。そして、おおよそ 11 〜 15 歳以降で二度目の急激な発育を迎えるが、そのタイミングは男女で異なっていて、女子の方が男子よりも早いことが多い。図 4-4 は、学校健康診断で測定された身長の全国平均値を性別・年齢別にグラフ化したものである 5)。この図が示す通り、9 歳頃までは男女が同じくらいの高さに発育するが、10 歳で女子の方が高くなる。しかし、11 歳から 12 歳あたりで男子が上回る。思春期以降は、緩やかな発育となり発育の停止に少しずつ近づいていく。身長や体重といった「体格」は、目で見えるため、分かりやすい発育の指標である。ただ、からだの全てが身長や体重と同じタイミング、リズムで発育していくわけではない。

　スキャモン（R. E. Scammon）6) は、からだのさまざまな臓器や器官の発育を「リンパ型」「神経型」「一般型」「生殖型」の 4 種類に分類した上で、「スキャモンの発育曲線（図 4-5）」を描いた。この曲線は、20 歳時点の発育増加量を 100％として、各年齢までででどの程度増加しているのかを示している。例えば、「脳」「脊髄」「頭部計測値」等が含まれる「神経型」は、乳幼児期に著しく発育し、その後は緩やかに発育することがわかる。「胸腺」「扁桃」

＊2　実行機能は、「健康のためにアルコールを摂取しすぎない」といったような「ある目標を達成するために自分の考えや感情、行動を制御する能力」のことを指す。子どもの頃に実行機能が高かった人は、大人になった際により健康であったり、経済面が裕福であったりすることが知られている。

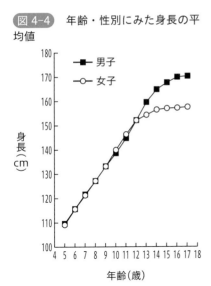

図 4-4　年齢・性別にみた身長の平均値

出典　文部科学省『令和元年度　学校保健統計調査報告書』2020 年

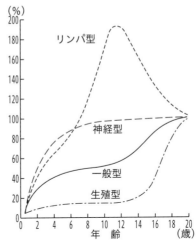

図 4-5　スキャモンの発育曲線

出典　R. E. Scammon, The measurement of the body in childhood, In: J. A. Harris, C. M. Jackson, D. G. Paterson, R. E. Scammon, *The measurement of Man*, University of Minnesota Press, 1930, 173-215

等が含まれる「リンパ型」は、10 ～ 14 歳あたりで成人の 2 倍ほどに発育するものの、その後は次第に小さくなり、成人の大きさに落ち着いていく。「子宮」「前立腺」「卵巣」「睾丸」等が含まれる「生殖型」は、思春期のあたりまでゆっくりと発育していくが、思春期を迎えると急激に発育するようになる。なお、生殖型の発育は、内分泌系の発達に強い影響を受ける。最後に「身長」「体重」「呼吸器」「消化器」「筋肉」「骨格」等多くの内臓器官を含む「一般型」は、「身長」が含まれていることからも分かるように、出生直後と思春期の二度にわたって急激に発育する。

（3）実行機能の発達過程

　実行機能の発達過程も整理する。実行機能は、幼児期に著しく発達し、児童期以降にも継続的に発達することが知られている。実行機能には、関係のない情報や衝動的な反応を抑制する「抑制機能」、情報を一時的に保持し（覚え）つつ、必要な場合にはその情報を交換する「作業記憶」、状況に応じて思考や行動を柔軟に切り替える「認知的柔軟性」の 3 つの側面があり、それぞれを測定するための課題も存在する。研究論文のレビューによると、それらの課題を適切にこなせる子どもの割合は、3 歳前半から 5 ～ 6 歳の間で年齢が高いほど増えていく[7]。つまり、幼児期の間に実行機能が発達していくのである。

3 子どもの心の実態
―子どものからだと心・連絡会議の調査結果をもとに―

＊3 go/no-go タスクは、1）目の前のランプが赤色に光ったらゴム球を握る、2）目の前のランプが赤色に光ったらゴム球を握る。ただし黄色に光ったら握らない、3）目の前のランプが赤色に光ったら握らない。黄色に光ったら握る、との3条件で構成されている。最後の条件では、ゴム球を握る必要があるランプの色が、2つ目の条件と反転している。

　子どもの心は「実行機能」を測定することで、その一部を把握することが可能である。日本では、子どものからだと心・連絡会議が 2017（平成 29）年から 2018（同 30）年にかけて、東京都・神奈川県・静岡県・京都府・大阪府・岡山県の子どもを対象として大規模に実行機能測定を実施した。この調査では、実行機能を測定する課題として、「go/no-go タスク」＊3 が用いられた。

　大規模調査の結果のうち、最も発達が遅れているとされる「不活発（そわそわ）型」[8] の割合を示したグラフが 図4-6 [9] である。年齢が高いほど男女とも「不活発（そわそわ）型」の割合は少なく、どの年齢も男子よりも女子で割合が少ない。小学校に入学する 6 ～ 7 歳に注目すると、男子では約

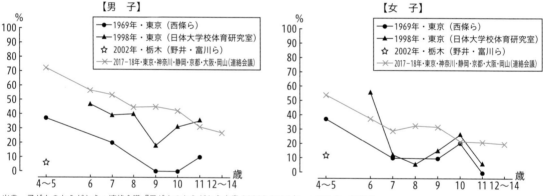

図 4-6　年齢別にみた大脳前頭葉・「不活発（そわそわ）型」の出現率

出典　子どものからだと心・連絡会議『子どものからだと心白書 2020』2020 年　p.131 を一部改変

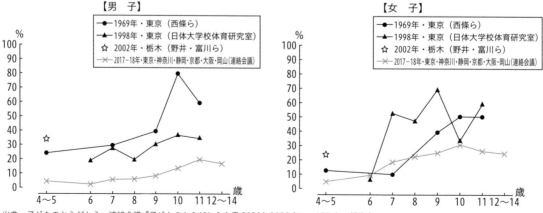

図 4-7　年齢別にみた大脳前頭葉・「活発型」の出現率

出典　子どものからだと心・連絡会議『子どものからだと心白書 2020』2020 年　p.135 を一部改変

55％、女子では約 35％が、go/no-go タスクを十分にこなせていないことも分かる。1969（昭和 44）年、1998（平成 10）年に東京都で実施された調査の結果と比べると、ほとんどの年齢で不活発（そわそわ）型と判定される子どもの割合は多い。

　続いて、最も実行機能が発達しているとされる「活発型」の結果を示したのが 図 4-7 [9]である。男女とも年齢が高いほど割合が多く、男子よりも女子で割合が多くなっている。1969（昭和 44）年、1998（平成 10）年の結果と比べると、ほとんどの年齢で「活発型」と判定された子どもの割合は少ない。

　本節では「最近の子どもは、昔と違って元気がない」といわれる理由を探るため、現代の子どものからだと心の実態を確認してきた。からだの実態は、体格は横ばいで、体力・運動能力はおおむね向上、裸眼視力 1.0 未満の割合は増加していた。心の実態は、年齢が上がるごとに実行機能は発達しているものの、1969（昭和 44）、1998（平成 10）年の調査結果よりも発達が遅れていた。これらを踏まえると「最近の子どもは、昔と違って元気がない」といわれる背景には、「心の育ち」が挙げられるのかもしれない。

2　子どもの生活の実態

　からだや心は、普段の生活から大きな影響を受ける。小・中学生の運動時間は減少傾向にある。また、急速に普及した電子メディアの利用時間は、小学生では 4 時間程度、中学生では 7 時間程度にもなる。睡眠時間は、就床時刻が遅くなって、起床時刻が早まったことで短くなる傾向にある。

1　子どもの身体活動の実態

　子どもの生活は一様ではなく、個人によってそれぞれである。ただ、日中は学校に通っているため、個人の違いは放課後の時間に現れる。現代の子どもは、放課後の時間をどのように過ごしているのだろうか。

　勉強をする時間は、小学生では約 1 時間、中学生では約 1 時間 40 分であると報告されている [10]。それに加えて、全体の 20 〜 45％の子どもは、週に 2 回ほど学習塾に通う。学習塾で過ごす時間は、小学校の中学年から高学年にかけて急激に増加し、1 週間で約 5 時間 30 分にも及ぶ。

　さらに、おけいこごと（スポーツを除く）に通う子どもは、小学生では男

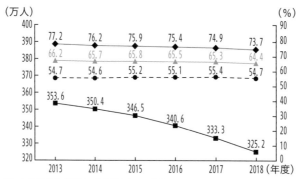

図 4-8 中学校の生徒数と運動部活動加入率の年次推移

━■━ 生徒数　━▲━ 加入率　━◆━ 男子加入率　━●━ 女子加入率

※　加入率は参考種目の生徒数を加えて算出。
　　日本中学校体育連盟資料（2018）、文部科学省「学校基本調査」（2018）より作成
出典　笹川スポーツ財団『スポーツ白書 2020—2030 年のスポーツのすがた—』2020 年　p.108

子で約 40％、女子で約 60％である。学習塾と同様に週に 2 回ほど通い、1
週間で 2 〜 3 時間程度を費やす。全ての子どもが学習塾とおけいこごと（ス
ポーツを除く）の両方通うわけではないが、両方に通っている場合、放課後
は忙しくなる。

　そのような多忙な状況もあってか、2004（平成 16）年と比較すると、
2019（令和元）年の小・中学生の強度別（強い、中等度、軽い）運動時間
はいずれも減少傾向である[11]。一方で、中学生にとって重要な運動機会と
なっている「運動部活動」の加入率は、減少していない。学校基本調査、日
本中学校体育連盟によってまとめられたデータを確認すると、生徒数は少子
化の影響で減少しているが、加入率は横ばいである（**図 4-8**）[12]。中学生以
外の年代はというと、2019 年における 4 〜 11 歳の「民間のスポーツクラ
ブ（スイミング、体操クラブなど）」や「地域のスポーツクラブ（スポーツ
少年団、地域のスポーツ教室など）」「学校のクラブ活動」の加入率は、男子
63.0％、女子 51.7％である。それらクラブに加入している子どもの 65.7％
は、民間のスポーツクラブに加入している。民間のスポーツクラブは、幼少
年期の子どもにとって重要な運動機会になっている[13]。

2　子どもの電子メディア利用の実態

　日本では、2008（平成 20）年頃から、急速にスマートフォンが普及した。現在では、小学 1・2 年生のうち約 30％が、スマートフォンやタブレット・パソコンを日頃から利用している（図 4-9）[14]。それら電子メディアの利用時間は「スクリーンタイム」と呼ばれ、1 日のスクリーンタイムは小学 1・

図 4-9　小・中学生における「携帯電話・スマートフォン」「タブレット・パソコン」の利用率

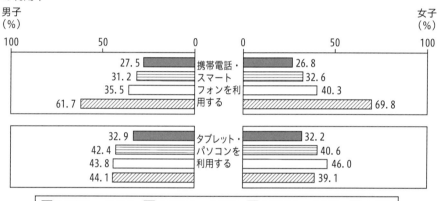

出典　日本学校保健会『平成 30 年度・令和元年度児童生徒の健康状態サーベイランス事業報告書』2020 年　p.80 を一部改変

図 4-10　小・中学生の 1 日の「スクリーンタイム」平均値

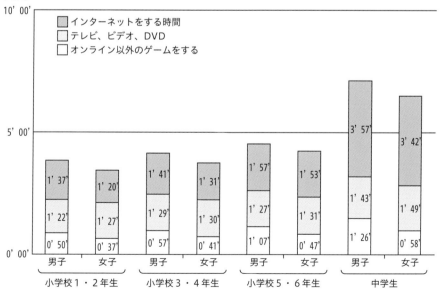

出典　日本学校保健会『平成 30 年度・令和元年度児童生徒の健康状態サーベイランス事業報告書』2020 年　p.83 を一部改変

2年生では3時間30分程度、小学5・6年生では4時間程度、中学生では7時間程度であることが報告されている（図4-10）[14]。スマートフォンを操作しつつ、テレビを見るといった状況も想定されるため、報告されている時間分を使用しているかは明らかではない[*4]が、スクリーンタイムが1日の生活に占める割合が大きいことは確かである。また、電子メディアの利用内容を確認してみると、どの学年でも最も高い割合を示しているのは、「動画を見る」であり、次いで多いのは「オンラインゲームをする」である。中学生と高校生に限っては、「SNS、メールでコミュニケーションをとる」も高い割合を示している[14]。

3 子どもの睡眠の実態

　ここまで、身体活動と電子メディア利用の実態を確認してきた。1日は24時間で循環しているため、日中の活動時間が増えれば、睡眠時間は削られる。睡眠は、脳とからだの疲労を回復させたり、損傷した細胞や組織を修復したり、記憶を整理・定着させたりといった重要な役割を担っている。上質で十分な量の睡眠をリズムよくとることは、発育・発達が著しい子どもにとって必要不可欠である。しかしながら、「生活が夜型化している」と指摘されるように、就床時刻は小・中学生の男女ともに1981（昭和56）年と比べると遅くなっている。また、遅れの程度は中学生で強く、小学生が15分程度であるのに対して、中学生は30分程度である（図4-11）[15]。一方、起床時刻は1994（平成6）年と比較すると小・中学生とも20分程度早くなっ

図 4-11　小・中学生における就床時刻の年次推移

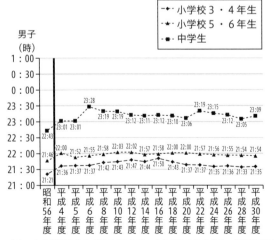
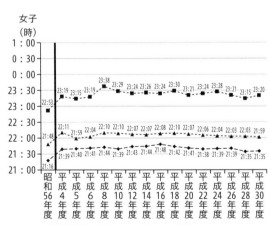

出典　日本学校保健会『平成30年度・令和元年度児童生徒の健康状態サーベイランス事業報告書』2020年　p.29を一部改変

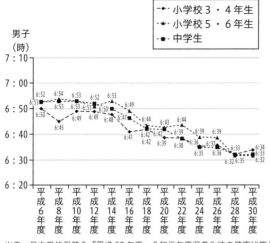
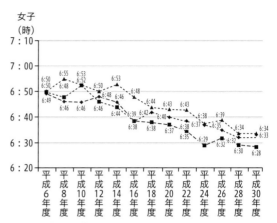

図 4-12　小・中学生における起床時刻の年次推移

出典　日本学校保健会『平成 30 年度・令和元年度児童生徒の健康状態サーベイランス事業報告書』2020 年　p.31 を一部改変

ていて、早まりの程度に差はない（図 4-12）[15]。遅寝・早起きになったということは、前日の活動終了時間が後ろ倒しになって、翌日の活動開始時間が前倒しになったことを示し、睡眠時間が短縮されたということでもある。実際、小学 3・4 年生では 25 分程度、小学 5・6 年生では 20 分程度、中学生では 45 分程度短くなっている。たかが 20 〜 45 分程度と思うかもしれないが、日本人の睡眠時間の短さは、諸外国よりも子ども・大人を問わず顕著であるため [16]、短縮できる余白すらないとも考えられる。

3　子どものからだと心の健康にかかわる遊び・スポーツのあり方

　からだや心の健康のために、からだを動かすことは必須である。遊ぶ時間、空間、仲間が喪失したといわれる現在でも、子どもが 1 年間で最も行った運動・スポーツ種目の第 1 位は遊びの「おにごっこ」である。運動部活動は、中学生が運動をする重要な機会であり、よりよい運営方法が模索され続けている。

1　子どもの健康にかかわる遊び

　遊びは、健康な生活の基盤になるとともに、第 1 節（子どもの心の実態把握）でも登場した実行機能とも深くかかわっている。特に、朝の時間にしっかりと遊ぶことは、実行機能によい影響を与えると教育現場で行われた調査

からも明らかにされている[17]。実際、実行機能の発達について紹介した 図4-6 (p.62)の☆印を再確認すると、毎朝必ず「朝遊び」を行っている栃木県のある幼稚園では、不活発（そわそわ）型の子どもの割合が著しく少ない（ 図4-6 、2002年・栃木（野井・富川ら））。

遊びの重要性が指摘される中、社会変化の影響を受けて、子どもの遊びの質や量が変化している。特に、「三間の減少」が指摘され続けているように、遊ぶための時間、遊べる空間、一緒に遊ぶ仲間が少しずつ姿を消している。現代の子どもは、放課後には家で勉強に取り組むだけでなく、学習塾、ならいごとにも通って多忙である。仮に時間ができたとしても友達と予定が合わないことも多いようで、遊ぶスケジュールを確保するためにそれぞれの手帳を持ち寄ってもいるとのことだ。道路や駐車場は、安全の確保を強く求められようになり、遊び空間としての側面がなくなってしまった。遊びの空間の代表ともいえる公園は、「騒音の軽減」「周辺住民の安全確保」等を理由に子どもの遊びを制限している。そんな現状もあってか、日本は国際連合から、子どもの余暇や自由な遊びを十分に確保するために努力をするよう勧告されている[18]。

「遊びは、子どもの主食」といわれるほど、子どもにとって必要不可欠な存在である。実際、4〜11歳の子どもに対して実施されたアンケートでは、「過去1年間に最も行った運動・スポーツの種目」の第1位が男女ともに「おにごっこ」で、上位10種目のほとんどがスポーツではなく、遊びでもあった[19]。このアンケート結果からは、遊べる環境が十分でない中でも、何とかして遊び続ける子どもの姿が確認できる。

2 子どもの健康にかかわるスポーツのあり方

「遊び」と同様に、からだを動かす機会となるのは「スポーツ」である。そして、子どもがスポーツをする機会となるのが「運動部活動」である。「運動部活動」は、学校で行われる教育活動の一部として存在し、スポーツやその文化に興味、関心がある者が集まって行われるものである。運動部活動は、運動機会の場を提供する重要な役割を長年担い続けているため、保健体育科の教員に限らず、その他学校全体の教員も活動を必死に支えてきた。ただ、運営方法については「勝利をめざしすぎる活動によってスポーツ障害が起こったり、学業に支障が出たりしている」や「教員の拘束時間が長すぎる」等、いわゆる「ブラック部活動」として、多方面から改善を求める声もあった。

改善に向けては、自治体レベルでは、2014（平成26）年に長野県教育委

員会が始業前の活動（朝練）を原則禁止としたり、大阪市教育委員会が部活動の指導を外部委託するプランを作成したりといったケースがある。文部科学省も、2017（同 29）年には「部活動指導員」を学校教育法施行規則に新たに規定して外部指導者の任用を促進したり、2018（同 30）年には『運動部活動の在り方に関する総合的なガイドライン』を策定して休養日、休養期間（オフシーズン）の設定基準を設けたりすることで、持続可能な運動部活動のあり方を検討している。

　先に述べた通り、運動部活動の加入率は継続的に約 65％で [12)]、現在でも運動機会の場として機能している。運動部活動を取り巻く環境は不安定ではあるものの、子どもにとっても大人（教員）にとっても有意義な活動となるべく変化し続けている。

引用文献

1 ）スポーツ庁『令和 2 年度　体力・運動能力調査報告書』2021 年
2 ）文部科学省『令和元年度　学校保健統計調査報告書』2020 年
3 ）子どものからだと心・連絡会議『子どものからだと心白書 2020』2020 年　p.87
4 ）A. Portmann（高木正孝訳）『人間はどこまで動物か―新しい人間像のために―』岩波書店　1961 年　pp.60-76
5 ）前掲書 2）
6 ）R. E. Scammon, The measurement of the body in childhood, In: J. A. Harris, C. M. Jackson, D. G. Paterson, R. E. Scammon, *The measurement of Man*, University of Minnesota Press, 1930, 173-215
7 ）S. M. Carlson, Developmentally sensitive measures of executive function in preschool children, *Developmental Neuropsychology*, 28(2), Lawrence Erlbaum Associates, Inc., 2005, 595-616
8 ）A. Shikano and S. Noi, The characteristics of five higher brain function Types as assessed with a go/no-go task in Japanese children, *School Health*, 15, Japanese Association of School Health, 2019, 1-10
9 ）前掲書 3）　p.131　p.135
10）日本学校保健会『平成 30 年度～令和元年度　児童生徒の健康状態サーベイランス事業報告書』2020 年　pp.98-103
11）同上書 10）　pp.70-72
12）笹川スポーツ財団『スポーツ白書 2020―2030 年のスポーツのすがた―』2020 年　p.108
13）笹川スポーツ財団『子ども・青少年のスポーツライフ・データ 2019―4 ～ 21 歳のスポーツライフに関する調査報告書―』2020 年　pp.86-90
14）前掲書 10）　pp.80-83
15）前掲書 10）　pp.28-33

16）OECD 経済協力開発機構「Time use across the world」
https://www.oecd.org/gender/data/OECD_1564_TUSupdatePortal.xlsx
17）鹿野晶子・野田寿美子・野井真吾「朝の身体活動プログラムを実施している S 幼稚園児の高次神経活動の特徴―F 幼稚園児との比較から―」『幼少児健康教育研究』第 18 巻第 1 号　日本幼少児健康教育学会　2012 年　pp.28-36
18）United Nations, Concluding observations on the combined 4th and 5th periodic reports of Japan : Committee on the Rights of the Child, 2019
https://digitallibrary.un.org/record/3794942
19）前掲書12）　p.103

学びの確認

子どものからだと生活の実態について整理してみよう

①子どものからだの実態を把握するために確認した「新体力テスト」の結果の特徴はどんなものでしたか。

②子どものからだの実態を把握するために確認した「学校健康診断」の結果の特徴はどんなものでしたか。

③子どものからだの実態と深く関わる現代の子どもの生活（身体活動、電子メディア利用、睡眠）の特徴はどんなものでしたか。

子どもの健康にかかわる学校環境

大阪体育大学／田中良

変化する教室の環境

　身体活動は、運動（「体力の維持・向上を目的として、計画的・意図的に継続して実施される活動」）と、生活活動（「日常生活における労働、家事、通学など運動以外の活動」）に分類される。十分な身体活動の量を確保するためには、アクティブな生活を普段から送って、運動場面でも生活活動場面でもからだを動かす必要がある。学校への通学方法が徒歩ではなく電車やバスになってきていることからも、生活活動が静的なものへと変化してきていることが予想される。

　さまざまな活動が静的な活動へと変化していく傾向がある一方で、もともと静的であった学校環境を動的なものへと変える試みが行われている。

立ち机（スタンディングデスク）の導入

　子どもは、1日の時間のほとんどを学校で過ごす。また、学校で過ごす時間の大半は教室で過ごす。さらに、教室で過ごす時間は授業を受けていることが多く、授業は座って受けている。つまり、子どもは1日の時間の多くを座って過ごしている。そんな状況を受けて、普通教室にもともと置かれている机を「立ち机（スタンディングデスク）」と入れ替える試みが注目を集めている。スタンディングデスクへと入れ替えることで、身体活動量は増える（座って過ごす時間は減少する）。それだけでなく、子どもたちからは「眠くならない」といった声が、担任教諭からは「授業に集中するように子どもたちを注意する回数が減った」とのコメントもある（ 写真 4-1 ）。スタンディングデスクの導入は、持続可能性に優れる実践としても注目されている。

写真 4-1 　立ち机を導入した普通教室での小学5年生の英語授業

授業をアクティブにするひと工夫

　他にも、施設面への介入ではなく、活動的な休憩が組み込まれた授業（例：授業の途中でストレッチを行う）や学習を伴う身体活動を行う授業（例：立ち上がって発表する活動を多めにする、友達の作品をタブレットで撮影しに移動する）を実施することでも身体活動量が増加したり、授業中の疲労感が軽減したりすることも明らかになっている。実際、東京都のある公立中学校の数学（確率）の授業では、歩き回ってクラスの仲間とじゃんけんをして勝率を計算したり、社会の授業では担当教諭から出題される3択クイズに姿勢を変えることで解答したりしている。

　「子どもに活動させながら、授業行うことに不安がある」「学級をコントロールできなくなる」という学校や教諭も多く、課題は残されているが、動きながら行う授業が今後一般化していくかもしれない。

パラスポーツ

なぜこの章を学ぶのですか？

　スポーツは、いわゆる健常者だけのものではありません。障害のある人が行うスポーツは、総称して「パラスポーツ」と呼ばれるようになり、すでに多くの人から親しまれるようになりました。この章では、このようなパラスポーツを通して、スポーツの多様なあり方を考えます。

第5章の学びのポイントは何ですか？

　本章では、パラスポーツの歴史、施策や制度などの基礎知識を学びます。次に、「道具の工夫」と「ルールの工夫」の2点を通して、パラスポーツの実際を理解します。パラスポーツの今後を議論するための素材として、パラスポーツに現れる「身体」の捉え方と、社会に広まりつつある「ユニバーサルデザイン」の考え方を学んでいきましょう。

\ 考えてみよう /

① 障害のある人がスポーツをする際、どのような工夫やサポートが必要でしょうか。

② 「パラスポーツ」の目的は何でしょうか。

1 パラスポーツとは

　障害のある人が行うスポーツの総称としてのパラスポーツは、障害のある人のリハビリテーションとして発祥し、現在では多くの種目が展開されている。その理念は、全ての人がスポーツの価値を共有し、社会の障害に対する理解を深めるというものであり、そのための制度・施策も整えられつつある。

1 パラスポーツとは

（1）パラスポーツの概要

　「パラスポーツ」とは、障害のある人が行うスポーツの総称である。パラリンピックで行われる競技もそうではないスポーツも全て「パラスポーツ」に含まれる。この「パラスポーツ」という呼称は新しく、2021（令和 3）年 3 月に日本パラスポーツ協会（Japanese Para Sports Association：以下「JPSA」）は、文書などで従来使用していた「障がい者スポーツ」という呼称を「パラスポーツ」に統一することを明らかにした。同協会が公表している JPSA「2030 年ビジョン」によれば、この「パラスポーツ」とは、「もうひとつのスポーツ」であり、「一般に行われているスポーツをベースに障がいの種類や程度に応じてルールや用具を工夫しているスポーツ」「障がいのある人のために考案されたスポーツ」「障がいのある人もない人も共に実践して楽しめるスポーツ」である。

　そして、この「パラスポーツ」の振興は、次のような理念のもとに進められていく。「多様性を尊重し、誰もが個性を発揮して活躍できる社会を目指す」「スポーツの価値を、障がいのある全ての人が共有できるようにする」「スポーツを通じて、社会の障がいに対する理解を深め、障がい者の社会参加を広げる」[1]。

（2）パラスポーツの種目

　現在、広く親しまれているパラスポーツには、さまざまな種目がある[*1]。「パラリンピック」の種目として名前を聞く種目はほんの一部であり、それ以外にもたくさんの種類のパラスポーツが展開されている。さらに、同じ競技の中でも障害ごとに団体がありそれぞれ発展していることが分かる。

　例えば一覧の「パラバレーボール」とは「シッティングバレーボール」と呼ばれている競技である。臀部（でんぶ）を床につけた状態で行われるバレーボールで

＊1　パラスポーツの種目については、日本障がい者スポーツ協会「2021 年版　障がい者スポーツの歴史と現状」2021 年　pp.7-8 の「障がい者スポーツ競技団体協議会」一覧を参照（https://www.parasports.or.jp/about/referenceroom.html）。

写真 5-1　ボッチャのゲーム中の様子

あり、パラリンピックをはじめとする国際大会では、主に下肢に障害のある人が選手として出場しているが、国内大会では、健常者にも出場機会が与えられている。

　またパラスポーツの中に「ボッチャ」がある。赤・青のボールを投げ、白い「ジャックボール」に近い方が勝ちとなる競技である。国際大会では、電動車いす使用者が選手として出場する。こちらもパラリンピックの正式種目として知られている。2021（令和 3）年東京で開催されたパラリンピックにおいても、杉村英孝選手が BC2：脳性まひのクラスで金メダルを獲得するなど、注目を浴びる競技である。しかし、その競技特性ゆえに、大きな大会だけでなく、日常的に多くの人から親しまれる競技でもある。

　ここではほんの一部しか紹介できないが、これらはパラスポーツのほんの一部である。「障がい者スポーツ競技団体協議会」一覧にもあるように、2021（令和 3）年現在、障がい者スポーツ競技団体協議会に加盟している協会・連盟は非常に多く、その数は 77 団体にも上っている。また、これらの競技団体のほとんどが作成しているホームページでは、各パラスポーツのルール解説や紹介動画なども充実しており、パラスポーツ普及の機運が高まっていることがうかがえる。

2 パラスポーツの歴史

（1）リハビリテーションとしてのパラスポーツ

　高橋明によれば、障害者のスポーツの発展に寄与したグットマン（L. Guttman）は、アスリートたちに次の言葉を贈って鼓舞したという。「失った機能を数えるな、残った機能を最大限に活かせ」[2]。グットマンは、第 2 次世界大戦後、脊髄損傷で車いす生活を余儀なくされた人々を目の当たりにし、彼らのリハビリテーションとしてスポーツを利用した。つまり、パラス

ポーツは、戦争による傷病兵のリハビリテーションを主な目的として登場したということを、まずは理解する必要がある。

　第 1 次・第 2 次世界大戦下では、世界各地で多くの兵士が犠牲となった。帰還兵の中には、脊髄損傷や手足の切断を余儀なくされた者が多くいた。彼らの治療およびリハビリテーションを担った病院が、必要に迫られてパラスポーツを生み出したのだ。当時の社会状況では、車いす生活者は街をスムーズに移動することはできず、自宅に引きこもるか施設で暮らすことが多く、寝たきりのまま命を落とすことも多かったという。つまり、医療によって命は救われたけれども、その後の社会生活が立ち行かなかったということである。また、脊髄損傷により排泄がうまくいかず、尿路感染からの敗血症[*2]で命を落とす患者も少なくなかった。患者の残存する機能を最大限に生かし、社会生活を営むことができる気力を賦活し、さらに排泄機能を補助するという意味合いにおいて「汗をかく」ことに着目した結果、スポーツはリハビリテーションにふさわしいということに気がついたのが、このグットマン博士であった。

（2）オリンピックとパラリンピック

　1948 年、彼は、ロンドンオリンピックの開会式の日に、ストーク・マンデビル病院内で車いす患者（イギリス退役軍人）によるアーチェリー大会を開催したとされ、これがパラリンピックの起源であるといわれている。その後、「国際ストーク・マンデビル車いすスポーツ大会」が発展し、1964 年に開催された東京オリンピックの際に、「パラリンピック」という愛称が使用された。この愛称は、車いすに乗っている人だけが参加したことから、「パラプレイジア（paraplegia：対まひ者）」と「オリンピック」との合成語であるとされるが、命名者は定かではない。

　この語が国際オリンピック委員会（International Olympic Committee：IOC）によって公式名称と認められたのは、1988 年の大会からである。このとき「パラ」の言葉に込められた意味は、さまざまな障害のある人の大会であることを踏まえ、「パラレル（parallel：並行した、もう一つの、同時に、同じもの）」とオリンピックとの合成語で、「もう一つのオリンピック」という意味が込められた[3]。

3　パラスポーツの制度と施策

　ここでは、パラスポーツにかかわりのある制度と施策について紹介する。

＊2　尿路（尿の通り道）から細菌が入り、膀胱や腎臓などで炎症を起こす感染症を尿路感染という。また感染症を引き起こしている細菌などが増殖し全身に炎症が広がり、重篤な臓器障害が現れている状態を敗血症という。

（1）スポーツ基本法の成立とパラスポーツの推進

　2011（平成23）年8月には「スポーツ基本法」が施行された。この法には、障害者の自主的かつ積極的なスポーツを推進するとの理念が掲げられた。例えば第1章第2条第5項には次のようにある。「スポーツは、障害者が自主的かつ積極的にスポーツを行うことができるよう、障害の種類及び程度に応じ必要な配慮をしつつ推進されなければならない」。

　パラスポーツの振興に関する施策や制度を司っているのは、2014（平成26）年まで「厚生労働省」であったが、このような流れの背景もあり、現在はほとんどの活動を文部科学省の組織である「スポーツ庁」が所管する。パラリンピック競技大会をはじめ、近年、障害者スポーツにおける競技性の向上は目覚ましく、障害者スポーツに関する施策を、福祉の観点に加え、スポーツ振興の観点からも一層推進していく必要性が高まっている。そのような理由から、「競技スポーツの支援」および「障害者スポーツの裾野を広げる取り組み」のうちの「スポーツの振興としての支援」が文部科学省へ移管されたのである。そのため、厚生労働省が所管する事業は、「障害者スポーツの裾野を広げる取り組み」のうちの「障害者の生活をより豊かにする観点やリハビリテーションの一環としての支援」のみとなっている。

（2）法制度と施策

　さらに2016（平成28）年には、「障害者差別解消法（障害を理由とする差別の解消の推進に関する法律）」が示された。その目的は、「全ての国民が、障害の有無によって分け隔てられることなく、相互に人格と個性を尊重し合いながら共生する社会の実現に向け、障害を理由とする差別の解消を推進すること」であり、共生社会に向けた「合理的配慮」[*3]についての詳細が定められている。

　また、東京2020大会への機運の高まりとともに、より具体的な政策も整備され始めた。例えば文部科学省「障害者活躍推進プラン」は、障害のある人がその個性や能力を生かして活躍できる場の拡大をめざし、雇用・学校教育・生涯学習・文化・スポーツの各分野において進められている施策の中で、より重点的に進めるべきと考えられる7つの政策プランである。スポーツ分野においては、プラン5「障害のある人のスポーツ活動を支援する〜障害者のスポーツ活動推進プラン〜」を掲げ、障害者が身近な場所でスポーツに親しめる環境づくりをめざしている。このプランを受け、各自治体においても活躍プランを策定する動きが起こっている。

　＊3　合理的配慮
「障害者差別解消法」で役所や事業者に求められる対応。障害のある人から、社会の中にあるバリアを取り除くために何らかの対応を必要としているとの意思が伝えられたときに、負担が重すぎない範囲で対応すること。

2　パラスポーツから学ぶ障害の捉え方

障害はこれまで、国際障害分類（ICIDH）および国際生活機能分類（ICF）によって理解されてきた。また障害学においては、「社会によって生み出される」と捉えることができる。このような障害への理解を背景に、パラスポーツでは、障害に応じた道具やルールの工夫がなされている。

1　「障害」についての基礎知識

ここでは、「障害」についての基礎知識を確認する。障害者基本法では、障害のある人を次のように規定する。「身体障害、知的障害、精神障害（発達障害を含む。）その他の心身の機能の障害（以下「障害」と総称する。）がある者であつて、障害及び社会的障壁により継続的に日常生活又は社会生活に相当な制限を受ける状態にあるものをいう」[*4]。

このように日本では、「障害者手帳」が交付された人が行政上の「障害者」とされる。「障害者手帳」には、「身体障害者福祉手帳」、知的障害のある人に交付される「療育手帳」、精神障害を持つ人に交付される「精神障害者保健福祉手帳」がある[4]。

また、「障害」を定義づけるための国際的な基準として、1980 年から 2001 年まで「国際障害分類（International Classification of Impairments, Disabilities and Handicaps：以下「ICIDH」）」が利用され、2001 年以降採用されているのは、「国際生活機能分類（International Classification of Functioning, Disability and Health：以下「ICF」）」である。

ICIDH による障害モデルは、図 5-1 のように、病気やけがなどの疾患・変調から、機能・形態障害に進み、それが能力障害と見なされ、最終的に「社会的不利」に至るという捉え方を示すものである。この捉え方によって、機能・形態障害があっても能力障害を解決することができるし、能力障害があっても社会的不利を解決することができる、という考え方が、障害者政策に生かされるようになった。

＊4　なお身体障害者福祉法別表に定められた身体障害は、以下の通りである。
・視覚障害
・聴覚又は平衡機能の障害
・音声機能、言語機能又はそしゃく機能の障害
・肢体不自由
・心臓、じん臓又は呼吸器の機能の障害その他政令で定める障害

図 5-1　ICIDH（国際障害分類）モデル

疾患
変調　→　機能・形態障害　→　能力障害　→　社会的不利

出典　上田敏『ICF（国際生活機能分類）」の理解と活用―人が「生きること」「生きることの困難（障害）」をどうとらえるか―』きょうされん　2005 年　p.9

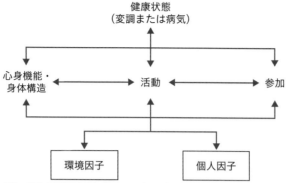

図 5-2 ICF（国際生活機能分類）の構成要素間の相互作用

健康状態
（変調または病気）

心身機能・
身体構造　　　　　　　活動　　　　　　　参加

環境因子　　　　　個人因子

出典　障害者福祉研究会編『ICF　国際生活機能分類―国際障害分類改訂版―』中央法規出版　2002 年　p.17

　このICIDHの考え方を批判検討・議論する中で打ち立てられたのがICFである。これは、生活機能上の問題を明らかにするために、人間の生活機能と障害を、「心身機能」「身体構造」「活動と参加」「環境因子」の4つの観点から評価し、分類するものである（図5-2）。そのため、全ての人の健康の指標と捉えることも可能である。このICFは、障害の程度を客観的に測定し、国際的に標準化することができ、統計報告や研究に活用される。

　このようにICFとは、医学的な心身機能や身体構造に加えて、活動や参加といったより実生活に即した評価を行うことを目的として作成されたことが分かる。

2 障害学における障害の捉え方：インペアメント、ディスアビリティ、ハンディキャップ

　パラスポーツでは、障害の種類や程度によってカテゴリー分けやクラス分けを行っている。その背景には、前項のICFによる多角的な評価の姿勢がある。このICFは、ICIDHのモデルを含む従来の「障害」の捉え方の転換を図り、統合を試みた画期的な指標であった。

　ところでわれわれは、日常生活において、国際的な障害の分類の有無にかかわらず、「障害」や「疾病」を医学的な基準によって「正常」と「異常」に線引きしがちである。このように医学的な基準によって生み出された障害のことを「インペアメント（医学的な障害）」と呼ぶ（前項のICIDHにおける「機能・形態障害」に相当）。また、このような医学的基準ではなく、「できること・できないこと」によって生まれる障害を「ディスアビリティ（能力障害）」と呼ぶ。さらに、それによって被る不利益のことを「ハンディキャッ

プ（社会的不利）」と呼ぶ。ICIDH にも提唱されているように、これらの３つの概念があることによって、「正常」／「異常」の線引きは、相対的なもので状況によって変わる、という視点に立つことが可能となる。

　これまでインペアメントは、医学的に判断される構造や機能に関する障害を示していた。他方、ディスアビリティはインペアメントによって後発的に生じる能力の不足と捉えられてきた。しかし、近年ではインペアメントでさえ社会的・文化的であるとの主張もある。つまり障害とは、社会・文化的に、いわば外側からラベルを貼られるだけである、ということである。星加良司は、外見の「正常」／「異常」の判断が社会からなされ、さらに「能力」についても同じように生じているとする。

　　障害者は、ある行為を遂行する能力が制約された存在だが、そこで発揮することが期待される能力の種類や程度は社会・文化依存的である。つまり、ある特定の基準を適用して人々を類別化したときに初めて、障害者は生み出されるのである[5]。

　障害者は「生み出される」。そして、既存のスポーツが要求する能力は、いわゆる「健常者」に適合するほんの一部の能力に限られているにすぎない、ということになる。このような観点からは、パラスポーツが次のような働きをすることが分かる。すなわち、いわゆる健常者のための既存のスポーツと、その実践者が素朴にもっている常識の枠組みは絶対的なものではなく、社会的な暗黙の合意の上に成り立っている、相対的なものでしかない、ということである。

3 道具とルールの工夫

（1）道具の工夫

　ここでは、パラスポーツの実際に目を向け、「道具」と「ルール」の工夫について紹介する。写真 5-2 は、バレーボールの支柱とシッティングバレーボールの支柱を比較したものである。既存の道具から着想を得て、参加者の身体状況（座った状態である、など）に応じて支柱を短くするという工夫を施している。また、座るという条件

写真 5-2　シッティングバレーボールの支柱（下）

 写真 5-3 ゴールボールの穴

 写真 5-4 ボッチャボール

 写真 5-5 ボッチャボールを持った様子

写真提供　ニシ・スポーツ

以外にも、両手を伸ばしてスパイクやブロックが可能であるかどうか、攻防をする際に、高すぎず、低すぎない高さが設定されている。

写真 5-3 はゴールボールのボールである。ゴールボールとは、視覚障害のある選手が 3 人でチームを組む対戦型の競技であり、鈴の入ったボールを転がすように投げ合い、味方のゴールを守りながら、相手のゴールにボールを入れて得点を競う。この競技では、視覚障害のある選手が競技をするため、ボールの中に特殊な鈴が入れられている。また、それだけでなく、鈴の音がよく響くように、ボールのところどころに穴があけられている点も重要である。選手たちは、この鈴の音を頼りに、ボールの軌道やスピードを瞬時に判断して対応するのである。

写真 5-4 、 写真 5-5 はボッチャのボールである。ボッチャでは、脳性まひなど重度障害の選手もボールを扱いやすいように、かたすぎず、やわらかすぎないボールが準備されている。ミリ単位の距離を競うために、転がすだけでなく、投げて止めるなどの投球者の意思が伝わりやすいボールデザインとなっている。

(2) ルールの工夫

道具に続いて工夫が凝らされているのが、ルールである。中でも、同程度の障害のある選手同士で競い合うための「クラス分け」は重要な工夫である。いくつかの種目の、特徴的な「クラス分け」を見てみよう。

① シッティングバレーボールのクラス分け

・SV Ⅰ：四肢切断など中～重程度の障害
・SV Ⅱ：人工関節や軽度の機能障害

1 チームは 12 名の選手で構成され、そのうち 6 名がコートの上で戦う。障害の軽い SV Ⅱクラスの選手は 12 名中最大 2 名のみで、コートに入ってプレーできるのはそのうち 1 名となる（他の 5 名は SV Ⅰクラスの選手で構成する）。

②　陸上競技のクラス分け

　クラス分けが最も細分化されている競技の一つが陸上競技である。視覚障害（重～軽まで4段階）、脳性まひ（車いすでは重～軽まで5段階、立位では重～軽まで4段階）、低身長症（2段階）、下肢切断（義足なしでは重～軽まで3段階、義足装着では重～軽まで4段階）などである。クラス分けでは医師・理学療法士・公認コーチ・トレーナーが「クラス分け委員」となり、筋力、関節可動域、協調性などをテストする。また競技中や日常生活での動作を評価し、大会で実際に競技している姿も観察し、クラスを決めている。

③　車いすバスケットボールのクラス分け

　クラス分けが競技の特性を決める種目に、車いすバスケットボールがある[6]。車いすバスケットボールに出場するのは、脊髄損傷や下肢切断の選手である。全ての選手はクラス分けを受け、障害の程度に応じた持ち点がつけられる。クラス分けは実際に競技を観察して決められる。車いすの操作、ドリブル、パス、ボールコントロール、シュート、リバウンドなどの動作、接触プレー時の身体の反応など、基本的なバスケットボールの動きで見られる身体能力に応じて分類される。ここで紹介するのは、それぞれのクラスの特徴や運動機能であるが、あくまで目安となる（表 5-1）。

　表 5-1の基準に基づいて持ち点を判定し、1チーム5名の選手の持ち点が合計14点以下になるようチームを構成する。このことによって、さまざまな程度の障害のある人が、それぞれの特性を生かして参加することができる。そして、この仕組みが、車いすバスケットボール独自の面白さを担保することになる。

表 5-1　車いすバスケットボールのクラス分け

持ち点	程度	主な動き
1.0または1.5	重い	腹筋、背筋が機能せず、座位バランスをとることができない。
2.0または2.5	↑	腹筋、背筋がある程度機能しており、前傾の姿勢がとれる。
3.0または3.5	↓	下肢にわずかな筋力があり、深い前傾姿勢から早く上体を起こすことができる。
4.0または4.5	軽い	両手を上げて、片方向に（4.5は両方向に）車いすを大きく傾けることができる。

出典　日本障がい者スポーツ協会『障がいのある人のスポーツ指導教本（初級・中級）』ぎょうせい　2020年　p.201

3 パラスポーツの取り組みと課題

　パラスポーツの選手は、困難を克服する強さや、人間の身体の可能性の大きさを体現している。ただし、同時にパラスポーツは、生活を支えるリハビリテーションとして重要な役割を果たしていることも忘れてはならない。今後、より多くの人がスポーツの価値を享受するためには、「ユニバーサルデザイン」の発想が必要となる。

1 パラスポーツに現れる「身体」

　『スポーツと人間』を著したグルーペ（O. Grupe）は、スポーツ実践は、障害の有無にかかわらず、人間の可能性の発現であるということを、次のように言い表している。

　　彼ら（障害者）は、スポーツをする中で単に行為や体験、経験の可能性を回復しているだけではなく、自分自身の苦しみや環境から加えられる制約を克服できることを示している。（中略）彼らは、運動やスポーツを通して取り戻したり、新たに獲得した自分自身の身体との関係が人間関係や自然、さらには自分自身に対する新たな関係を培っていく際にどのような意味をもつのかを自ら証明するとともに、それを他人に示してくれる。それは、競技をしているスポーツマンにも当てはまる[7]。

　パラスポーツの選手は、さまざまな工夫と訓練によって運動技能を身につけ、独自な技能を生み出し、能力の限界へと挑戦し続けている。コートの中で彼らは、肉体的に何の不自由もないように見える「健常者」よりも自由になることもある。彼らのプレーは、観戦する者を驚かせる多彩な動きから成り、身体の可能性の大きさを示してくれる。だからこそ、既存の「競技スポーツ」とは異なる能力を必要としつつも、高度な「競技スポーツ」としてメディアに取り上げられる頻度も高くなりつつある。

2 ユニバーサルデザインの考え方

(1)「パラスポーツ」以前

　「パラスポーツ」という名称が登場するまでにも、既存のスポーツとは一

線を画するスポーツは人々に親しまれていた。このことについて、軽スポーツやニュースポーツに注目して考えたい。これらの種目が登場した背景には、スポーツにおける競技性と、そこから生じる過度な勝利至上主義への批判があった。

　ニュースポーツとは、日本において 20 世紀後半以降に新しく考案・紹介されたスポーツを総称したものである。1979（昭和 54）年に最初に用いられた語で、その数は数百種類に及ぶといわれている。既存のスポーツをプレーヤーの年齢・体力・運動技術・プレー環境などに応じて改変したものの他、セパタクロー*5 やインディアカ*6 のように民族スポーツの要素を取り入れたものもある。

　また軽スポーツ*7 は、1965（昭和 40）年、江橋慎四郎によって『楽しい軽スポーツ』が著されていることから、東京オリンピックの頃にはすでに行われていたことが分かる[8]。その後も、軽スポーツは「レクリエーション」として紹介され、山本徳郎らは「やわらかいスポーツ」・「第 2 のスポーツ」として、本来の「遊び」から乖離してしまった近代スポーツを「重いスポーツ」・「硬いスポーツ」として対比させながら、軽スポーツの発展の可能性を探っている[9]。

（2）軽スポーツと競争：ユニバーサルデザインの必要性

　軽スポーツは「スポーツ本来の機能を持ちながら」とされているものの、名前の通り「軽くて楽しい」「気軽に親しめる簡易スポーツ」という点がより重視され、「勝敗や技能を競うことが目的ではない」ということが強調されている。そのため、その場限りで活動が完結し、短時間で停滞してしまい、継続して行うことが難しい場合もある。また、完全に「競争」のないゲームは、興奮や歓喜の声に乏しいことは容易に想像できる。

　このことに関連して関春南は、スポーツにおいて競争を取り除こうとすることを問題視し、以下のように述べる。「われわれに提起されている課題は、競争の『野蛮な形態』を断罪しようとするがあまり、本来の『人間的な形態』まで否定し去ってしまう（つまり、スポーツという文化そのものまで否定する）ことではなく、敵対的競争を協同的競争へ移行させていく道筋をねばり強く追求していくことなのである」。[11]

　これらのことを総合的に考えれば、スポーツには「ユニバーサルデザイン」の発想が求められていることが分かる。「ユニバーサル」には、「普遍的な」「万人に通じる」という意味がある。したがって「誰もが参加できる」、つまり必ずしも競争を否定するものではなく、「能力の劣る人」、障害の有無等のみならず、「能力の高い人」をも惹きつけるような、広いスポーツと捉えるこ

*5　セパタクロー
東南アジアの伝統スポーツで、ネットを挟み、足や頭を使ってボールを相手コートに返し合う球技。

*6　インディアカ
南米のゲームをモデルとして考案された、バレーボールに似たスポーツ。チームがネットを挟んで、赤い羽根つきボールを手で打ち合うことで点数を競う。

*7　軽スポーツ
仲野隆士らの解説によれば、軽スポーツとは、『ゲーム性』と『勝敗』というスポーツ本来の機能を持ちながら、従来行われている競技スポーツの用具や施設を利用し、プレーヤーの能力やプログラムの目的に応じてルールを簡便化した、軽くて楽しいスポーツ」[10]である。

とができる。つまり、「ユニバーサル」には、競技スポーツと軽スポーツ・ニュースポーツが抱える矛盾を引き受けるような意味をもたせることが可能となる。言い換えれば、「ユニバーサルデザイン」という言葉によって、「競争」しながらも、スポーツにおいて弱い者が淘汰されていく構造を変革するという新たな道を拓くことが必要なのである。

3 今後の課題

（1）リハビリテーションとしての役割に立ち帰る

　パラスポーツは、このスポーツが第 1 次・第 2 次世界大戦によって障害を負った人々のリハビリテーションとして始まった背景を考えれば、今後もリハビリテーションとしての役割を担っていくことは間違いない。リハビリテーションという目的をもって実施する場合には、当然、参加者の健康状態や、必要性に応じた種目の選択や、工夫をすることとなる。

　さらにいえば、「勝敗」や「技能」を追究することは全く目的外であり、無意味である場合も考えらえる。したがって、パラスポーツにかかわる際には、一般的なスポーツにおいていわれている「行為自体を目的とする」ことだけではなく、「スポーツを通して」生活に必要な能力を獲得すること、「スポーツを手段として」リハビリテーションを行うこと、すなわち、スポーツが「生き延びること」そのものと直結しているという意味が含まれてくる。

　「リハビリテーションとしてのスポーツ」「生きるために必要不可欠な活動」としてスポーツを行っている人がいる背景を考えれば、障害のない人が、障害のある人の活動に参加する仕方も、繊細にならざるを得ない。

　　競技の高度化を図り、ハイレベルのパフォーマンスを期待し、見る者の目をひきつけることを目指してきたパラリンピックでは、（こうした）重度障害をもつ人が活躍できる場は極端に制限されている。競争、勝利、卓越という言葉の範疇に入りにくい人たちのスポーツは、障害者スポーツの範疇にも入れないという状況が見られる [12]。

　パラスポーツに、どれだけハイレベルなパフォーマンスが生まれてきたとしても、パラスポーツが多様であることに変わりはない、ということを、忘れてはならないだろう。1998（平成 10）年長野パラリンピック大会の際にも、当時の新聞記事には以下のような問題提起がなされた。

　選手たちが見せた健闘は私たちの心を揺さぶり、長野パラリンピックは私たちのうちにある障害者観を一変させたかのようだった。だれもが一挙に障害者を理解したように思い、そんな自分の気持ちに酔ったといってもいいかもしれない。しかし、私たちは本当に障害者を理解するようになったと言えるのだろうか。『障害があってもあんなに頑張る人たち』にだけ共感しているのではないだろうか [13]。

　障害のある人の中にも、それぞれに違いがあり、重い障害のためにスポーツに参加できない人がいることも事実であるという指摘に対しても耳を傾ける必要がある。

(2) 「境界線」：越えて、消える？

　パラリンピックの競技化が進むことによって、オリンピックとの統合を求める人がいる。ではそのときパラリンピックを含むパラスポーツは、そのあり方も思想も、オリンピックを含むスポーツに吸収されるのだろうか。つまり、弱い者・下手な者が淘汰されていくような、近代スポーツの様相とほとんど同じになっていくのだろうか。そして、それはよいことなのか、そうではないのか。この問題に、今のところすぐに答えが出るわけではない。

　パラスポーツがどうあればよいのか、この問題の答えに近づくための一つの方法がある。それは、「より多くの人がパラスポーツを純粋に楽しむこと」である。「パラスポーツ」を実践し、楽しむことによって、どんな特性をもつ人も、いわゆる健常者も、境界を越え、境界を消すことの意味が少しずつ分かってくる。時間はかかるかもしれないが、そのことによって、パラスポーツのめざす「共生」の理想のあり方も、少しずつ明らかになってくるのではないだろうか。

引用文献

1 ）日本障がい者スポーツ協会「JPSA『2030 年ビジョン』概要」2021 年
　　https://www.jsad.or.jp/
2 ）高橋明『障害者とスポーツ』岩波新書　2004 年　pp.99-102
3 ）同上書　pp.144-145
4 ）小川喜道・杉野昭博編著『よくわかる障害学』ミネルヴァ書房　2014 年
5 ）星加良司『障害とはなにか—ディスアビリティの社会理論に向けて—』生活書院　2007 年　p.224
6 ）日本車いすバスケットボール連盟「車いすバスケットボールを知る」
　　https://jwbf.gr.jp/wheelchairbasketball
7 ）O．グルーペ（永島惇正・岡出美則・市場俊之・瀧澤文雄・有賀郁敏・越川茂樹訳）『スポーツと人間』

世界思想社　2004 年　p.51

8 ）江橋慎四郎『楽しい軽スポーツ』ベースボール・マガジン社　1965 年

9 ）奈良女子大学文学部スポーツ科学教室編『やわらかいスポーツへの招待―軽スポーツを科学する―』
　　道和書院　1998 年

10）仲野隆士・原田宗彦編『新しい軽スポーツのすすめ―体育を楽しく―』杏林書院　1999 年　p.1

11）関春南「現代社会におけるスポーツの価値と創造」体育原理専門分科会編『スポーツの概念』第 1
　　章第 7 節　不昧堂出版　1986 年　p.63

12）藤田紀昭『障害者スポーツの世界―アダプテッド・スポーツとは何か―』角川学芸出版　2008 年
　　p.24

13）「新潟日報」1998 年 3 月 25 日

学びの確認

①「障害」を表す言葉である「インペアメント」「ディスアビリティ」「ハンディキャップ」のそれぞれの語と 3 者の関係について説明しましょう。

....
....
....

②パラスポーツにおいて「クラス分け」があることのよさと問題点について、パラスポーツの 1 種目のクラス分けを例に挙げながら考えましょう。

....
....
....

③パラスポーツにおいて今後生じるであろう問題について予測して考えましょう。

....
....
....

シッティングバレーボールの魅力

明星大学／田中愛

　シッティングバレーボールは、第2次世界大戦後のオランダにおいて、体に障害を負った人々のリハビリテーションとして発祥したスポーツです。本文でも述べたように、立って行うバレーボールから臀部を床につけた状態で行うルールへと改変し、用具も工夫されています。パラリンピックの正式種目でもあり、日本からも男女の代表チームが参加しています。また日本国内では、障害のある人とそうでない人の混成チームによって各種大会が実施されています。ネットは男子が115cm、女子が105cmであり、これは臀部を床につけた状態でもスパイクやブロックが可能な高さです。コートの広さは、バレーボールが9m四方であるのに対し6m×5mと少し狭くなっています。その他のルールはほとんどバレーボールと同様です。ただし、臀部が床から浮いた状態でプレーすれば反則となります。

　筆者は立って行うバレーボール（以下「立ちバレー」）のけがのため膝の手術をした後、シッティングバレーボールの試合に誘われました。その際、「けが人なのでみんなに迷惑がかかるのでやめておきます」と言ってしまいました。そうしたら、「やれることだけでいいから、一緒に試合出ようよ」とある選手からなだめられました。

　この競技は、できないことがある中で、できることを探して、ようやく形になりました。そのようなスポーツであるはずが、それまでのスポーツの常識が染みついていた私は、「迷惑をかける」と思ってしまっていたのですね。私自身がとても失礼な考えをもっていたことに、この一件をもってようやく気がついたというわけです。

　「自分が参加することで迷惑をかける」という発想は、シッティングバレーボールの世界ではいわばご法度でしょう。シッティングバレーボールの選手は、足や手に障害がある中で、ど

うすればバレーボールができるかを一生懸命考えて努力しているのですから。そして、こんな失礼で無神経な言葉を発した私にも、できることで一緒にやろうよと言ってくれます。シッティングバレーボールというスポーツと、その意味を十分に分かってプレーしている人の、懐の深さが一つの魅力です。

　もう一つの魅力は、カバーリングの技術の豊富さです。ボールがコートの外へ飛んでいったとき、お尻を床につけた状態でどこまで移動できるかが重要になります。また、床から1cmでも1mmでもボールが浮いている間は決してあきらめない！　その一瞬を逃さないよう、次のプレーや、その次のプレーまで予測する緊張感もあります。

　そして、競技性に関しても、立ちバレーにはない奥深い技術がたくさん生み出され、今も発展し続けています。高速のサーブやスパイク、座高の高さに対抗できるような攻撃のバリエーション、片腕でのボールタッチの正確性、よりボールがつながりやすいポジショニングの工夫などなど…。これからも、シッティングバレーボールから目が離せません。

第6章 生活習慣病と運動・身体活動

なぜこの章を学ぶのですか？

　超高齢社会を迎えているわが国にとって、生活習慣病やそれに伴う生活の質（QOL）の低下は国民医療費の増加にもつながる喫緊の課題です。その中で、適度な運動は生活習慣病予防に有効であることから、両者の関係について学ぶことは、個人のみならず日本社会全体の問題を考える上でも大切です。

第6章の学びのポイントは何ですか？

　本章では、生活習慣病とは何かを理解するとともに、運動の効果についてこれまでの研究などから明らかになっていることを学びます。また、生活習慣病の原因とその解決策についても考えます。

考えてみよう

① 生活習慣病とはどのようにして起こる疾患で、具体的にどのようなものがあるか、中学校や高等学校の保健の授業で学んだことを思い出してみましょう。

② なぜ運動をすると生活習慣病の予防に効果的なのか、知っていることを挙げてみましょう。

1　生活習慣病とは

　わが国では戦後の寿命の延伸や生活習慣の変化などに伴い、糖尿病や高血圧などの生活習慣病罹患者が増大するようになった。生活習慣病は運動不足や食生活などを改善することが最善の解決策であるが、飽食、オートメーション化された現代社会において、生活習慣を改善することは容易ではない。したがって、生活習慣病への対策は個人のみならず社会全体で解決をめざすことが重要である。

わが国の疾患構造の変化と成人病・生活習慣病

（1）わが国の疾患構造の変化

　わが国では戦前から戦後にかけて、気管支炎や胃腸炎、結核などの感染症が主要な死因であった。それが戦後、衛生環境や医療体制の改善により、感染症による死亡率が低下した。一方、戦後の寿命の延伸に伴い、がん、心疾患、脳血管疾患などの加齢によって罹患率や死亡率が高くなる慢性疾患が問

図 6-1　主な死因別にみた死亡率（人口 10 万対）の年次推移

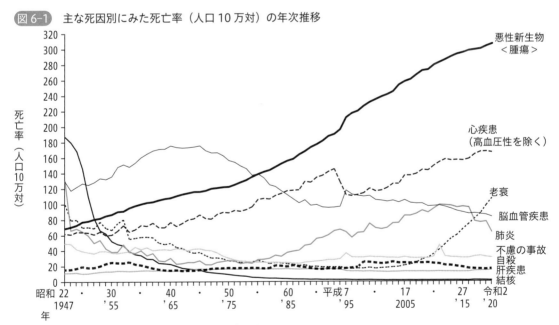

※1　平成 6 年までの「心疾患（高血圧性を除く）」は、「心疾患」である。
※2　平成 6・7 年の「心疾患（高血圧性を除く）」の低下は、死亡診断書（死体検案書）（平成 7 年 1 月施行）において「死亡の原因欄には、疾患の終末期の状態としての心不全、呼吸不全等は書かないでください」という注意書きの施行前からの周知の影響によるものと考えられる。
※3　平成 7 年の「脳血管疾患」の上昇の主な要因は、ICD-10（平成 7 年 1 月適用）による原死因選択ルールの明確化によるものと考えられる。
※4　平成29年の「肺炎」の低下の主な要因は、ICD-10（2013年版）（平成29年 1 月適用）による原死因選択ルールの明確化によるものと考えられる。
出典　厚生労働省「令和 2 年（2020）人口動態統計月報年計（概数）の概況」p.11
　　　https://www.mhlw.go.jp/toukei/saikin/hw/jinkou/geppo/nengai20/index.html

題視されるようになってきた。2020（令和2）年の人口動態統計（厚生労働省）によると、死因順位は第1位が悪性新生物（がん）、第2位が心疾患、第3〜5位は老衰、脳血管疾患、肺炎となっている（図6-1）。

（2）「成人病」から「生活習慣病」へ

成人病とは「主として、脳卒中、がん、心臓病などの40歳前後から死亡率が高くなり、しかも全死因の中でも上位を占め、40〜60歳くらいの働き盛りに多い疾患」として1957（昭和32）年より提唱された行政用語である。しかし、「成人病」という用語のニュアンスから加齢によって発症するやむを得ない疾患として捉えられてしまうこと、若年層でもこれらの疾患を発症するリスクがあることから、1996（平成8）年の旧厚生省公衆衛生審議会により、加齢に着目した疾患概念であった「成人病」を、生活習慣という要素に着目した概念である「生活習慣病（life-style related diseases）」という用語に改められた。これにより、これまで成人病と呼ばれていた慢性疾患の多くは生活習慣の改善によって予防ができるという意識を国民にもたせ、一次予防*1 を重視した疾病対策の推進を図るようになった。

（3）生活習慣病の定義

1996（平成8）年の公衆衛生審議会意見具申「生活習慣に着目した疾病対策の基本的方向性について」では、生活習慣病は「食習慣、運動習慣、休養、喫煙、飲酒等の生活習慣が、その発症・進行に関与する疾患群」と定義されている。どの疾患までが生活習慣病なのか、その範囲は明確に示されていないが、1996年当時のこの具申では、表6-1 に例示されるような生活習慣との関連のある疾患が生活習慣病として挙げられている。

「成人病」は加齢に着目した疾患群であるため、生活習慣に着目した「生活習慣病」とは概念的には異なるが、いずれも年齢あるいは生活習慣の積み重ねにより発症・進行する慢性疾患であるため、両者に含まれる疾患の大半は重複する。なお、世界保健機関（World Health Organization：以下「WHO」）

<aside>
＊1　一次予防
健康を増進し、疾患の発症を未然に防ぐことを一次予防という。それに対して、疾患の早期発見・早期治療を二次予防、疾患発症後の再発・重症化防止および社会復帰を三次予防という。
</aside>

表6-1　公衆衛生審議会意見具申（1996年）に挙げられている生活習慣病の例示

食習慣	インスリン非依存糖尿病、肥満、高脂血症（家族性のものを除く）、高尿酸血症、循環器病（先天性のものを除く）、大腸がん（家族性のものを除く）、歯周病等
運動習慣	インスリン非依存糖尿病、肥満、高脂血症（家族性のものを除く）、高血圧症等
喫　煙	肺扁平上皮がん、循環器病（先天性のものを除く）、慢性気管支炎、肺気腫 歯周病等
飲　酒	アルコール性肝疾患等

出典　公衆衛生審議会意見具申（1996年）生活習慣に着目した疾病対策の基本的方向性について（意見具申）をもとに作成
　　　https://www.mhlw.go.jp/www1/houdou/0812/1217-4.html

では生活習慣病という呼称は使用しておらず、類似した概念として、非感染性疾患（Noncommunicable diseases：NCDs）という用語を用いている。

2　代表的な生活習慣病

（1）肥満・肥満症

　肥満とは、脂肪組織に中性脂肪（トリグリセライド）が過剰に蓄積した状態である。したがって、本来であれば身体組成（第8章参照）を測定して体脂肪率を評価する必要があるが、より簡便に肥満を判定するために、[体重(kg)/身長（m)^2] によって算出する BMI（Body Mass Index）が国際的な指標として用いられる。30～59歳の日本人男女を対象とした研究において、BMI が男性で 22.2 kg/m^2、女性で 21.9 kg/m^2 の場合において心疾患、高血圧、脂質異常症、糖尿病などの疾患合併率が最も低く、BMI の増加にしたがって疾患合併率が増大していたことから、わが国では BMI が 22 kg/m^2 を標準体重とし、BMI が 25 kg/m^2 以上を肥満と判定している（表6-2）。また、自己の標準体重は [身長（m)^2×22] によって計算する。なお、BMIによって肥満を判定できるのは 18 歳以上であり、6～17 歳は表6-3を用いて標準体重を算出するとともに、肥満度（%）を [(実測体重−標準体重)/標準体重]×100 の式から求め、この値が 20%以上の者を肥満と判定する。

　一方、肥満と判定されたからといって、医学的に即、減量が必要というわけではない。肥満者の中で、耐糖能障害、脂質異常症、高血圧、高尿酸血症・痛風、冠動脈疾患、脳梗塞、脂肪肝、月経異常・不妊、睡眠時無呼吸症候群・肥満低換気症候群、運動器疾患、肥満関連腎臓病のいずれかの健康障害を有する場合に肥満症と診断し、医学的に減量が必要な疾患として扱う。

表6-2　肥満度分類

BMI（kg/m^2）	判定	WHO 基準
< 18.5	低体重	Underweight
18.5 ≦～< 25	普通体重	Normal range
25 ≦～< 30	肥満（1度）	Pre-obese
30 ≦～< 35	肥満（2度）	Obese class I
35 ≦～< 40	肥満（3度）	Obese class II
40 ≦	肥満（4度）	Obese class III

出典　日本肥満学会『肥満症診療ガイドライン 2016』ライフサイエンス出版　2016 年　巻頭図表

表 6-3 児童生徒の体格判定基準

年齢	男子		女子	
	a	b	a	b
5	0.386	23.699	0.377	22.750
6	0.461	32.382	0.458	32.079
7	0.513	38.878	0.508	38.367
8	0.592	48.804	0.561	45.006
9	0.687	61.390	0.652	56.992
10	0.752	70.461	0.730	68.091
11	0.782	75.106	0.803	78.846
12	0.783	75.642	0.796	76.934
13	0.815	81.348	0.655	54.234
14	0.832	83.695	0.594	43.264
15	0.766	70.989	0.560	37.002
16	0.656	51.822	0.578	39.057
17	0.672	53.642	0.598	42.339

標準体重（kg）= a×身長（cm）-b

肥満度（%）
＝［(実測体重−標準体重)/標準体重］×100

軽 度 肥 満：20%以上 30%未満
中等度肥満：30%以上 50%未満
高 度 肥 満：50%以上

や　　　せ：−20%以下
高度のやせ：−30%以下

出典　生魚薫・橋本令子・村田光範「学校保健における新しい体格判定基準の検討―新基準と旧基準の比較、および新基準による肥満傾向児並びに痩身傾向児の出現頻度にみられる 1980 年度から 2006 年度にかけての年次推移について―」『小児保健研究』日本小児保健協会　第 69 巻第 1 号　2010 年　pp.6-13

（2）糖尿病

　2016（平成 28）年度の「国民健康・栄養調査」によると、20 歳以上で糖尿病が強く疑われる者の割合は 12.1 %（約 1,000 万人）、糖尿病の可能性を否定できない者も 12.1 %（約 1,000 万人）であり、両者合わせて 2,000 万人にのぼることが報告されている。糖尿病には「1 型」「2 型」「その他特定の機序、疾患によるもの」「妊娠糖尿病」の 4 つに分類され、日本人に圧倒的に多いのは、運動不足や過食、肥満などとの関連が深い 2 型糖尿病である。糖尿病は初期のうちは自覚症状がほとんどないため放置しがちであるが、進行すると毛細血管が損傷し、視覚障害につながる恐れのある網膜症、進行すると人工透析が必要になる腎症、全身のさまざまな部位に影響を及ぼす神経障害といった合併症が引き起こされる。また、動脈硬化が進行し、脳卒中や虚血性心疾患の発症・進展にもつながる。

　糖尿病は、膵臓のランゲルハンス島 β 細胞から分泌されるインスリンの作用不足によって慢性の高血糖状態となる代謝性疾患である。食物を摂取すると血糖値は一時的に大きく上昇するが、数時間経つと元に戻る。これは、血糖値の上昇によってインスリンが血液中に分泌され、肝臓、筋肉、脂肪組織などの末梢組織にあるインスリン受容体に結合することによって、糖を細胞内に取り込む装置である糖輸送体タンパク（グルコーストランスポーター：GLUT）が糖を組織に取り込むためである（図 6-2）。しかしながら、膵臓からインスリンを十分に分泌できない場合や、末梢組織にてインスリンが作用しない状態（インスリン抵抗性）になると、糖を細胞に取り込めないため

図 6-2　インスリンによる糖取り込みのメカニズム

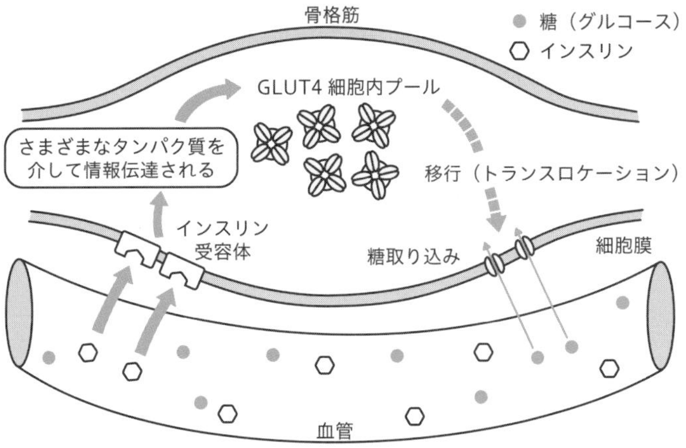

※　インスリンが受容体に結合するとその情報がさまざまなタンパク質を介して GLUT（グルコーストランスポーター）4 まで伝わり、その結果 GLUT4 が細胞膜へ移行（トランスロケーション）されて糖が取り込まれる。
出典　川田裕樹・冨樫健二「第 5 章　スポーツと代謝」冨樫健二編『スポーツ生理学』化学同人　2013 年　p.62 を一部改変

に血糖値が高い状態が続いてしまう。このような状態が糖尿病である。

（3）高血圧

　血圧とは、心臓から送り出された血液が血管壁に加える圧力のことをいい、以下の式で表される。

血圧＝心拍出量（心ポンプ作用）×末梢血管抵抗（血流の流れにくさ）

　動脈血圧は心臓の収縮と拡張に伴って変化し、左心室の収縮によって最高値になった動脈血圧を収縮期血圧（最高血圧）、左心室の拡張によって最低値になった動脈血圧を拡張期血圧（最低血圧）という。

　高血圧とは、安静時の収縮期血圧もしくは拡張期血圧が正常値よりも高い状態のことを指す。高血圧は喫煙と並んで日本人の生活習慣病による死亡の最大の要因であるといわれている。高血圧になり血管壁に高い圧力がかかり続けると、動脈壁が厚くなることによって動脈硬化が進行し、脳血管疾患、心疾患、腎臓病などが引き起こされやすくなる。高血圧の診断基準（日本高血圧学会）は 表 6-4 の通りである。高血圧の発症には生活習慣要因、遺伝的要因、外部環境要因が複雑に関連しており、運動不足や肥満の他、特に食塩の過剰摂取が発症に大きくかかわっていると考えられている。わが国における 2017（平成 29）年の高血圧者は推計 4,300 万人にのぼるとの試算もあり、高血圧は日本人に最も多い疾患であるが、自覚症状がほとんどないため、放

表 6-4　成人における血圧値の分類 （mmHg）

分類	診察室血圧 （mmHg）			家庭血圧 （mmHg）		
	収縮期血圧		拡張期血圧	収縮期血圧		拡張期血圧
正常血圧	< 120	かつ	< 80	< 115	かつ	< 75
正常高値血圧	120-129	かつ	< 80	115-124	かつ	< 75
高値血圧	130-139	かつ／または	80-89	125-134	かつ／または	75-84
Ⅰ度高血圧	140-159	かつ／または	90-99	135-144	かつ／または	85-89
Ⅱ度高血圧	160-179	かつ／または	100-109	145-159	かつ／または	90-99
Ⅲ度高血圧	≧ 180	かつ／または	≧ 110	≧ 160	かつ／または	≧ 100
（孤立性）収縮期高血圧	≧ 140	かつ	< 90	≧ 135	かつ	< 85

出典　日本高血圧学会高血圧治療ガイドライン作成委員会編『高血圧治療ガイドライン 2019』ライフサイエンス出版
2019 年　p.18

置する者（管理不良者）が非常に多いことが問題となっている。

（4）内臓脂肪型肥満とメタボリックシンドローム

　肥満は体内に蓄積している脂肪の分布状況によって、皮膚組織に多くの脂肪が蓄積する皮下脂肪型肥満と、内臓周辺（腸間膜、大網）に蓄積する内臓脂肪型肥満に分類され、内臓脂肪型肥満の方が種々の生活習慣病につながりやすいことが分かっている。その理由については十分には明らかにされていないが、内臓脂肪は内臓周辺（腸間膜や、胃の下部からエプロンのように腸の前に垂れ下がった腹膜である大網膜）に蓄積する脂肪組織であるため、内臓脂肪からの脂質（遊離脂肪酸、グリセロール）が門脈（胃や腸から肝臓につながる血管）を介して直接肝臓に流入することや、内臓脂肪の蓄積によって善玉のアディポサイトカイン[*2]（図 6-3）の分泌が減り、悪玉のアディポサイトカインの分泌量が増えることなどが原因と考えられている。

　メタボリックシンドローム（内臓脂肪症候群）とは、内臓脂肪の蓄積によって血圧高値、糖代謝異常、脂質代謝異常などの動脈硬化危険因子を合併している状態を指す。診断基準は、内臓脂肪蓄積（ウエスト周囲長が男性 85 cm 以上、女性 90 cm 以上：内臓脂肪面積 100 cm^2 に相当）があり、さらに、血圧高値（収縮期血圧 130 mmHg 以上、かつ／または拡張期血圧 85 mmHg 以上）、糖代謝異常（空腹時血糖 110 mg/dL 以上）、脂質代謝異常（中性脂肪 150 mg 以上、かつ／または HDL コレステロール 40 mL/dL 未満）の 3 項目のうち 2 項目以上に当てはまる場合である。メタボリックシンドロームが一つの疾患として扱われるようになった理由には、「少し太り気味」「血圧や血糖値が少し高め」といった、単独の疾患と診断されていなくとも内臓脂肪の蓄積が原因となって動脈硬化に進行するリスクのある者を抽出し、生活習慣病の進行を早期に食い止めるといった背景がある（図 6-4）。

*2　アディポサイトカイン
脂肪細胞から分泌される生理活性物質の総称。かつては、脂肪細胞は主にエネルギーを貯蔵するくらいの役割しかないと考えられていたが、近年ではアディポサイトカインと呼ばれるさまざまな物質を分泌する、重要な内分泌器官であることが明らかになっている。

図 6-3　脂肪細胞から分泌されるさまざまな生理活性物質と生理機能

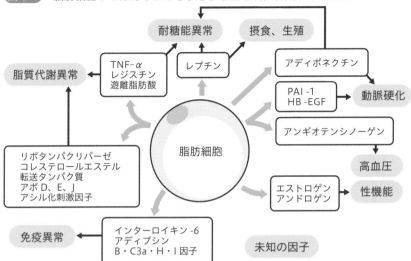

※　肥満により脂肪細胞が肥大化すると、「善玉」であるアディポネクチンの分泌量が減ったり、「悪玉」といわれる TNF-α（腫瘍壊死因子α）や PAI-1（プラスミノーゲン活性化因子インヒビター1）などの分泌量が増えたりすることで生活習慣病が引き起こされやすくなる。HB-EGF：ヘパリン結合性上皮細胞増殖因子
出典　下村伊一郎・船橋徹・松澤佑次「2．アディポサイトカイン」『日本内科学会雑誌』第 92 巻第 4 号　日本内科学会　2003 年　pp.609-615 を改変

図 6-4　メタボリックドミノと非感染性疾患（NCDs）

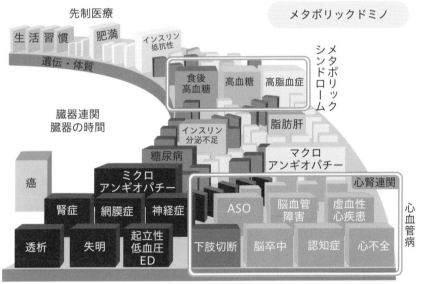

出典　伊藤裕「メタボリックドミノとは―生活習慣病の新しいとらえ方―」『日本臨牀』第 61 巻第 10 号　日本臨牀社　2003 年　pp.1837-1843 を一部改変

（5）フレイルとロコモティブシンドローム

　総務省統計局のデータ（2020（令和 2）年）によると、わが国における総人口に占める 65 歳以上の高齢者の割合（高齢化率）は 28.7％と、過去最高を更新した。高齢化率は今後も増え続け、2040（同 22）年には 35.3％になることが見込まれている。このような超高齢社会の日本におい

て、寝たきりや認知症など
の介助を必要とせず、日常
生活動作の自立した、健康
的な生活を送ることのでき
る期間（健康寿命）の延伸
は重要な課題である。しか
しながら、日本では平均寿
命は長いものの、平均寿命
と健康寿命の差（不健康寿
命）も欧米のそれと比較し
て長いことが問題となって
いる。

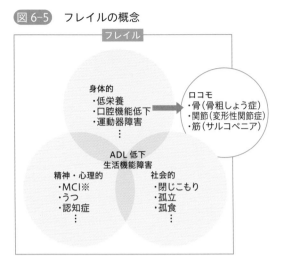

図 6-5　フレイルの概念

※　MCI：軽度認知障害
出典　鈴木隆雄「高齢者の健診と保健指導―フレイルを中心として
　　　―」門脇孝・津下一代編『第三期特定健診・特定保健指導ガ
　　　イド』南山堂　2018 年　p.71 を一部改変

　介護が必要になる前段
階、すなわち近い将来要介護状態に進行するリスクが高いような状態をフレ
イルといい、身体的フレイル（身体的機能の低下）、精神・心理的フレイル（認
知機能の衰え）、社会的フレイル（社会的な孤立）から構成される（図 6-5）。
　また、ロコモティブシンドローム（運動器症候群）とは、移動を意味する
「ロコモティブ（locomotive）」からつくられた語句であり、2007（平成
19）年に日本整形外科学会が「運動器の障害のため、移動機能の低下をき
たした状態で、進行すると介護が必要となるリスクが高まるもの」と定義し
ている。運動器を構成する骨、関節、神経などに高齢者が発症しやすい骨粗
しょう症、変形性脊椎症、脊柱管狭窄症、サルコペニア（加齢性筋肉減少症）
などの運動器障害が起こるとそれらが連鎖、複合して、運動器の痛みや機能
低下をきたす。そして、その機能低下が運動器疾患をさらに悪化させ、移動
機能低下（歩行障害）に進展し、さらに悪化すると最終的に介護状態に至る
という考え方がロコモティブシンドロームの概念である（図 6-6）。2019（令

図 6-6　ロコモティブシンドロームの概念

出典　ロコモチャレンジ！推進協議会「ロコモパンフレット 2020 年度版」
　　　https://locomo-joa.jp/assets/pdf/index_japanese.pdf

和元）年国民生活基礎調査によると、要介護・要支援となる要因の第 1 位は転倒・骨折（12.5％）であり、また、関節疾患（10.8％）と脊椎損傷（1.5％）を合わせた運動器障害は 24.8％に上るため、早期の対応が必要である。

3　生活習慣病の原因と解決策

　厚生労働省によると、2018（平成 30）年度の国民医療費は 43 兆 3,949 億円、人口一人当たりの国民医療費は 34 万 3,200 円、国民医療費の国内総生産（GDP）に対する比率は 7.91％にのぼることが報告されている（図 6-7）。このように、国民医療費の高騰は大きな社会問題となっているが、その中でも生活習慣病による医療費はその 3 割以上を占めるといわれるように、生活習慣病の解決策を探ることは個人の健康のみならず国家レベルでの大きな課題といえる。

　生活習慣病は運動不足、不適切な食事、喫煙、疲労、精神的なストレスなどが大きな原因であることから、生活習慣を改善することが最善の解決策となる。しかしながら、生活習慣を改善することは容易ではない。例えば運動不足や不適切な食事について考えてみると、飽食、オートメーション化された現代社会においては、常に規則正しい食習慣・運動習慣を心掛けておかないと栄養バランスの偏りや摂取量の過多、運動不足になってしまう。また、喫煙、疲労、精神的ストレスなどについても、個人の生活に起因する面もあるが、近年、受動喫煙や職場環境などの改善が進められているように、社会

図 6-7　国民医療費、対国内総生産・対国民所得比率の年次推移

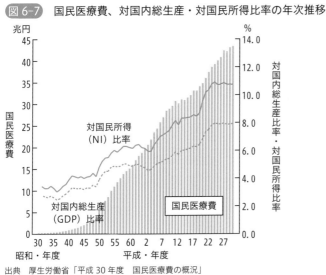

出典　厚生労働省「平成 30 年度　国民医療費の概況」
https://www.mhlw.go.jp/toukei/saikin/hw/k-iryohi/18/dl/kekka.pdf

全体で改善をめざさなければ解決が難しい問題もある。さらに、生活習慣病の多くは、初期では自覚症状がないため予防がしづらいことも、生活習慣病対策の難しい点である。

　生活習慣病は「生活習慣要因」に加え、遺伝子異常や加齢などの「遺伝的要因」（体質）や、有害物質やストレッサーなどの「外部環境要因」といった、個人の責に帰さないさまざまな要因が複雑に絡み合って発症する。そのため、発症に対して「生活習慣を管理できなかった個人の責任」といった差別・偏見につなげないようにする必要がある。このことからも、生活習慣病への対策は個人のみならず社会全体で解決をめざすヘルスプロモーション*3の理念が極めて重要だといえる（図6-8）。

＊3　ヘルスプロモーション
WHOが1986年のオタワ憲章で提唱した、新しい健康観に基づく21世紀の健康戦略。「人々が自らの健康とその決定要因をコントロールし、改善することができるようにするプロセス」と定義されている。健康の維持増進を図るにあたり、「個人の能力」のみならず、健康政策や地域活動、保健サービスなどの「社会環境づくり」をも重視した考え方である。

図 6-8　ヘルスプロモーション活動の概念図

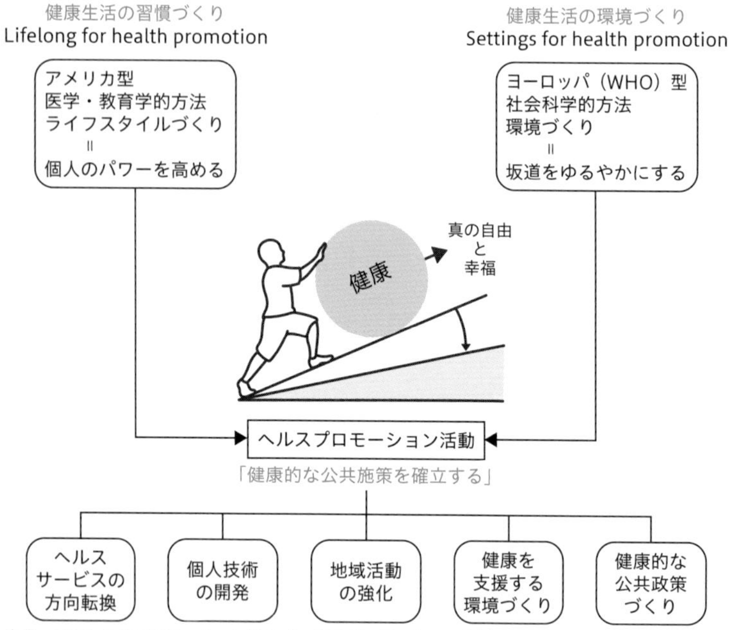

健康生活の習慣づくり
Lifelong for health promotion

健康生活の環境づくり
Settings for health promotion

アメリカ型
医学・教育学的方法
ライフスタイルづくり
＝
個人のパワーを高める

ヨーロッパ（WHO）型
社会科学的方法
環境づくり
＝
坂道をゆるやかにする

真の自由と幸福

健康

ヘルスプロモーション活動
「健康的な公共施策を確立する」

ヘルスサービスの方向転換

個人技術の開発

地域活動の強化

健康を支援する環境づくり

健康的な公共政策づくり

出典　日本ヘルスプロモーション学会「ヘルスプロモーションとは」
http://plaza.umin.ac.jp/~jshp-gakkai/intro.html

2　生活習慣病の予防・改善と運動・身体活動

　運動不足が心疾患の発症と関連することがモーリスによって明らかにされて以降、多くの運動疫学研究によってヒトに対する身体活動の有効性が調査されてきた。また、運動による生活習慣病の予防・改善メカニズムについても、さまざまな運動生理学・生化学的研究によって解明されてきており、運動は全身の生体機能を正常化する効率のよい生活習慣病予防策であると考えられている。

1　身体活動量・体力と生活習慣病

　ヒトに対する身体活動の有効性を明らかにするには、運動疫学（人間の集団を対象とした運動と疾患との関係についての学問）に関する研究が不可欠である。ここでは運動疫学に関するいくつかの研究を紹介する。

（1）2 階建てバス乗務員の心疾患についての研究

　身体活動量が少ない、いわゆる運動不足が生活習慣病の発症につながることを最初に証明したのはイギリスのモーリス博士（J. N. Morris）であるといわれている。ロンドンでは真っ赤な 2 階建てバスが街中を走行していることが有名であるが、モーリスら[1] はロンドンのバス会社の従業員を対象に心疾患の発症率についての疫学的な研究を行った。研究の中でモーリスらは、運転席に座り続けている運転手と、2 階建てバス内で階段を昇り降りする車掌との身体活動量に着目し、運転手は車掌よりも心疾患の発症率が高いことを発見した。さらに、他の職種でも同様の調査を行い、身体活動量の少ない職種の方が心疾患の発症率が高かったことから、身体活動量が心疾患と関連していると結論づけた。モーリスの研究以来、身体活動量と生活習慣病との関連についての様々な研究が行われるようになった。

（2）ハーバード大学卒業生の追跡研究

　ハーバード大学の卒業生 1 万人以上を長期間追跡した研究で、パッフェンバーガー（R. S. Paffenbarger, Jr）らは 1 週間あたりの身体活動量が高い（2,000 kcal 以上）の者は心疾患のリスクが低いこと（図 6-9）[2] や、脳血管疾患には中程度の身体活動量が望ましいこと、身体活動量が高い者は肺がんによる死亡率が低いことなどを明らかにした。

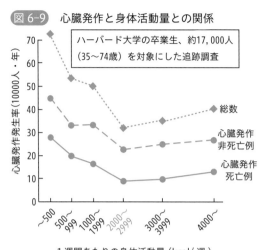

図 6-9　心臓発作と身体活動量との関係

ハーバード大学の卒業生、約17,000人（35〜74歳）を対象にした追跡調査

縦軸：心臓発作発生率（10000人・年）
横軸：1週間あたりの身体活動量（kcal/週）
〜500　500〜999　1000〜1999　2000〜2999　3000〜3999　4000〜

総数
心臓発作非死亡例
心臓発作死亡例

出典　R. S. Paffenbarger, Jr *et al*., Physical activity as an index of heart attack risk in college alumni, *American Journal of Epidemiology*, 108（3）, 1978, 161–175 を改変

（3）東京ガス・スタディ

　日本人と欧米人では生活習慣や遺伝的特徴に異なる部分が多いため、日本人の生活習慣病予防に必要な運動量を明らかにするためには、日本人を対象とした運動疫学的研究が必要である。澤田亨らは約 3,000 〜 1 万人の東京ガスの男性社員を長期間（短いもので 5 年、長いもので 15 年以上）追跡した研究を行い、有酸素性作業能力（全身持久力）が高い者では総死亡やがん死亡率、高血圧や糖尿病の発症リスクが低いことなどを示している[3]。

2　運動による生活習慣病予防・改善のメカニズム

　身体活動がなぜ生活習慣病予防に有効なのか、そのメカニズムについて運動生理学・生化学に関する研究が盛んに進められている。ここでは糖尿病と高血圧に対する効果について、現時点で明らかになっていることを概説する。

（1）糖尿病の予防・改善のメカニズム

　運動による糖尿病の予防・改善効果のメカニズムは、インスリンを分泌している膵臓の負担を減らすことがポイントであり、単発の運動による急性効果と、定期的な運動の継続による慢性効果の面から理解することができる。

　運動中の糖の代謝を見てみると、運動時には血糖値を高めるグルカゴンやアドレナリン、ノルアドレナリンなどのホルモンの分泌量が増える一方で、糖の取り込みを促進するインスリンの分泌量は減る。それにもかかわらず、筋肉にある糖輸送体タンパク（GLUT4）による細胞への糖の取り込みは促

図 6-10　運動による糖取り込みのメカニズム

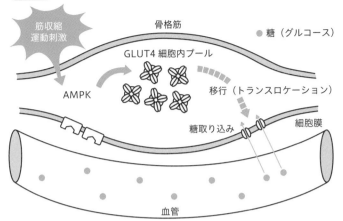

※　運動刺激によって AMPK が活性化され、その情報が GLUT4 まで伝わることで、GLUT4 が細胞膜へ移行（トランスロケーション）されて糖が取り込まれる。
出典　川田裕樹・冨樫健二「第 5 章　スポーツと代謝」冨樫健二編『スポーツ生理学』化学同人　2013 年　p.64 を一部改変

進される。すなわち、運動時にはインスリンの作用とは別に細胞（主に筋細胞）に糖を取り込む機序が働く。これにはアデノシン一リン酸活性化タンパクキナーゼ（AMPK）という酵素の働きが関与している。AMPK は ATP（アデノシン三リン酸）[*4] の減少を感知することにより活性化され、この活性化された AMPK は GLUT4 の細胞膜への移行（トランスロケーション）を促進するため、糖取り込み量が増えるのである。これが運動による急性効果である（図 6-10）。

　一方、継続的な運動トレーニングを行うと、細胞内の GLUT4 自体が増える。GLUT4 が増えることによって、膵臓からの少量のインスリンでより多くの糖を取り込むことができるようになる。また、筋細胞内の脂肪がトレーニングにより減少することにより、インスリンの細胞内シグナルが正常化される。これらにより、一定量のインスリンに対する糖の取り込みやすさ（インスリン感受性）が高まる。これが運動による慢性効果である。

　したがって、食後の血糖値が上がる時に適度な運動を行ったり、定期的な運動を継続したりすることによって、インスリンをあまり分泌させず、すなわち膵臓にできるだけ負担をかけずに糖を取り込めるようになるのである。

（2）運動による高血圧改善のメカニズム

　運動不足が高血圧の危険因子となること、また、有酸素運動が高血圧の予防や改善に対して有効であることは多くの研究で明らかにされている。

　有酸素運動は、血管を拡張させる働きを有する物質である一酸化窒素（NO）の血管内皮細胞からの産生を増加させるとともに、自律神経の交感

＊4　ATP（アデノシン三リン酸）
生物のエネルギー供給源。動物のみならず植物もバクテリアも、全ての生物は ATP という小さな分子を ADP（アデノシン二リン酸）とリン酸（Pi）に加水分解することによって発生するエネルギー（1 mol あたり約 7.3 kcal）を用いて生命活動を行っている。このことから、ATP は「生体のエネルギー通貨」と呼ばれる。

神経活動を抑えて副交感神経活動を高める。その結果、動脈は拡張・弛緩するとともに心ポンプ作用は低下する。これが運動による降圧効果の代表的なメカニズムである。

3 運動による生活習慣病予防の実際

　ヒトの体重は、飲食物による摂取エネルギーと、身体活動や基礎代謝による消費エネルギーの収支バランスによって決まる。すなわち、摂取エネルギーよりも消費エネルギーが多ければ体内に蓄えられている脂肪は減少し、逆に摂取エネルギーが消費エネルギーよりも多いと余ったエネルギーは蓄えられ、脂肪が増加する。したがって痩せる、すなわち減量によって肥満を改善したり内臓脂肪を減少させたりするためには、飲食物の量を減らす（食事制限）か、身体活動の量を増やす（運動実践）か、あるいはその両者を併用するかの3つが選択肢として挙がる。

　減量するために摂取エネルギーを減らすことと消費エネルギーを増やすことを比較した場合について、表6-5 を見ながら想像してほしい。多くの方にとって、食事制限よりも運動実践の方が困難に思われるのではないだろうか。つまり、運動実践によるエネルギー消費量は労力の割に思いのほか少なく、エネルギーの収支バランスをマイナスにしたいのであれば、食事を制限する

表6-5　運動による消費エネルギーと食事による摂取エネルギー

100 kcal を消費する運動		100 kcal の食材		
ジョギング	20分 （15〜25分）	ごはん	62.5 g	（茶碗半膳）
水泳	20分 （15〜25分）	食パン	37.5 g	（6枚切り1/2枚）
テニス	25分 （15〜40分）	ゆでうどん	94 g	（1/2玉）
エアロビックダンス	30分 （10〜40分）	牛乳	150 g	（コーヒーカップ1杯）
サイクリング	30分 （20〜40分）	ジュース	210 g	（コップ1杯）
ウォーキング	30分 （25〜35分）	マグロ赤身	81 g	刺身6切れ
ゴルフ	40分 （30〜50分）	ひき肉	44 g	卵大1塊
ボーリング	40分 （30〜60分）	油	11 g	大さじ1杯弱

※　年齢30〜40歳、体重60〜70 kgの女性の場合（運動強度によって時間は異なる）
資料　田中喜代次・田中由夫「肥満リバウンド予防のための減量プログラム」浅野勝己・田中喜代次編著『健康スポーツ科学』文光堂　2004年　pp.164-172
出典　（公財）健康・体力づくり事業財団編『健康運動指導士養成講習会テキスト（下）』2019年　p.610

ほうが一般的に簡単であるといえる。

　では、肥満の改善や内臓脂肪の減少に、運動実践は必要ないのであろうか。食事制限のみによって減量しようとすると、体脂肪はもちろん減少するが、同時に筋肉も減少してしまう。そこで、運動実践を併用することで、筋肉の減少をできるだけ抑えながら体脂肪をより選択的に減らすことができる。また、減量後に長期間体重を維持し続けるためには運動習慣が身についていることが重要だといわれており、身体活動量が高い者の方が、体重がリバウンドしづらいことがこれまでの研究でも報告されている。したがって、健康増進を目的として肥満の改善や内臓脂肪の減少を試みる場合、食事制限と運動実践のどちらか一方に頼るのではなく、両者を併用するのが現実的であるといえる。

　"Exercise is Medicine（運動は万能薬）" と言われるように、運動の実施は肥満の解消だけでなく、糖尿病や高血圧、ロコモティブシンドローム、がん、認知症やうつ病など、さまざまな疾患の発症を抑える働きをもつ。やりすぎや実施方法の間違いなどを除けば、運動は "副作用" なく全身のあらゆる生体機能を正常化する効率のよい生活習慣病予防策であるといえよう。

引用文献

1 ）J. N. Morris, J. A. Heady, P. A. B. Raffle, C. G. Roberts, J. W. Parks, Coronary heart-disease and physical activity of work, *Lancet*, 262(6796), 1953, 1053-1057 and 1111-1120

2 ）R. S. Paffenbarger, Jr, A. L. Wing, R. R. Hyde, Physical activity as an index of heart attack risk in college alumni, *American Journal of Epidemiology*, 108(3), 1978, 161-175

3 ）澤田亨「東京ガス・スタディ」『運動疫学研究』第 13 巻第 2 号　日本運動疫学会　2011 年　pp.151-159

参考文献

・（公財）健康・体力づくり事業財団編『健康運動指導士養成講習会テキスト（上）』2019 年
・日本肥満学会『肥満症診療ガイドライン 2016』ライフサイエンス出版　2016 年
・日本高血圧学会『高血圧治療ガイドライン 2019』ライフサイエンス出版　2019 年
・鵤木秀夫編『健康づくりのための運動の科学』化学同人　2013 年
・冨樫健二編『スポーツ生理学』化学同人　2013 年
・熊谷秋三責任編集『健康と運動の疫学入門—エビデンスに基づくヘルスプロモーションの展開—』医学出版　2008 年
・厚生労働省「e- ヘルスネット」
　https://www.e-healthnet.mhlw.go.jp/

①自分の BMI および標準体重を計算してみましょう。また、 表6-2 をもとに自分の体格を判定してみましょう。

....
....
....

②自分の食習慣、運動習慣、その他の生活習慣（睡眠、休養など）を振り返り、健康的な生活行動ができている部分、改善が必要と感じる部分を書き出してみましょう。

....
....
....

③生活習慣病の予防や改善に運動が有効な理由を、本文を見ながらまとめてみましょう。

....
....
....

痩せによって引き起こされる健康問題

國學院大學／川田 裕樹

　肥満やメタボリックシンドロームのみならず、痩せについても健康に様々な影響を及ぼすというのはご存じでしょうか。

　例えば、病気の発症率や死亡率が低くなる理想的なBMIは年齢とともに高くなるという報告もあります。特に高齢期になると、BMIが低いと感染症の発症や筋肉量の減少に伴うロコモティブシンドロームにつながる恐れがあります。そのため、日本人高齢者の理想的なBMIは明らかではないものの、BMIが18.5 kg/m^{2}を切るような痩せ体型よりも、BMIが25 kg/m^{2}程度の軽度肥満の方が健康によいといったことも考えられます。よって、肥満症やメタボリックシンドロームに留意しつつも、高齢期の痩せや低栄養には注意を払うことが必要です。

　また、日本では諸外国に比べて痩せ女性が非常に多いことも問題視されています。 図 6-11 は各国の1人あたりのGDP（国内総生産）とBMI18.5 kg/m^{2}未満の痩せ女性の割合との関係を示したものです。この図の右側に位置する国民1人あたりのGDPが高い国は先進国、左側は開発途上国といわれる国であり、開発途上国では貧困のために痩せ女性が多いことが分かります。一方、日本は先進国といわれているにもかかわらず、痩せ女性がかなり多く、その原因としては、若年女性の痩せ願望やダイエットなどが指摘されています。

　女性の痩せは月経異常や摂食障害につながりやすく、また、若年期の痩せは老後の骨粗しょう症や筋肉量の減少の要因となります。さらに、日本では1980年代以降、低出生体重児（体重2500 g未満）の増加が問題になっていますが、女性の痩せは低出生体重での出産リスクを高めることが指摘されています。最近、生まれる前の胎児期から生後初期にかけての低栄養状態が、将来成人となった際の生活習慣病の発症につながる可能性（成人病胎児期発症説、DOHaD学説）が注目されています。つまり、若年女性の痩せは本人のみならず次世代の健康に悪影響を及ぼす可能性があるということです。

　健康問題との関連においては肥満ばかりが注目されがちですが、痩せの問題にも同時に目を向け、生涯にわたる適正な体格について考える必要があるでしょう。

図 6-11　痩せすぎ女性比率の国際比較

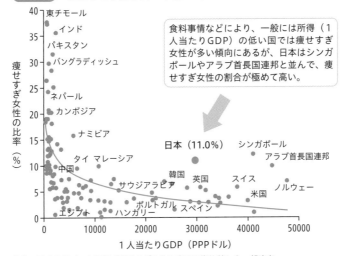

食料事情などにより、一般には所得（1人当たりGDP）の低い国では痩せすぎ女性が多い傾向にあるが、日本はシンガポールやアラブ首長国連邦と並んで、痩せすぎ女性の割合が極めて高い。

出典　社会実情データ図録「痩せすぎ女性比率の国際比較」を一部改変
http://honkawa2.sakura.ne.jp/2205.html

第 **7** 章 生活習慣病の予防と改善

なぜこの章を学ぶのですか？

　生活習慣病の予防と改善のためには、病気の発症の原因を理解することから始まり、運動や食事、睡眠などの生活習慣を記録した資料をもとに、生活の中の課題を発見し発症リスクを減らすことが必要だからです。

第7章の学びのポイントは何ですか？

　本章では、生活習慣病の予防と改善の方法と関係がある「適度な運動」「バランスの取れた食事」「十分な睡眠」という健康の3要素とは何かを考えます。

＼ 考えてみよう ／

① 生活習慣病の原因になる日常生活での行動を考えてみよう。

② 普段の生活を振り返って、運動不足や食べすぎになっていないか考えてみよう。

1　生活習慣病の予防と改善のための生活の見直し

生活習慣病は、日本人の死因の約 60％を占め、日常生活の中で運動不足や食べすぎ、喫煙や飲酒などが発症の原因であることを理解する。生活習慣病の予防や改善の基本は、「適度な運動」「バランスの取れた食事」「十分な睡眠」などの生活習慣を確立することである。

1　生活習慣病の予防と改善のために

（1）年代別に応じた生活習慣の見直しの必要性

　日本人が一生のうちにがんと診断される確率は、男性 65.0％（2 人に 1 人）女性 50.2％（2 人に 1 人）、がんで死亡する確率は男性 26.7％（4 人に 1 人）、女性 17.8％（6 人に 1 人）となり [1]、生活習慣病での死亡者数や患者数が多いことから、生活習慣病の予防のために日常生活を見直しする必要がある。

　死因におけるがんの割合は 27.6％であるが、20 ～ 24 歳では男性 6.5％、女性 7.9％と低い。しかし、親の年代の 50 ～ 54 歳で男性 27.0％、女性 53.9％、祖父母の年代 80 ～ 84 歳で男性 32.0％、女性 28.6％と大きな差

図 7-1　性・年齢階級別にみた主な死因の構成割合（2020 年）

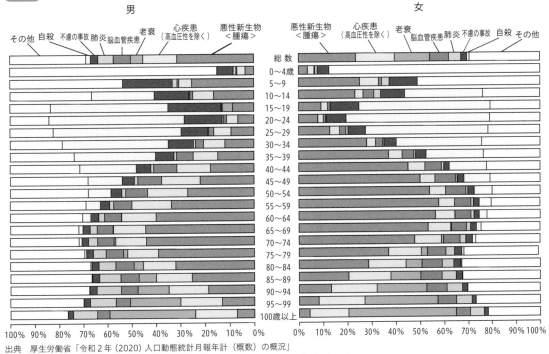

出典　厚生労働省「令和 2 年（2020）人口動態統計月報年計（概数）の概況」
https://www.mhlw.go.jp/toukei/saikin/hw/jinkou/geppo/nengai20/index.html

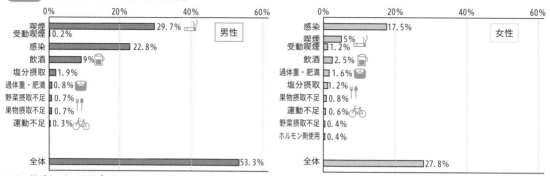

図 7-2 日本人におけるがんの要因

※1 棒グラフ中の項目「全体」は、他の項目の合計の数値ではなく、2つ以上の生活習慣が複合して原因となる「がんの罹患」も含めた数値
※2 感染は、がんの原因の約20%を占め、B型・C型肝炎ウイルスによる肝がん、ヘリコバクター・ピロリによる胃がんなど細菌やウイルスによって発症するがんである
資料 Inoue, M. et al.: Ann Oncol, 2012; 23(5): 1362-9 より作成
出典 国立がん研究センター がん情報サービス「科学的根拠に基づくがん予防」
　　　https://ganjoho.jp/public/pre_scr/cause_prevention/evidence_based.html

が見られ（ 図 7-1 ）、各年代での運動や食事などの生活習慣の見直しによって発症予防と重症化予防する必要がある。

（2）日本人におけるがんの要因

　日本人におけるがんの大きな要因は、喫煙（男性29.7%、女性5%）、飲酒（男性9%、女性2.5%）などの生活習慣と考えられている[1]。そのため積極的に喫煙（受動喫煙）や飲酒を控え、運動の実施、減塩や野菜の摂取などの食事内容に気をつけることが必要である（ 図 7-2 ）。

（3）がん予防の5つの健康習慣

　日本人のためのがん予防法は、「禁煙」「節酒」「食生活」「身体活動」「適正体重の維持」の5つの健康習慣の要因がある[1]。

5つの健康習慣 （国立がん研究センター）
1. 禁煙　たばこにかかわらない
2. 節酒　お酒を飲みすぎない
3. 食生活　バランスのよい食生活を心掛ける
4. 身体活動　からだを動かす
5. 適正体重の維持　ちょうどよい体重をキープする

　この5つの健康習慣を0または1つ実践する人に比べ、健康習慣を多く実践するほどリスクを減らすことができ、男性で43%、女性で37%がんになるリスクが低くなる（ 図 7-3 ）。

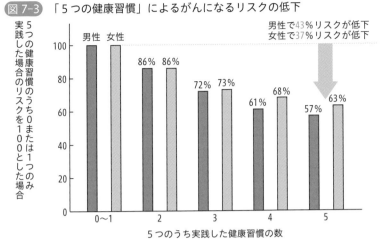

図 7-3　「5つの健康習慣」によるがんになるリスクの低下

実践した場合のリスクのうち0または1つのみした場合

男性で43％リスクが低下
女性で37％リスクが低下

5つのうち実践した健康習慣の数

資料　Sasazuki, S. et al.: Prev. Med., 2012; 54（2）:112-6 より作成
出典　国立がん研究センター　がん情報サービス「科学的根拠に基づくがん予防」
　　　https://ganjoho.jp/public/pre_scr/cause_prevention/evidence_based.html

　生活習慣病は不適切な生活習慣が共通の原因であり、積極的に生活習慣を見直す行動変容によって生活習慣病のリスクを減らすことができる。

2　生活習慣病の予防と改善の基本

　生活習慣病の予防や改善の基本は、健康日本 21 の標語「1 に運動、2 に食事、しっかり禁煙、最後にクスリ〜健康寿命の延伸〜」を実践し健康維持・増進を進め、生活習慣の改善を実践することである。

　生活習慣病は、生活習慣の乱れによって発症するため、予防や改善として「適度な運動」「バランスのよい食事」「十分な睡眠」を実践するために、自分の生活の実態を知り自分の生活の中で実践することができる予防策の内容を設定することが必要である。

（1）適度な運動

　適度な運動とは、健康づくりや生活習慣病の予防と改善のために必要な運動で、生活習慣病の治療のための運動療法として実践することができる。

　18 歳から 64 歳の人を対象にした身体活動指針（アクティブガイド）[2]では、身体活動を実践することによって、糖尿病、心臓病、脳卒中、がん、ロコモティブシンドローム、フレイル、うつ、認知症などになるリスクを下げることができる。

（2）適度な運動の基準実践

適度な運動は、健康日本 21 や健康づくりのための身体活動基準 2013 を参考に実施することができる[2]。

① 18 ～ 64 歳の身体活動（生活活動・運動）の基準

・運動強度が 3 メッツ[*1] 以上の身体活動を 23 メッツ・時/週[*2] 行う。

・具体的には歩行またはそれと同等以上の強度の身体活動を毎日 60 分以上行う。

② 18 ～ 64 歳の運動の基準

・運動強度が 3 メッツ以上の運動を 4 メッツ・時/週行う。

・具体的には息が弾み汗をかく程度の運動を毎週 60 分行う。

③ 歩数の目安（健康日本 21）

・歩数の目標値（20 ～ 64 歳）は男性 9,000 歩、女性 8,500 歩。

日常生活における平均歩数は、男性 7,841 歩、女性 6,883 歩となり目標に対して 1,500 歩の増加が必要である。1 日 1,500 歩の増加は、がんや糖尿病などの発症および死亡リスクの約 2％減少に相当し、血圧 1.5 mmHg の低下につながる。

④ アクティブガイド　健康づくりのための身体活動指針

・「＋10（プラステン）：今より 10 分多く体を動かそう」

毎日、10 分間の運動を増やす。＋10 によって「死亡のリスクを 2.8％」「生活習慣病発症を 3.6％」「がん発症を 3.2％」「ロコモ・認知症の発症を 8.8％」低下させることが可能であることが示唆されている。さらに減量効果として＋10 を 1 年間継続すると、1.5 ～ 2.0 kg 減の効果が期待できる。

（3）十分な睡眠

日本人の睡眠時間は年々短くなり、睡眠の質や量が悪くなり睡眠不足や睡眠負債[*3]の状態になっている。

睡眠は脳やからだの休養、記憶の整理や定着、疲労の回復、からだの成長や修復、ストレス解消などのために、睡眠の質と量を考えることが大切である。また、十分な睡眠は、仕事の能率の向上や事故防止につながる。

睡眠の質は、規則正しい睡眠のリズムがあること、熟睡感がある、目覚めがよい、疲れが取れている、日中に眠気を感じないことなどで評価することができる。

睡眠の量は、7 時間程度の睡眠時間を確保するだけではなく、入眠時間や起床時間、睡眠サイクルを考え、個人の生活や労働環境に適した睡眠時間を考えることが大切である。睡眠時間は、長くても短くても健康を損なうリスクを高めるため 7 時間の人が最も死亡率が低く長寿だとする報告がある。

＊1　メッツ／METs
メッツとは運動や身体活動の運動強度の単位で、安静時を 1 としたときと比較して何倍のエネルギーを消費するかで活動の強度を示した指標である。

＊2　メッツ・時
運動強度（メッツ）×運動時間（時）
メッツ・時によって身体活動量を算出することができる。

＊3　睡眠負債
毎日のわずかな睡眠不足が借金や負債のように徐々に蓄積し「睡眠負債」となり、生活習慣病のリスクを高めるとともに、健康被害を引き起こしたり生活の質を下げたりすることになる。

睡眠は、レム睡眠[*4]とノンレム睡眠[*4]を約 90 分のサイクルで 4 から 5 回程度繰り返されることから、この睡眠サイクルを利用すると、よい睡眠を取ることができる。

睡眠の状況は、ピッツバーグ睡眠質問票やアテネ不眠尺度、朝型夜型質問紙などのアンケート調査で睡眠の状況を調べ評価することができる。

①　睡眠と生活習慣病

睡眠不足や不眠などの睡眠障害は、不規則な生活リズム、運動不足や不規則な食事時間、飲酒や喫煙などによって、肥満や糖尿病、高血圧症などの生活習慣病の原因や助長させる要因となる。

睡眠障害は、入眠障害や中途覚醒、早朝覚醒、熟眠障害などによる不眠症や過眠症（ナルコレプシー）[*5]、概日リズム睡眠障害、睡眠呼吸障害などを指し、日中の倦怠感や意欲低下、集中力低下、食欲低下などを引き起こす。

最近では、深夜までのアルバイト、睡眠環境、スマートフォンやパソコンの使用によって睡眠の質や量に影響を与えている。

②　健康づくりのための睡眠指針

健康づくりのための睡眠指針は、よい睡眠のために生活習慣・環境や睡眠不足・睡眠障害の予防などの睡眠に関して正しい知識を身につけ、睡眠の質や量を見直すことで健康づくりをめざす指標である[3]。

健康づくりのための睡眠指針
①良い睡眠で、からだもこころも健康に。
②適度な運動、しっかり朝食、ねむりとめざめのメリハリを。
③良い睡眠は、生活習慣病予防につながります。
④睡眠による休養感は、こころの健康に重要です。
⑤年齢や季節に応じて、ひるまの眠気で困らない程度の睡眠を。
⑥良い睡眠のためには、環境づくりも重要です。
⑦若年世代は夜更かし避けて、体内時計のリズムを保つ。
⑧勤労世代の疲労回復・能率アップに、毎日十分な睡眠を。
⑨熟年世代は朝晩メリハリ、ひるまに適度な運動で良い睡眠。
⑩眠くなってから寝床に入り、起きる時刻は遅らせない。
⑪いつもと違う睡眠には、要注意。
⑫眠れない、その苦しみをかかえずに、専門家に相談を。

十分な睡眠とは、7 時間程度の睡眠時間の確保、熟睡感がある、疲労感がない、日中に眠気や居眠りすることがないなどが目安となる。

*4　レム睡眠・ノンレム睡眠
レムとは急速眼球運動（Rapid Eye Movement：REM）を指し、レム睡眠では、脳が活発に働き記憶の整理や定着が行われる。ノンレム（Non-REM）睡眠では、脳や身体の休息や回復が行われる。

*5　過眠症（ナルコレプシー）
過眠症の一つのナルコレプシーは、突然強い眠気が出現して眠り込んでしまう病気で、強烈な睡眠発作の症状から日常生活に支障をきたす恐れがある。

睡眠は、からだやこころの健康づくりや事故防止につながることから、睡眠の質の改善や睡眠の量の確保、睡眠障害の早期発見・早期対応によって健康づくりができる。また、睡眠は学力や体力に影響を与え、運動習慣や食習慣によって睡眠障害を抑制することができる。

　よい睡眠の質と量は、運動や食事、生活のリズムなどの生活習慣を整えることができ、生活習慣病の予防や改善につながる。

2　生活習慣病とバランスのよい食事

　生活習慣病は過食や偏食、不規則な食習慣などによって発症する。バランスのよい食事は、食事療法として治療にも役立てることができる。

1　バランスのよい食事と栄養素

（1）バランスのよい食事と栄養素の役割

　バランスのよい食事とは、年齢や性別、生活活動の状況に応じた栄養素やエネルギー量を考えて摂取することである。

　栄養素の働きは、からだを動かすためのエネルギーとなる栄養素、からだをつくるために必要な栄養素、からだの調子を整えるために必要な栄養素に分類することができ、食事で十分な栄養素を摂取することが大切である（図7-4）。

　栄養素は、三大栄養素（炭水化物（糖質）、脂質、たんぱく質）、五大栄養素（三大栄養素＋ビタミン、ミネラル）、七大栄養素（五大栄養素＋食物繊維、

図7-4　五大栄養素の働き

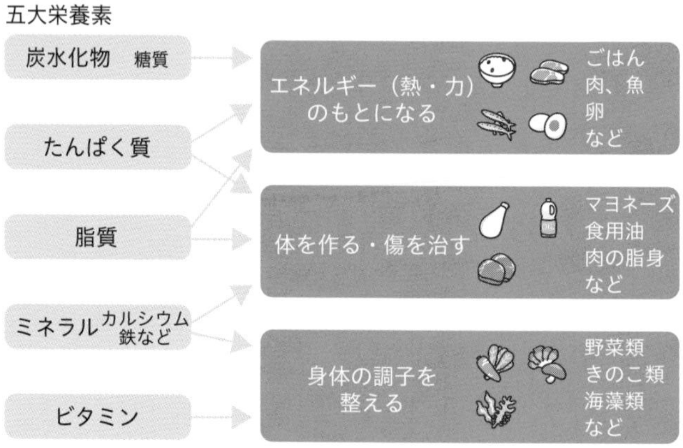

五大栄養素

炭水化物　糖質 → エネルギー（熱・力）のもとになる → ごはん　肉、魚　卵　など

たんぱく質

脂質 → 体を作る・傷を治す → マヨネーズ　食用油　肉の脂身　など

ミネラル　カルシウム　鉄など

ビタミン → 身体の調子を整える → 野菜類　きのこ類　海藻類　など

フィトケミカル）に区分することができる。

　炭水化物（糖質）は脳にとって唯一のエネルギー源である。脂肪は、エネルギー源の貯蔵庫、月経の維持、体温の保持、クッションなどの役割があり、適量を維持する。たんぱく質は、筋肉の材料となるため適量を摂取することが大切である。

　ビタミンやミネラルは、身体の調子を整える役割がある。ビタミンは、栄養素がエネルギーに変化したり、筋肉や骨がつくられる際に必要である。ミネラルは、からだをつくる成分や機能を正常に維持するために必要である。

　食物繊維は、腸の働きや腸内細菌のバランスを整える働きがあり、生活習慣病や大腸がんの予防につながる。ファトケミカルは、野菜や果物などに多く含まれるポリフェノールやカロテノイドを指し、抗酸化作用や免疫機能の向上などによりさまざまな病気の予防などが期待される。

　栄養素の摂取は、毎日の食事で摂取することが基本であるが、不足する際にはサプリメントでの摂取もよい。その際には、適量や服用方法などを守るとともに、過剰摂取による体調不良や薬等の飲み合わせなどに注意する。

（2）1 日に必要な栄養素

　食事の取り方は、日本人の食事摂取基準から見た栄養素の摂取 [4] や、後述する栄養素のバランスである PFC バランス、食事バランスガイドや食生活指針などを参考にすることができる。

　1 日に必要な栄養素は、炭水化物（糖質）や脂質、たんぱく質に加え、ビタミンやミネラルの 34 種類の栄養素があり、摂取不足を回避するための推定平均必要量や過剰摂取による健康障害を回避するための耐容上限量、生活習慣病の発症を予防・回避するための目標量として摂取基準が示されている [4]。生活習慣病は、栄養素の過剰摂取や不足によって肥満や高血圧、糖尿病、脂質異常症などと関連があり、適量の栄養素やエネルギー量の摂取による食事療法は予防や改善の有効な方法である（表 7-1）。

表 7-1　1 日に必要な主な栄養素（18 〜 29 歳）

栄養素	男性	女性
推定エネルギー必要量（kcal/日）	2,650 kcal	2,000 kcal
炭水化物（糖質）目標量（%エネルギー※）	50 〜 65%	50 〜 65%
たんぱく質推奨量（g/日）	65 g	50 g
脂質目標量（範囲）（%エネルギー※）	20 〜 30%	20 〜 30%
食物繊維目標量（g/日）	21 g 以上	18 g 以上

※ ％エネルギー：PFC バランスからみた栄養素の摂取バランスを示している
出典　厚生労働省「日本人の食事摂取基準（2020 年版）」2019 年をもとに筆者作成
　　　https://www.mhlw.go.jp/content/10904750/000586553.pdf

表 7-2　推定エネルギー必要量（kcal/日）

性　別	男　性			女　性		
身体活動レベル[1]	I	II	III	I	II	III
0 ～ 5　（月）	—	550	—	—	500	—
6 ～ 8　（月）	—	650	—	—	600	—
9 ～ 11　（月）	—	700	—	—	650	—
1 ～ 2　（歳）	—	950	—	—	900	—
3 ～ 5　（歳）	—	1,300	—	—	1,250	—
6 ～ 7　（歳）	1,350	1,550	1,750	1,250	1,450	1,650
8 ～ 9　（歳）	1,600	1,850	2,100	1,500	1,700	1,900
10 ～ 11　（歳）	1,950	2,250	2,500	1,850	2,100	2,350
12 ～ 14　（歳）	2,300	2,600	2,900	2,150	2,400	2,700
15 ～ 17　（歳）	2,500	2,800	3,150	2,050	2,300	2,550
18 ～ 29　（歳）	2,300	2,650	3,050	1,700	2,000	2,300
30 ～ 49　（歳）	2,300	2,700	3,050	1,750	2,050	2,350
50 ～ 64　（歳）	2,200	2,600	2,950	1,650	1,950	2,250
65 ～ 74　（歳）	2,050	2,400	2,750	1,550	1,850	2,100
75 以上　（歳）[2]	1,800	2,100	—	1,400	1,650	—
妊婦（付加量）[3]　初期				+ 50	+ 50	+ 50
中期				+ 250	+ 250	+ 250
後期				+ 450	+ 450	+ 450
授乳婦（付加量）				+ 350	+ 350	+ 350

1　身体活動レベルは、低い、ふつう、高いの三つのレベルとして、それぞれ I、II、III で示した。

2　レベル II は自立している者、レベル I は自宅にいてほとんど外出しない者に相当する。レベル I は高齢者施設で自立に近い状態で過ごしている者にも適用できる値である。

3　妊婦個々の体格や妊娠中の体重増加量及び胎児の発育状況の評価を行うことが必要である。

※ 1　活用に当たっては、食事摂取状況のアセスメント、体重及び BMI の把握を行い、エネルギーの過不足は、体重の変化又は BMI を用いて評価すること。

※ 2　身体活動レベル I の場合、少ないエネルギー消費量に見合った少ないエネルギー摂取量を維持することになるため、健康の保持・増進の観点からは、身体活動量を増加させる必要がある。

出典　厚生労働省「日本人の食事摂取基準（2020 年版）」2019 年　p.84
　　　https://www.mhlw.go.jp/content/10904750/000586553.pdf

（3）1 日に必要な推定エネルギー量

　1 日に必要なエネルギー量は、年齢や性別、身体活動レベルなどの状態から推測することができ、運動によるエネルギー消費量や食事によるエネルギー摂取量のエネルギーバランスとして、運動不足や食べすぎを解決するため参考にすることができる（表 7-2）。エネルギー産生栄養素バランスは、PFC バランスとして表すことができる。

2　PFC バランスによる食事の取り方

　PFC バランスは、食事で摂取する 3 大栄養素の摂取バランスを示したものである。日本食は主食のごはん、主菜の魚や肉、副菜の野菜や海藻、豆類、果物などを使った一汁三菜という理想的な PFC バランスをした食事内容である（図 7-5、表 7-3）。

図 7-5　PFC バランス

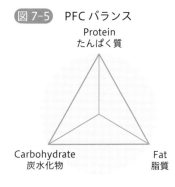

Protein
たんぱく質

Carbohydrate
炭水化物

Fat
脂質

表 7-3　エネルギー産生栄養素バランス（％エネルギー）

| 性　別 | 男　性 目標量[1,2] | | | | 女　性 目標量[1,2] | | | |
| | | 脂　質[4] | | | | 脂　質[4] | | |
年齢等	たんぱく質[3]	脂　質	飽和脂肪酸	炭水化物[5,6]	たんぱく質[3]	脂　質	飽和脂肪酸	炭水化物[5,6]
0 ～ 11（月）	—	—	—	—	—	—	—	—
1 ～ 2（歳）	13～20	20～30	—	50～65	13～20	20～30	—	50～65
3 ～ 5（歳）	13～20	20～30	10以下	50～65	13～20	20～30	10以下	50～65
6 ～ 7（歳）	13～20	20～30	10以下	50～65	13～20	20～30	10以下	50～65
8 ～ 9（歳）	13～20	20～30	10以下	50～65	13～20	20～30	10以下	50～65
10 ～ 11（歳）	13～20	20～30	10以下	50～65	13～20	20～30	10以下	50～65
12 ～ 14（歳）	13～20	20～30	10以下	50～65	13～20	20～30	10以下	50～65
15 ～ 17（歳）	13～20	20～30	8以下	50～65	13～20	20～30	8以下	50～65
18 ～ 29（歳）	13～20	20～30	7以下	50～65	13～20	20～30	7以下	50～65
30 ～ 49（歳）	13～20	20～30	7以下	50～65	13～20	20～30	7以下	50～65
50 ～ 64（歳）	14～20	20～30	7以下	50～65	14～20	20～30	7以下	50～65
65 ～ 74（歳）	15～20	20～30	7以下	50～65	15～20	20～30	7以下	50～65
75 以上（歳）	15～20	20～30	7以下	50～65	15～20	20～30	7以下	50～65
妊婦　初期					13～20			
中期					13～20	20～30	7以下	50～65
後期					15～20			
授乳婦					15～20			

1　必要なエネルギー量を確保した上でのバランスとすること。
2　範囲に関しては、おおむねの値を示したものであり、弾力的に運用すること。
3　65 歳以上の高齢者について、フレイル予防を目的とした量を定めることは難しいが、身長・体重が参照体位に比べて小さい者や、特に 75 歳以上であって加齢に伴い身体活動が大きく低下した者など、必要エネルギー摂取量が低い者では、下限が推奨量を下回る場合があり得る。この場合でも、下限は推奨量以上とすることが望ましい。
4　脂質については、その構成成分である飽和脂肪酸など、質への配慮を十分に行う必要がある。
5　アルコールを含む。ただし、アルコールの摂取を勧めるものではない。
6　食物繊維の目標量を十分に注意すること。
出典　厚生労働省「日本人の食事摂取基準（2020 年版）」2019 年　p.170
　　　https://www.mhlw.go.jp/content/10904750/000586553.pdf

P＝Protein（たんぱく質）、F＝Fat（脂質）、C＝Carbohydrate（炭水化物）
P：15％、F：25％、C：60％

　PFC バランスは、食事や食品の栄養成分表示から推定することができる。
　例えば 20 歳男性の場合、1 日に必要なエネルギー量は 2,650 kcal であるが、以下の計算式により 1 日の摂取量を導くことができる。

PFC：％　エネルギー量× PFC％＝摂取 kcal
　　　　摂取 kcal ÷栄養素 1 g あたりのエネルギー量（kcal）[6]＝1 日の摂取量（g）
【計算例】
・P：15％　2,650 kcal×15％＝398 kcal　　398kcal÷4 kcal＝100 g
・F：25％　2,650 kcal×25％＝663 kcal　　663 kcal÷9 kcal＝74 g
・C：60％　2,650 kcal×60％＝1,590 kcal　　1,590 kcal÷4 kcal＝398 g

＊6　栄養素 1 g あたりのエネルギー産生量は以下の通りである。
たんぱく質：4 kcal
脂質：9 kcal
炭水化物：4 kcal

表7-4	ファーストフードや定食のエネルギー量と PFC バランス				
	エネルギー量	たんぱく質	脂質	炭水化物	
ビックマック	525 kcal	26.0 g	28.3 g	41.8 g	マクドナルド
マックフライポテトL サイズ	517 kcal	6.7 g	25.9 g	64.3 g	マクドナルド
炭火焼き牛カルビ弁当	750 kcal	18.6 g	19.8 g	128.8 g	セブンイレブン
なつかしナポリタン	492 kcal	16.4 g	13.2 g	79.6 g	セブンイレブン
牛丼（並盛）	635 kcal	20 g	20.4 g	89 g	吉野家
かつ丼	935 kcal	36.2 g	32.4 g	128.2 g	やよい軒
生姜焼き定食	746 kcal	26.7 g	37.1 g	79.7 g	やよい軒
唐揚げ定食	889 kcal	36.1 g	43.4 g	86.8 g	大戸屋

出典　各社ホームページを参考に筆者作成

　また PFC バランスから見た栄養素の摂取量の目安として、 表7-4 を参考にしながら、ファーストフードや定食などに含まれる栄養素を考えてみよう。

3 食事バランスガイドの活用

　食事バランスガイドは、食事を"主食、副菜、主菜、牛乳・乳製品、果物"の5つに区分し、1日に「何を」「どれだけ」食べたらよいかを示している（ 図7-6 ）[5]。適量チェック表から1日に摂取する食事の提供量の"つ"（SV:サービング）を取ることでバランスのよい食事内容になる。

図 7-6　食事バランスガイド

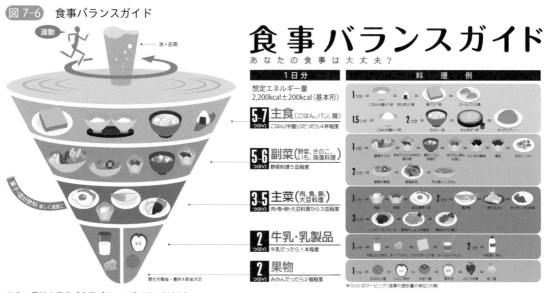

出典　農林水産省「食事バランスガイド」2005 年
https://www.maff.go.jp/j/balance_guide/

図7-7　食事バランスガイド SV 適量チェック表

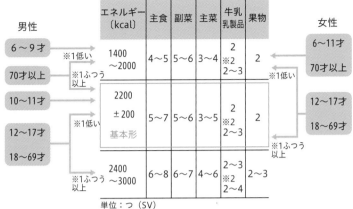

	エネルギー〔kcal〕	主食	副菜	主菜	牛乳乳製品	果物
	1400〜2000	4〜5	5〜6	3〜4	2 ※2 2〜3	2
	2200 ±200 基本形	5〜7	5〜6	3〜5	2 ※2 2〜3	2
	2400〜3000	6〜8	6〜7	4〜6	2〜3 ※2 2〜4	2〜3

男性
6〜9才 ※1低い
70才以上 ※1ふつう以上

女性
6〜11才
70才以上
※1低い

10〜11才
12〜17才 ※1低い
18〜69才 ※1ふつう以上

12〜17才
18〜69才
※1ふつう以上

単位：つ（SV）
SVとはサービング（食事の提供量）の略

※1　身体活動量の見方
　　「低い」：1日中座っていることがほとんどの人
　　「ふつう以上」：「低い」に該当しない人
※2　学校給食を含めた子ども向け摂取目安について
　　成長期に特に必要なカルシウムを十分にとるためにも、牛乳・乳製品の適量は少し幅を持たせて1日2〜3つ〔SV〕、「基本形」よりもエネルギー量が多い場合では、4つ〔SV〕程度までを目安にするのが適当です。
出典　農林水産省「『食事バランスガイド』の適量と料理区分」
　　https://www.maff.go.jp/j/syokuiku/kenzensyokuseikatsu/about_b_guide.html#tekiryo

　バランスのよい食事は、SV 適量チェック表（**図7-7**）から性別や年齢を参考に1日分の食事内容を"コマ"をうまく回すために各区分の適量を摂取する必要がある。

　よい食事は、"コマが回転する"＝"運動する"ことになり、バランスのよい食事と適度な運動の実施が健康づくりにつながる。菓子・嗜好飲料は、コマを回す"ひも"の役割で毎日の食生活の中で楽しみとして適度に取ることも必要である。

4　食生活指針

　農林水産省は、食事内容や食習慣について日本人の日常生活や食生活の状況を踏まえ、生活の質（QOL）の向上、適度な運動やバランスのよい食事、食文化への理解、食料資源への配慮などから食生活を見直すことができる食生活指針[6]を示している。

　バランスの良い食事は、年齢や性別、日常生活や身体活動量に応じたエネルギー量を摂取し、食事バランスガイドを参考に食事や食品を選び必要な栄養素の摂取することであり、食生活指針を参考に食生活や食文化を見直すことが大切である。

若い世代では朝食の欠食を指摘されている。食生活の基本は「健やかな健康づくりは朝食から」といわれるように、朝食をしっかり取ろう。

　また若者の食生活は、"コ"食（個食、孤食、小食、粉食、子食、固食など）、粗食や素食といわれ、食生活指針「①④⑥」を実践しよう。そして外食、持ち帰りの弁当・惣菜、配食サービスなどの外食を週１回以上利用している者の割合が男性41.6％、女性26.7％と多くなり、「⑧⑨⑩」などが実践されていないようである。

食生活指針
①食事を楽しみましょう。
②１日の食事のリズムから、健やかな生活リズムを。
③適度な運動とバランスのよい食事で、適正体重の維持を。
④主食、主菜、副菜を基本に、食事のバランスを。
⑤ごはんなどの穀類をしっかりと。
⑥野菜・果物、牛乳・乳製品、豆類、魚なども組み合わせて。
⑦食塩は控えめに、脂肪は質と量を考えて。
⑧日本の食文化や地域の産物を活かし、郷土の味の継承を。
⑨食料資源を大切に、無駄や廃棄の少ない食生活を。
⑩「食」に関する理解を深め、食生活を見直してみましょう。

3 生活習慣と現代病

　生活習慣病は、食事や運動、飲酒や喫煙などの生活習慣の乱れが原因であることから、生活習慣を見直すことで予防することができる。今後、現代病として皆さんの生活習慣や行動が健康に害を及ぼす可能性があるため、身近な健康問題として注意したい。

飲酒がもたらす健康への影響

　飲酒は、適量であれば血行促進や動脈硬化予防、ストレス解消、コミュニケーションづくりに有用であるが、多量の飲酒でがん、肝障害、脂質異常症、高血圧症などのリスクが高くなる。飲む場合は、純エタノール量換算で１日あたり約23ｇ程度とし、飲まない人、飲めない人は無理に飲まないようにする。飲酒量では、１日あたりの平均アルコール摂取量が純エタノール量で23ｇ未満の人に比べ、がんになるリスクが46ｇ以上の場合で40％程度、

69 g 以上で 60％程度高くなる[7]。また、飲酒の習慣化によりアルコール依存症や認知症を発症する恐れがある。

　以下は酒類に含まれる純エタノール量から、具体的な飲酒量をまとめたものである。確認し、自分自身の飲酒量について振り返ってみよう。

飲酒量の目安（1 日あたり純エタノール量換算で 23 g 程度）

・日本酒　　　　　　　　　　1 合
・ビール大瓶（633 mL）　　　1 本
・焼酎・泡盛　　　　　　　　原液で 1 合の 3 分の 2
・ウィスキー・ブランデー　　ダブル（60 mL）1 杯
・ワイン　　　　　　　　　　ボトル 3 分の 1 程度

2　喫煙がもたらす健康への影響

　たばこは、「百害あって一利なし」といわれるように喫煙者や周囲の人にも健康被害を引き起こすといわれ、20 歳より前に喫煙を始めると、男性は 8 年、女性は 10 年も寿命が短縮する[8]。

　たばこは、肺がんや食道がん、膀胱がん、乳がんなど多くのがんに関連し、男性で 30％、女性で 5％はたばこが原因と考えられる。たばこを吸う人は吸わない人に比べて、がんになるリスクが約 1.5 倍高まる。

　さらに、受動喫煙でも肺がんや乳がんのリスクが高くなり、心疾患や脳血管疾患、慢性閉塞性肺疾患（COPD）などの呼吸循環器系疾患の原因となる。がんを予防するためには、たばこを吸わないことが最も効果的で確実な方法である。

　最近、加熱式たばこは、紙巻きたばこに比べて健康被害が少ないとして、利用者が増えているが、ニコチンや発がん性物質などの有害物質が含まれているため、紙巻きたばこと同様に長期的な利用による健康への影響が心配される。

3　カフェインがもたらす健康への影響

　カフェインは、コーヒーやお茶、清涼飲料水などに含まれ、過剰に摂取すると健康上の問題が起こる恐れがある。エナジードリンク*7 の多用により中毒死した例もある。

＊7　エナジードリンク
栄養ドリンクの一種で、カフェインが多く含まれた炭酸飲料。

カフェインを含んだ食品の過剰摂取は、心拍数の増加、興奮、不安、震え、不眠症、下痢、吐き気、めまいなどの健康被害をもたらすことがあるため、カフェインの摂取に注意する必要がある。

コーヒーと死亡リスクとの関係は、1日4杯までのコーヒー摂取は死亡リスク低下と有意な関連があり、肝がん、膵がん、女性の大腸がんと子宮体がんのリスク低下との関連がある[9]。

コーヒー摂取による死亡リスクの低下には、コーヒーに含まれるクロロゲン酸が血糖値を改善し、血圧を調整する効果や、抗炎症作用が関係するとされている。また、カフェインには血管内皮の機能の改善や、気管支拡張作用があり、呼吸器機能の改善効果があるなどといわれている。

4 健康食品やサプリメントの取り方

健康食品や栄養補助食品、サプリメントは、手軽に取ることができるため過剰摂取することがあり、「もっと効果を得たい」と飲む量を増やすと、効果どころか体に悪い影響が出ることもある。

健康食品を利用する場合は摂取方法や量を守り、複数の健康食品を同時に取ることや効果が出ない場合の摂取をやめるよう注意する必要がある。

健康食品には、栄養補助食品、栄養機能食品、特定保健用食品（トクホ）、機能性表示食品があり、毎日の食事だけで摂取することが難しい、不足しがちなビタミンやミネラル、たんぱく質などを食事の補助食品として摂取することが望ましい。

なお健康食品は、保健機能食品制度によって 図7-8 の通りに分類されている。また健康食品に関する詳細は、二次元コードを読み取り[*8]、消費者庁「健康食品 Q&A」を確認いただきたい。

＊8 消費者庁「健康食品 Q&A」(https://www.caa.go.jp/policies/policy/consumer_safety/food_safety/pdf/food_safety_190730_0001.pdf)

図7-8 健康食品の分類

いわゆる「健康食品」 ／ 医薬品

保健機能食品

その他のいわゆる「健康食品」	機能性表示食品（届出制）	栄養機能食品（自己認証性）	特定保健用食品（個別許可制）	医薬品（医薬部外品含む）

出典　厚生労働省「いわゆる「健康食品」のホームページ」
https://www.mhlw.go.jp/stf/seisakunitsuite/bunya/kenkou_iryou/shokuhin/hokenkinou/index.html

5 生活習慣とストレス、うつ病

　私たちは、ストレスに対して自律神経、内分泌、免疫機能が働き、からだのバランスを維持している。しかし緊張や不安、悩み、憎しみなどの心理的なストレスや疲労や睡眠不足、生理的・身体的なストレスによって、自律神経の交感神経と副交感神経のバランスが乱れ、呼吸や心拍、体温、血圧などに影響を与え、生活習慣病の要因となる。

　うつ病の人は、生活リズムが乱れ朝食の摂取や運動する頻度が少なくなり生活習慣病の疾患が多くなることから、食習慣や運動習慣を整えることがうつ病の予防につながる可能性がある。

6 スマホ症候群・ゲーム依存症

　スマホ症候群とは、スマートフォンやタブレットの長時間の使用によって、肩こりや首のこり、腱鞘炎（ドケルバン病）、眼精疲労や視力低下、ドライアイやスマホ老眼などの症状の総称を指し、生活に支障が出る場合もある。さらに、生活のリズムの乱れによる頭痛やめまい、食欲不振、睡眠不足、ゲーム依存症、うつ病などの病的な症状が見られることがある。

　ゲーム依存症（障害）は、世界保健機関（World Health Organization：WHO）が疾患として認め、ゲームの使用時間の制限できない、昼夜逆転や過眠などで日常生活が乱れる、遅刻や欠席などで学業に影響が出る、運動不足や体力の低下、食生活の乱れなどさまざまな影響が見られる。

引用文献

１）国立がん研究センター　がん情報サービス「がん統計」
　　https://ganjoho.jp/reg_stat/index.html
２）厚生労働省「健康づくりのための身体活動基準2013」2013年
　　https://www.mhlw.go.jp/stf/houdou/2r9852000002xple-att/2r9852000002xpqt.pdf
３）厚生労働省「健康づくりのための睡眠指針2014」2014年
　　https://www.mhlw.go.jp/file/06-Seisakujouhou-10900000-Kenkoukyoku/0000047221.pdf
４）厚生労働省「日本人の食事摂取基準（2020年版）」2019年
　　https://www.mhlw.go.jp/content/10904750/000586553.pdf
５）農林水産省「食事バランスガイド」2005年

https://www.maff.go.jp/j/balance_guide/

6 ）農林水産省「食生活指針」2016 年

https://www.maff.go.jp/j/syokuiku/shishinn.html

7 ）国立がん研究センター　がん情報サービス「科学的根拠に基づくがん予防」

https://ganjoho.jp/public/pre_scr/cause_prevention/evidence_based.html

8 ）R. Sakata *et al.*, Impact of smoking on mortality and life expectancy in Japanese smokers: a prospective cohort study, *BMJ*, 345, 2012, e7093

9 ）E. Saito *et al.*, Association of coffee intake with total and cause-specific mortality in a Japanese population: the Japan Public Health Center-based Prospective Study, *American Journal of Clinical Nutrition*, 101(5), 2015, 1029-1037

学びの確認

①がん予防の 5 つの健康習慣の要素について、実施できているかを確認し、課題を考えてみましょう。

....

....

....

②自分の食生活を食生活指針と比較して、よい食習慣のための課題を考えてみましょう。

....

....

....

③ 1 日の食事内容を記録して、食事バランスガイドを参考にコマがうまく回るかを判定しましょう。

....

....

....

昼寝のすすめ　居眠り防止のための昼寝

神奈川大学／石井哲次

▍昼寝・仮眠の種類

　昼食後、お腹が一杯になり午後の授業で居眠りをする学生を見かけます。

　昼休みや空き時間に短時間の昼寝を取ることで、眠気やストレスが解消され、午後の授業や活動に集中することが出来ます。

【昼寝・仮眠の種類】
・ナノ・ナップ：一瞬～数秒
・マイクロ・ナップ：数十秒～数分
・ミニ・ナップ：10分
・パワー・ナップ：20分
・ホリデー・ナップ：90分

　効果的な昼寝は、15分から20分間のパワー・ナップです。寝る前にコーヒーやお茶などでカフェインを取ることで寝覚めがよくなります。

　姿勢は、椅子や机にもたれかかったり、机に突っ伏すようにして眠ったりするのがよいでしょう。寝起きには、顔を洗ったり、背伸びなどのストレッチをしたり散歩などをしましょう。

　20分程度の昼寝は、午後からの活動に好影響を与えますが、寝すぎてしまうと眠りが深くなり、起きたときに倦怠感が出るといった逆効果もあります。

　入眠時はノンレム睡眠となり、深さに応じて4つのステージがあります。昼寝の20分間は、眠りの深さのステージ1から2のノンレム睡眠となり、それ以上眠るとステージ3以上の深い眠りとなります。寝すぎてしまう原因は、前日からの疲れが残っている、ストレスが溜まっている、睡眠不足、昼夜逆転などがあります。さらに、昼寝が習慣化すると、夜の睡眠の質が悪くなり、生活習慣病のリスクが高まります。

▍よい睡眠習慣を確保するために

　睡眠時間が6時間以内の人をショートスリーパー、9時間以上の人をロングスリーパーといいますが、睡眠時間の長さによって生活リズムにも違いがあります。個人個人の生活スタイルに適した睡眠習慣を確保しましょう。

　よい睡眠のためには、就寝前にスマートフォンやパソコンの使用を避け、飲酒や喫煙を避ける、部屋の温度や明るさなどを整えましょう。スマートフォンやパソコンからの強い光やブルーライトが夜間に分泌される睡眠ホルモン「メラトニン」の分泌を抑制したり、ゲームや動画の視聴などで脳が刺激され、交感神経が優位になり脳が覚醒したりすることが原因で、寝つきが悪くなります。まずは、就寝30分前からスマートフォンなどの利用をやめ、できるなら就寝の1時間前からの利用をやめましょう。

　夜、就床してもなかなか寝つけず、気持ちも焦り、余計に眠れなくなるときは、無理に寝ようとせず一度起きて読書やストレッチなどをするとよいでしょう。

　眠いのに眠れない、睡眠不足や不眠などの原因は、身体的や精神的、薬剤などの影響によることから、生活習慣の見直し、睡眠導入剤の使用や病院での検査や治療が必要となることもあります。

　朝は、同じ時間に起きる、太陽光を浴びる、朝食を取るなど、規則正しい生活リズムを始めるよう心掛けましょう。

　授業中の居眠りや眠気を解消するためには、運動や食生活、睡眠などの生活習慣やリズムを見直し、身体の仕組みや働きを知ることが必要です。「寝る子は育つ」「早寝早起き病知らず」「早起きは三文の徳」などのことわざを再確認して、人生の3分の1は睡眠時間であることの意味を理解し、質のよい睡眠を取るように心掛けましょう。

体力を測る

なぜこの章を学ぶのですか？

「体力」はスポーツや健康づくりには欠かせない要素です。「体力」とは何か、どうやって測るのか、測定値をどう解釈するのかという実践的な知識を理解することは、自分自身や身近な人の健康を考えるときに役立ちます。

第8章の学びのポイントは何ですか？

本章では、初めに「体力の概念と測定法」を解説し、「ライフステージにおける健康課題と必要な体力」について理解を深め、実生活やスポーツ活動に生かすことを狙いとします。

\ 考えてみよう /

① 「体力」を構成する要素についていくつか考えてみましょう。

② 自分が行っている（または経験がある）スポーツに必要な「体力」を考えてみましょう。

1　体力を測る

　体力は、行動体力（身体組成・心肺持久力・敏捷性・平衡性・柔軟性・協調性）と防衛体力（免疫機能・体温調節機能・ストレスへの抵抗力）に大別される。対象者の年代や活動目的に応じて必要な体力要素を理解した上で、適切な測定方法を選択し、健康維持・増進に向けた現状把握やプログラム立案に活用する。

1　体力の概念

（1）体力とは

　体力は、「人間の活動や生存の基礎となる身体的能力」と定義されている[1]。体力は、防衛体力と行動体力に大別される（図 8-1）。防衛体力は、身体的・精神的なストレスへの抵抗力や体温調節機能、免疫機能といった生命の維持にかかわる体力要素を指す。行動体力は、体格・姿勢といった形態的要素、新体力テストなどで評価される機能的要素の 2 つに分けられる。機能的要素は行動を起こす能力・行動を持続する能力・行動を調節する能力で構成され、走る・投げる・跳ぶといった身体運動に直結する能力であり、運動能力などと同義と捉えることができる。このように、体力は多くの要素から構成されるため、体力を測る前提として、体力の「何（どの要素）を」測るのかを明らかにしておくことが必要である。

（2）運動能力と健康にかかわる体力

　運動能力は、競技にかかわる体力であり、走る・投げる・跳ぶ・打つ・蹴

図 8-1　体力の構造

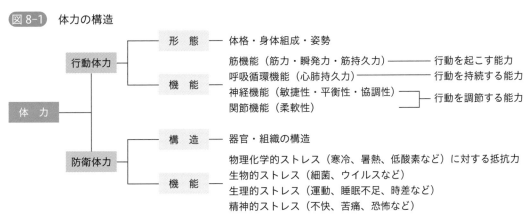

出典　出村慎一監修、長澤吉則・山次俊介・佐藤進・宮口和義・野口雄慶・松浦義昌編著『健康・スポーツ科学のための動作と体力の測定法』杏林書院　2019 年　p.54 を一部改変

るなどの運動を成就させるための要素が含まれる。例えば、平衡性（へいこうせい）・反応時間・協調性・敏捷性（びんしょうせい）・スピード・パワーなどである。一方、健康にかかわる体力、すなわち健康関連体力は、疾病を予防し、健康を維持・増進させるための5つの体力要素（身体組成・心肺持久力・柔軟性・筋力・筋持久力）を指す。アメリカ疾病対策センターは、「健康にかかわる5つの体力要素は、競技力にかかわる要素よりも公衆衛生学的により必要である」と述べている[2]。昨今の感染症蔓延、少子高齢化、座りがちな生活といった健康リスクに対して、健康にかかわる体力は、今後ますます着目されるであろう。

（3）年代や活動目的に応じた体力

　人の体力を決定する要因は多様であるが、対象となる人の年代や活動目的の情報を把握することは重要である。表8-1に、年代別の運動部・スポーツクラブ所属の有無と体格測定・体力テストの平均値を示した。握力以外の数値は、加齢に伴い大きく体力レベルが低下している。一方で、同じ年齢であっても、運動部・スポーツクラブに所属している人、すなわち運動を習慣的に行っている人は所属していない人に比べて体力レベルが高いことが分かる。

　次に、年代に応じた体力について述べる。青年は、体力テストが表す行動体力に加えて、実施しているスポーツの競技特性に応じた専門的な体力を養う必要がある。成人や中年であれば、生活習慣病やストレスを予防するための体力が求められるようになり、健康関連体力や防衛体力がかかわってくる。高齢者は、要介護につながるロコモティブシンドロームや認知症にかかわる移動機能や認知機能などの体力を維持し、日常生活を健やかに過ごすための体力が重視される。このような年代で区切った考え方は、あくまでも便宜的なものであり、実際には個人の活動目的と合わせて考えることが重要である（図8-2）。

表 8-1　年代別の運動部・スポーツクラブ所属の有無と体格測定・体力テストの平均値

年齢別・男女別			19歳(男性)		19歳(女性)		40～44歳(男性)		40～44歳(女性)		60～64歳(男性)		60～64歳(女性)	
体力要素	測定項目	運動部・スポーツクラブ所属	所属	非所属	所属	非所属	所属	非所属	所属	非所属	所属	非所属	所属	非所属
体格	身　長　(cm)		171.8	171.0	158.6	158.0	172.1	171.6	159.1	158.8	168.9	168.7	156.4	156.0
	体　重　(kg)		63.7	62.2	53.2	51.1	70.4	69.3	53.2	52.5	66.8	66.8	53.9	52.8
筋力	握　力　(kg)		42.3	40.9	27.5	26.2	47.3	46.3	29.8	28.7	44.0	42.8	27.0	26.3
筋持久力	上体起こし(回)		32.0	29.1	25.5	22.8	25.7	23.1	18.2	16.0	21.2	18.4	13.6	11.4
筋パワー	立ち幅とび(cm)		232.5	226.7	176.2	166.9	209.2	202.3	158.5	150.6	183.2	175.7	136.4	128.8
柔軟性	長座体前屈(cm)		51.1	45.1	50.5	45.6	43.0	39.4	43.1	41.7	39.5	37.2	42.9	41.2
敏捷性	反復横とび(点)		59.4	56.8	50.1	47.5	50.3	47.5	43.3	40.8	44.1	41.3	38.5	35.6
全身持久力	20 mシャトルラン(折り返し数)		86.8	72.8	52.5	42.4	59.6	49.4	28.6	25.3	33.8	28.3	18.4	16.0

出典　スポーツ庁「令和元年度体力・運動能力調査　統計数値表」より筆者作成
https://www.mext.go.jp/sports/b_menu/toukei/chousa04/tairyoku/kekka/k_detail/1421920_00001.htm

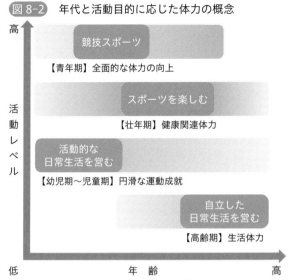

図 8-2　年代と活動目的に応じた体力の概念

競技スポーツ

【青年期】全面的な体力の向上

スポーツを楽しむ

【壮年期】健康関連体力

活動的な
日常生活を営む

【幼児期～児童期】円滑な運動成就

自立した
日常生活を営む

【高齢期】生活体力

出典　出村愼一監修、長澤吉則・山次俊介・佐藤進・宮口和義・野口雄慶・松浦義昌編著『健康・スポーツ科学のための動作と体力の測定法』杏林書院　2019 年　p.58 を一部改変

2 体力を測る意義

（1）なぜ測定をするのか

　測定の目的は、対象の特性について現状を把握するために、その特性を他者と認識を共有できる形式で記録することである。例えば、「同年代の中では体が引き締まっている」「あの人は動きのセンスがいい」といった感覚や経験による主観的評価を、適切な測定によって得られた客観的な数値・尺度で示すことで、信頼性の高い情報となる。一方で、測定で全ての体力や運動能力を直接的に測定できるわけではなく、多くは間接的に身体を捉えているため、万能ではないことを理解しておきたい。

（2）測定が活用されるためには

　測定が有効に活用されるためには、対象者の特性やニーズを理解した上で、適切な測定方法を選択し、測定後の分析やアウトプットまでを想定することが重要である。測定そのものが目的になってしまうと、対象者にとって有益な情報にならない。測定を計画する際には、5W1H を使って、測定の内容や活用方法について思考を整理してみよう（図 8-3）。

図 8-3 測定を計画する際のポイント

Who：だれの （対象者の特性）		年齢、性別、競技レベル、活動目的…
What：何を （体力要素）		体格、筋力、持久力、敏捷性…
When：いつ （頻度・時期）		毎月、年1回、試合前、シーズンオフ…
Where：どこで （測定場所）		学校、自宅、遠征先、体育館…
Why：何のために （測定の目的）		健康状態の把握、トレーニング計画立案…
How：どうやって （測定と活用）		測定方法、測定後の分析・活用の検討

3　体力要素の測定法

　体力要素の測定法は日々進歩しており、実にさまざまである。本項では、代表的な測定法を解説し、図 8-4 および 表 8-2 に測定法の概要をまとめた [3)4)]。

（1）健康にかかわる体力の測定法

①　身体組成

　身体組成の測定では、体脂肪や骨格筋の量、もしくはその比率を把握する。筋量は、筋力やパワーの大きさに関係する。主な測定法には、❶生体電気インピーダンス法、❷皮下脂肪厚法、❸二重エネルギーX線吸収測定法、❹空気置換法がある。❷は皮下脂肪をつまむための測定者の技術が問われ、❸はX線を使用することから医療機器や専門技師が必要であり、❹はBODPODという専用装置を使用する。そのため、比較的簡便に測定が可能な、❶生体電気インピーダンス法が広く用いられている。体内の水分量の影響を受けるため、食事・運動・入浴などの条件や時間を統一することが望ましい。

②　柔軟性

　身体の柔軟性は、関節を動かす能力すなわち関節可動域（Range of motion：ROM）が評価される。ROM測定では、熟練した測定者による角度計を使用した評価が必要となる。関節の可動域の大きさと、関節の弛緩性（Looseness）、筋の緊張（Tightness）には関連がある。❶ルースネステストは、関節を構成する靭帯や関節包などの構造上の緩さを簡易的に測定し、メディカルチェックなどスポーツ傷害のスクリーニング（危険因子や動作を確認するための評価）としても使用されている。❷タイトネステストは、特

定の筋を伸ばす（緊張させる）ことで、その筋の柔軟性を把握することができる。

③　心肺持久力

　心肺持久力は、あらゆるタイプの運動中の心臓・血管・血液・肺および活動している筋の性能を反映する。代表的な指標である❶最大酸素摂取量（VO_2max）[*1] は、全力で運動したときに時間あたりに酸素を体内にどれだけ取り込めるか、という能力である。直接的な測定には呼気ガス分析器が必要であるため、現場では VO_2max を間接的に推定する方法が用いられている。❷12 分間走、❸20 m シャトルラン（往復持久走）はともに、走パフォーマンスを用いたフィールドテストである。それぞれ、12 分間で走行できた

＊1　最大酸素摂取量については第 10 章（p.162）を参照。

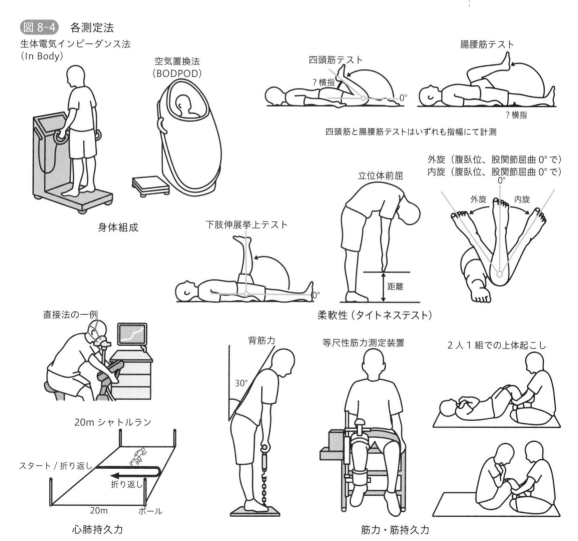

図 8-4　各測定法

生体電気インピーダンス法
(In Body)

空気置換法
（BODPOD）

身体組成

四頭筋テスト

?横指

腸腰筋テスト

?横指

四頭筋と腸腰筋テストはいずれも指幅にて計測

下肢伸展挙上テスト

立位体前屈

距離

外旋（腹臥位、股関節屈曲 0°で）
内旋（腹臥位、股関節屈曲 0°で）

外旋　内旋

柔軟性（タイトネステスト）

直接法の一例

20m シャトルラン

スタート / 折り返し

折り返し

20m　ポール

心肺持久力

背筋力

30°

等尺性筋力測定装置

2 人 1 組での上体起こし

筋力・筋持久力

出典　身体組成、心肺持久力、筋力・筋持久力については日本スポーツ振興センター　ハイパフォーマンススポーツセンター　国立スポーツ科学センター監修、松林武生編『フィットネスチェックハンドブック』大修館書店　2021 年　pp.76-137 を一部改変
　　　柔軟性（タイトネステスト）については鹿屋体育大学スポーツトレーニング教育研究センター編『スポーツ選手と指導者のための体力・運動能力測定法』大修館書店　2004 年　p.4 を一部改変

表 8-2 健康関連体力の測定方法の概要

体力要素	測定原理	測定方法の概要
身体組成	生体電気インピーダンス法	電気の流れやすさ（インピーダンス情報）を利用し、筋肉組織と脂肪組織を推定する。さまざまなメーカーの体脂肪率測定器があり、電極位置や体脂肪率の推定式が異なる。
	皮下脂肪厚法	指でつまんだ皮下脂肪の厚みをキャリパー[*2]で測る。つまむ際の場所や圧には熟練を要する。
	二重エネルギー X 線吸収測定法	2 種類の異なる波長の X 線を透過させることで、各組織の量を測定する。骨量や骨密度も測定できることが特徴。
	空気置換法	専用の測定器内に入り、内部に空気を出し入れした際の空気圧変化に基づいて体容積を求め、密度を測定する。
柔軟性	ルースネス（関節弛緩性）テスト	6 大関節（手・肘・肩・膝・足・股）と脊柱（体幹）の 7 部位を測定し、関節弛緩性を得点化する。
	タイトネス（筋緊張）テスト	傍脊柱筋・腸腰筋・大腿屈筋群・大腿四頭筋・下腿三頭筋を緊張させる関節運動を行い、その可動範囲によって評価する。
心肺持久力	最大酸素摂取量（VO2max）	トレッドミル[*3]や自転車エルゴメーターなどを用いて最大努力で一定時間運動を継続し、呼気ガスを分析し、VO2max を算出する。アスリートの持久力評価に用いられ、競技特有の運動様式を考慮して、測定の手順を設定する必要がある。
	12 分間走	陸上競技用のトラックなどを 12 分間全力で走り、その総距離から VO2max を推定する。ただし、走ることに不慣れな者には適していないため、1500 m 走や 5 分間走などで代替する。
	20 m シャトルラン（往復持久走）[※]	テスト用音声のテンポに合わせて、20 m 区間を往復する。スタート時 8.5 km/h の速度から始まり、1 分ごとに 0.5 km/h ずつ 20 m 区間の平均速度が増加する。2 回続けて電子音から遅れてしまった場合はテスト終了とする。
筋力筋持久力	握力・背筋力[※]	握力または背筋力の等尺性筋力を評価する。専用の計測器を使用し、簡便に測定することができる。
	1 RM テスト（最大挙上テスト）	目的に応じて種目（ベンチプレス・スクワットなど）を選択し、重量を徐々に上げ、1 RM を見つける。
	上体起こし[※]	30 秒間に上体起こしを反復できる回数を測定する。腹直筋を中心とする体幹の屈曲筋群の筋力・筋持久力を評価する。
	筋力測定器による筋力・筋持久力の測定	専用機器を使用し、単関節・多関節の筋力・筋持久力を規定された運動条件（動作・速度）で測定する。多関節の測定では、実際の運動動作に近い様式で筋力を評価することができる。

※ 文部科学省「新体力テスト」の測定項目
出典　筆者作成

＊2　キャリパー

＊3　トレッドミル

写真提供　酒井医療

距離、20 m を往復できた回数を記録し、VO₂max を推定するための換算表によって評価を行う。

④　筋力・筋持久力

筋力は、力を発揮する筋の能力、筋持久力は、ある一定の筋力を発揮し続ける能力と定義される。測定の目的に応じて、何を（特定の筋または筋群）、どのように（収縮様式・速度）、どのくらい（回数・重量）行うのかを組み合わせて、最適な方法を検討することが重要である。筋力・筋持久力の測定法として、❶握力・背筋力・上体起こしは新体力テストに含まれており、広く普及している。❷1 RM テストは、1 回だけ持ち上げることができる最大挙上負荷を指し、ウエイトトレーニングの中で測定することができるため、スポーツ現場で汎用性が高い方法である。また、❸筋力測定器はさまざまな種類があり、各機種の特性によって評価できる内容（多関節もしくは単関節・収縮様式・速度）が異なる。

（2）運動能力にかかわる体力の測定法

①　平衡性

平衡性は、立つ・歩く・座るなどさまざまな動作において、姿勢を安定させながら動作を遂行するための能力、いわゆるバランス能力を指す。私たちが何気なく行っている動作では、視覚・体性感覚・前庭器からの感覚入力情報が脊髄や脳で統合され、姿勢を安定化するための指令として、末梢神経系を通して筋に伝えられる。主な測定法として、❶姿勢保持テスト、❷ファンクショナルリーチテスト、❸足圧重心動揺検査などがある（図 8-5）。❶❷では足の裏と地面が接している部分を変化させずに身体を保持できるか、❸では立位時の身体動揺は定量的にどの程度であるかを評価する。

②　敏捷性

敏捷性は、全身もしくは身体の一部をすばやく動かす能力であり、競技パフォーマンスにおける重要な体力の一つである。例えば、球技におけるボー

図 8-5　平衡性の測定法

姿勢保持テスト
（片脚立位時間）

5cm 程度

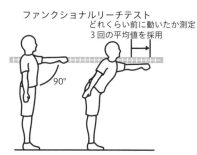

ファンクショナルリーチテスト
どれくらい前に動いたか測定
3 回の平均値を採用

90°

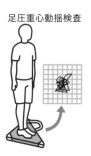

足圧重心動揺検査

図 8-6 敏捷性のテスト

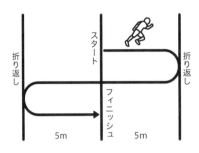

プロアジリティラン

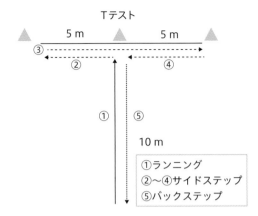

Tテスト

5 m　5 m

③
②　④

①　⑤

10 m

①ランニング
②〜④サイドステップ
⑤バックステップ

ルの動きに対するすばやい処理動作、対人競技における相手をかわすための
すばやい切り替え動作などの場面が挙げられる。敏捷性には、「刺激に対し
て速く反応するための要素（反応時間）と動作を速く行う要素（スピード）
の2つがある」[5]。前者には筋肉を支配する神経インパルスの伝達速度、後
者には筋肉の収縮速度が影響する。敏捷性は、競技特性に応じて必要とされ
る動作を課題として測定・評価することが望ましい。主な測定法として、
フィールドで行う❶プロアジリティラン、❷Tテスト、新体力テストに含ま
れる❸反復横跳びなどがある（図 8-6）。

③　協調性

協調性あるいは協応性は、ある動作や局所的運動を成就させるために、身
体のさまざまな筋や器官を協働させる能力である。スポーツや運動の動作は
それぞれ異なり、動作に動員される筋や器官も異なるため、共通したテスト
を実施することは困難である。ボールの遠投には、身体各部位の筋力や全身
の瞬発力に加え、協調性が関与する。したがって、後述するソフトボール投
げなどは、協調性の測定法としても用いられることがある。

④　実動作における運動能力

運動パフォーマンスを発揮するためには、走る・跳ぶ・投げるといった実
動作において、前述した平衡性・敏捷性・協調性を踏まえて力やパワーを発
揮できるかが重要である。図 8-7 に実動作の測定法について図解を示した。

跳躍は、下肢で爆発的なパワーを発揮させることで、跳躍の高さや距離を
生み出す。❶垂直跳びは跳躍高を、❷立ち幅跳びは跳躍距離を評価すること
ができる。疾走は、陸上競技や球技系種目などのパフォーマンスにおいて重
要な能力である。下肢のパワー発揮や跳躍能力との関係があることが報告さ
れている。疾走タイム測定において、正確にタイムを計測する場合は、レー
ザー式走速度測定装置を用い、移動中の人の身体にレーザーを照射し位置変

図 8-7　跳躍能力・投てき能力・疾走能力の測定法

手の到達高に基づく測定　腰部ケーブルの伸長に
　　　　　　　　　　　　基づく測定

垂直跳び

立ち幅跳び

スタート　　　フィニッシュ
走行距離

疾走タイム測定

前方投げ

後方投げ

メディシンボール投げ

出典　日本スポーツ振興センター　ハイパフォーマンススポーツセンター　国立スポーツ科学センター監修、松林武生編『フィットネスチェックハンドブック』大修館書店　2021 年　pp.76-137

化を把握することで、走速度を算出する。投てきは、ボールなどを空中へ投げ出す動作を指す。遠くに投げることを目的とした場合は、上肢・体幹・下肢の全てを利用し、大きなパワーを物体に作用させることで、目的が達成される。❶メディシンボール投げは、前方向と後ろ方向の 2 つを実施し、それぞれの投てき距離を測定する。❷ハンドボール投げは、12 〜 19 歳の新体力テストの測定項目であり、6 〜 11 歳ではソフトボールを使用する。

2　ライフステージにおける健康課題と必要な体力

　各年代の健康と体力を考えることは、生涯にわたる健康づくりにつながる。神経機能の発達が著しい「幼少期」には、遊びの中でさまざまな動きを経験し、基本的な動作を獲得していく。「高齢者」では、元気に自立して過ごすために、移動機能など日常生活を営むための体力の維持が必要となる。「妊娠・出産」は、女性のライフイベントの中でも心身ともに大きな変化をもたらすため、徐々に体力を回復させることが重要となる。

1　子ども：神経機能の発達と調整力

（1）健康課題

　新体力テストの年次推移によると、1999（平成11）年から2020（令和2）年にかけて合計点は継続的に向上している。一方で、測定項目別の結果を確認すると、50m走、立ち幅跳び、ソフトボール投げは、水準の高かった1975（昭和50）～1985（同60）年頃と比較すると、1993（平成5）年頃より低下傾向にシフトし、近年は横ばいである[*4]。現代の生活様式の中では、舗装されていない野をかけ回る、木登りをする、家の庭を走るといった、子どもたちが日常生活や遊びの中で体を動かす機会が減っている。日本学術会議の提言によると、「幼少期（1歳～9歳）に基本的な動きが十分に習得されなければ、安全かつ効果的に運動や日常活動を実施することができず、その結果、けがや事故の危険性が高まることが懸念される」[6]ことが指摘されている。また、「壮年期・中年期での生活習慣病などや、高齢期における転倒・骨折による寝たきり状態」[6]といった将来的な健康への悪影響についても述べられている。

*4　新体力テストの解説および結果については、第4章を参照。

（2）必要な体力

　体力の各要素は未分化であり、体力を総合的に捉えることが重要となる。幼児期は神経系の発達が著しく、5歳頃までに成人の80%の成長を遂げるといわれている。そのため、神経機能とかかわる平衡性・敏捷性・協調性などの身体調整に関する能力が重視される。幼児期は、遊びの中でさまざまな動きを経験することによって運動能力が発達するため、基本的な動きの成就を確認するような手法が適している。 図8-8 は、文部科学省が示した「7つの基本動作の発達段階の特徴」のうち、投げる動作を抜粋したものである[7]。段階が上がるとともに、身体調整が滑らかになっていることが確認できる。

図 8-8　投げる動作の発達段階の特徴

「投げる動作」の動作発達段階の特徴		動作パターン
パターン1	上体は投射方向へ正対したままで、支持面（足の位置）の変化や体重の移動は見られない	
パターン2	両足は動かず、支持面の変化はないが、反対側へひねる動作によって投げる	
パターン3	投射する腕と同じ側の足の前方へのステップの導入によって、支持面が変化する	
パターン4	投射する腕と逆側の足のステップがともなう	
パターン5	パターン4の動作様式に加え、ワインドアップを含む、より大きな動作が見られる	

出典　文部科学省「幼児期運動指針ガイドブック」
https://www.mext.go.jp/a_menu/sports/undousisin/1319772.htm

2　高齢者：QOL 向上と日常生活を営むための体力

（1）健康課題

　超高齢化社会を迎えるにあたり、健康寿命を延伸することが社会的な課題となっている。介護が必要となった主な原因の「高齢による衰弱」「骨折・転倒」「関節疾患」を運動器の障害としてまとめると全体の 36.1％で、最も多い原因となる。2007（平成 19）年に日本整形外科学会によって提唱されたロコモティブシンドロームは、運動器の障害のために移動機能の低下をきたした状態を表す。移動機能の低下は、転倒のリスクとなり、日常生活の妨げとなることから、高齢者の健康にとって重要である。

（2）必要な体力

　高齢者においては、優れた体力というよりは、自立した日常生活を営むために必要な身体機能が必要となる。「ロコモ度テスト」[*5] は、下肢筋力を評価する立ち上がりテスト、歩幅を測定する 2 ステップテスト、身体の状態と生活状況を調査するロコモ 25 で構成され、ロコモティブシンドロームの状態を 3 段階で判定する（図 8-9）[8]。また、65 ～ 79 歳対象の新体力テストでは、「ADL（日常生活活動）テスト」による質問紙調査が含まれており、日常生活動作・移動・運搬・姿勢保持動作などの可否を評価し、スクリーニ

＊5　日本整形外科学会：ロコモティブシンドローム予防啓発公式サイト　ロコモ ONLINE（https://locomo-joa.jp/check/judge/）にアクセスし、「ロコモ度テスト」を行ってみよう。

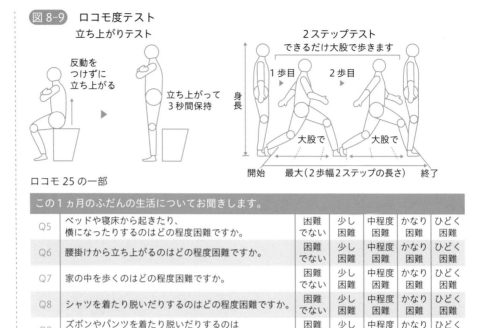

図 8-9　ロコモ度テスト

立ち上がりテスト

反動を
つけずに
立ち上がる

立ち上がって
3秒間保持

2ステップテスト
できるだけ大股で歩きます

1歩目　2歩目

身長

大股で　大股で

開始　最大（2歩幅2ステップの長さ）　終了

ロコモ 25 の一部

この1ヵ月のふだんの生活についてお聞きします。						
Q5	ベッドや寝床から起きたり、横になったりするのはどの程度困難ですか。	困難でない	少し困難	中程度困難	かなり困難	ひどく困難
Q6	腰掛けから立ち上がるのはどの程度困難ですか。	困難でない	少し困難	中程度困難	かなり困難	ひどく困難
Q7	家の中を歩くのはどの程度困難ですか。	困難でない	少し困難	中程度困難	かなり困難	ひどく困難
Q8	シャツを着たり脱いだりするのはどの程度困難ですか。	困難でない	少し困難	中程度困難	かなり困難	ひどく困難
Q9	ズボンやパンツを着たり脱いだりするのはどの程度困難ですか。	困難でない	少し困難	中程度困難	かなり困難	ひどく困難
Q10	トイレで用足しをするのはどの程度困難ですか。	困難でない	少し困難	中程度困難	かなり困難	ひどく困難

出典　日本整形外科学会：ロコモティブシンドローム予防啓発公式サイト　ロコモ ONLINE
　　　https://locomo-joa.jp/check/judge/

ング基準によって現状を把握することができる。

3　妊産婦：妊娠・出産による身体機能の変化と体力維持・回復

（1）健康課題

　妊娠・出産は女性の生涯の中で、身体的・精神的・社会的に大きな変化を伴うライフイベントである。その変化は、目に見える姿勢・体格・動作などに加え、循環機能・代謝・内分泌機能など多岐にわたる。妊娠中は、高血圧・糖尿病などの合併症を予防することが、分娩予後に好ましい影響を与える。産後は、分娩による身体へのダメージやホルモンバランスが急激に変化することに加え、育児の負担が重なり、精神的・身体的不調を抱えやすい。

（2）必要な体力

　妊娠期および産後2か月までの回復期間（産褥期）は、心身の変化が大きいことから、かかりつけ医と相談の上、防衛体力の機能面（生物的・生理的・精神的ストレス）に留意することが必要である。その上で、疾病や不調

写真 8-1　自動的下肢伸展挙上テスト

・あおむけで、下肢を伸ばし、左右の足部は約 20 cm 離す
・膝を伸ばし、下肢を左右交互に床から約 20 cm 上げる
・6 段階のスケールで下肢挙上の難易度を回答
　0：まったく困難でない
　1：ごくわずかに困難
　2：やや困難　　3：かなり困難
　4：非常に困難　　5：不可能

を予防するために、過度な体重増加・姿勢不良・健康関連体力の低下を避け、行動体力を維持・回復させることが重要である。

　胎児の成長に伴い子宮が大きくなることによって、腹筋群や骨盤底筋群が伸ばされ、腰痛や泌尿器のトラブルの原因となる。一般的に、腹筋群の機能評価には上体起こしが用いられるが、腹圧が過度にかかるため、妊産婦には適さない。自動的下肢伸展挙上テスト（straight leg raising）は、体幹・下肢の力の伝達を必要とする運動を行わせることによって、体幹の安定性や痛みの部位を評価する（写真 8-1）。

引用文献

1 ）出村愼一監修、長澤吉則・山次俊介・佐藤進・宮口和義・野口雄慶・松浦義昌編著『健康・スポーツ科学のための動作と体力の測定法』杏林書院　2019 年　p.54
2 ）Centers for Disease Control and Prevention, Physical Activity and Health: A Report of the Surgeon General
　　https://www.cdc.gov/nccdphp/sgr/index.htm
3 ）日本スポーツ振興センター　ハイパフォーマンススポーツセンター　国立スポーツ科学センター監修、松林武生編『フィットネスチェックハンドブック』大修館書店　2021 年　pp.76-137
4 ）鹿屋体育大学スポーツトレーニング教育研究センター編『スポーツ選手と指導者のための体力・運動能力測定法』大修館書店　2004 年　p.4
5 ）長澤純一編著『体力とはなにか』NAP　2007 年　p.16
6 ）日本学術会議「我が国の子どもの成育環境の改善にむけて―成育空間の課題と提言 2020―」
　　http://www.scj.go.jp/ja/info/kohyo/kohyo-24-t297-5-abstract.html
7 ）文部科学省「幼児期運動指針ガイドブック」
　　https://www.mext.go.jp/a_menu/sports/undousisin/1319772.htm
8 ）日本整形外科学会　ロコモティブシンドローム予防啓発サイト「ロコモ ONLINE」
　　https://locomo-joa.jp/check/judge/

参考文献

・厚生労働省「2019年国民生活基礎調査　要介護度別にみた介護が必要となった主な原因の構成割合」
　https://www.mhlw.go.jp/toukei/saikin/hw/k-tyosa/k-tyosa19/index.html
・政府統計 e-stat「スポーツ庁　令和元年度体力・運動能力調査」
　https://www.e-stat.go.jp/stat-search/files?page=1&toukei=00402102&tstat=000001088875
・スポーツ庁「令和2年度体力・運動能力調査報告書　2．調査結果の概要」
　https://www.mext.go.jp/sports/content/20210927-spt_kensport01-000018161_3.pdf

学びの確認

①タイトネステストの四頭筋（踵が臀部につくか）、腸腰筋（伸ばしている方の脚が床に接しているか）、立位体前屈（指先が床につくか）を実際にやってみましょう。

....
....
....

②ロコモ ONLINE [8)] にアクセスして、台や段ボール、メジャーなど身の回りにあるものを使って実際にテストを行い、自分のロコモ度を調べてみましょう。

....
....
....

③自分が行っている（または経験がある）スポーツに必要な体力の「測定法」を考えてみましょう。

....
....
....

column

妊娠・出産を契機とした女性の健康と 社会活躍について考えよう

千葉工業大学／野村由実

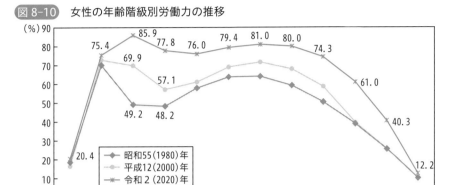

図 8-10　女性の年齢階級別労働力の推移

（%）

- ◆ 昭和55（1980）年
- ○ 平成12（2000）年
- ✳ 令和2（2020）年

20.4　75.4　85.9　77.8　76.0　79.4　81.0　80.0　74.3　61.0　40.3　12.2

69.9　49.2　48.2　57.1

15～19　20～24　25～29　30～34　35～39　40～44　45～49　50～54　55～59　60～64　65～69　70～（歳）

※1　総務省「労働力調査（基本集計）」より作成
※2　労働力率は、「労働力人口（就業者＋完全失業者）」／「15歳以上人口」×100
出典　内閣府「男女共同参画白書令和3年版」
　　　https://www.gender.go.jp/about_danjo/whitepaper/r03/zentai/index.html

　働く女性が増えている中、妊娠・出産を機に仕事を辞めざるを得ない女性も多い。日本の女性の労働力率は先進国の中では低く、結婚・出産期に当たる年代が最も低く、いわゆるM字カーブを描くことが知られている（図 8-10）。

　また、出産を機に退職した理由の3割は「仕事を続けたかったが育児と仕事の両立の難しさで辞めた」であり、その中には「体力がもたなそうだった」「妊娠・出産に伴う体調不良」といった健康上の問題が挙げられている。ここでいう「体力」とは何であろうか。筆者は、「健康を保ちながら家事・育児・仕事を長く続けていくための体力」と解釈している。また、人それぞれ解釈が異なるものと考えている。

　日本の共働き家庭における家事・育児に費やす時間は、先進国と比べ、男性は少なく、女性に大きく偏っている。アスリートはトレーニング後に適切な休養をとり、次の練習などに向けて心身を回復させる。一方、働く母親は仕事が終わり、家に帰ってからも休む間もなく家事・育児に追われる。疲れやすい・だるい・気分の落ち込みなど産後女性に多い訴えは、アスリートのオーバートレーニング症候群と似ている。

このようなときは、過負荷となっている生活を見直し、身近な人に相談する、協力を得ることが優先される。また、負担がかかりにくい育児動作や姿勢を心掛けることも重要である（図 8-11）。具体的には、まっすぐ立つこと、骨盤を床に対して垂直にすることを意識する。疲れにくい身体という意味では、持久力・筋力・柔軟性などの体力を維持することは有益である。

　子育て期の女性の健康は、就業継続、少子化、子どもの発達などさまざまな社会課題とのかかわりをもっており、今後、多方面からの支援や研究がなされることが望まれる。

図 8-11　育児動作の姿勢：抱っこ、おむつ替え

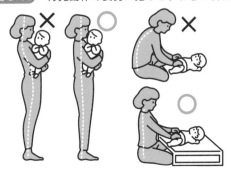

出典　日本リカバリー協会監修、杉田正明・片野秀樹編『休養学基礎』
　　　メディカ出版　2021年　p.179

第9章 身体動作を科学する

なぜこの章を学ぶのですか？

　身体動作を科学的に分析し、評価するバイオメカニクスによって得られる知見は、運動場面だけでなく、私たちの何気ない日常の中にも活用されています。そのため本章では、バイオメカニクスの基礎的な知識を通して、その領域の広さや、科学の目線で身体動作を見ることの面白さを学んでもらうことを目的としています。

第9章の学びのポイントは何ですか？

　❶どのような観点で身体動作が分析されているのか、❷バイオメカニクスが私たちの生活のどのような場面で活用されているのかを学び、最後に自分の身体動作を題材にして動作の評価を体験することで、バイオメカニクスのもつ可能性について学びます。

＼ 考えてみよう ／

① 「人間の動き」を分析することで、どのようなことが分かるか考えてみましょう。

② 走り方やボールの投げ方、逆上がりのコツなど、誰かに動きについて教えてもらったとき、どんなことを教えてもらったか思い出してみましょう。

1 バイオメカニクスとは

　スポーツバイオメカニクスは、生物・生体を意味する「バイオ」と、力学を意味する「メカニクス」が複合された言葉である「バイオメカニクス」を、スポーツ動作などヒトの運動に適応した研究領域である。そのため「スポーツ」という言葉が使われているが、スポーツバイオメカニクスの知見は、スポーツだけでなくリハビリテーションや健康増進、映画やゲームなどの場面にも活用され、実はわれわれの生活のさまざまなところに役立てられている。

1 バイオメカニクスについて

　バイオメカニクスとは、生物あるいは生体という言葉を意味する「バイオ (bio)」と、力学という言葉を意味する「メカニクス (mechanics)」とが複合してできた言葉である。そのため、バイオメカニクスでは、人間の動きだけではなく、野原をかける犬や馬、舞い散る木の葉なども研究の対象となる。このように、バイオメカニクスは「観察した対象がどのような動きをしているのか」「なぜそのような動きをしているのか、どのような力が対象に作用し動いているのか」といった疑問に対して、生理学や解剖学、数学や物理学などさまざまな視点を用いて答えを導き出そうとする分野である[1]。

2 スポーツバイオメカニクスとその歴史

　スポーツバイオメカニクスは、各種スポーツの専門的な動作に限らず、歩行や走行などの人間の基礎的な運動をバイオメカニクスの視点から解き明かそうとする領域である。
　現在のような動作分析が行われるようになったのは 19 世紀になってからである。アメリカのマイブリッジ（E. Muybridge）が 12 台のカメラを走路に並べて馬の疾走動作の連続写真を撮影することに、そしてフランスのマレー（E. J. Marey）が棒高跳び選手の動作を撮影することにそれぞれ成功する。そして、20 世紀のさまざまな技術革新とともにバイオメカニクス研究が花開いていく。近年では、コンピュータや計測技術の発展に伴い、写真のように 2 次元として撮影された動作の情報を 3 次元化し、動作を立体的に捉えられるようになった。現在、このような技術は映画やゲームなどにも応用され、立体的かつ滑らかにキャラクターが動くことにも利用されている。

図 9-1 馬の疾走動作の連続写真

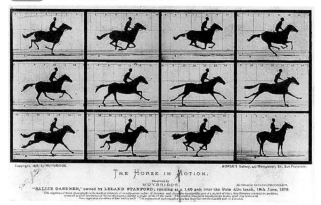

出典　E. Muybridge, *The Horse in motion. "Sallie Gardner," owned by Leland Stanford; running at a 1:40 gait over the Palo Alto track, 19th June/ Muybridge.*, 1878

　また、ウォーキングや各種スポーツを行う際に履くシューズ[2]や、テニスラケットや野球のバット、ボール[3]といった用具にも、スポーツバイオメカニクスの知見が使われている。そのため、現代社会を生きるわれわれは、知らず知らずのうちにスポーツバイオメカニクスの恩恵を受けているといってもよいだろう。

3　なぜスポーツバイオメカニクスを学ぶのか

　アスリートや健康のために運動を行う愛好家だけでなく、これからスポーツを始めようとする初心者など、スポーツを行う全ての人に共通しているのは「うまくなると、より楽しくなる」ということではないだろうか。思った通りにボールを投げられたり、速く走れるようになったりすることで得られる達成感や充実感は、スポーツを続ける上で重要な要素の一つである。一方で、速く走れるけれどもけがのリスクが高まるような走り方を続けていれば、けがによって運動をやめなければならない日がくるだろう。このような問題に対して、スポーツバイオメカニクスは、「どのような動きをしているのか」「どのような力（筋力など）の働きで運動が行われたり、けがが発生したりするのか」を明らかにすることで、より多くの人が楽しく安全にスポーツを続けられるための情報を提供することが可能である。このように、スポーツバイオメカニクスによって得られる知見は、動作改善の直接的なヒントとなるだけでなく、よりよい練習方法やトレーニング、リハビリテーションを考える際のヒントとしても活用されている。

　以上のことから、スポーツバイオメカニクスを学ぶことで、力学的に見た

「よい（合理的な）動作」を知ったり、自分で考えられるようになったりすることは、スポーツを実施する人だけでなく、現代社会を生きる全ての人を支えることにもつながるのである。

2　スポーツバイオメカニクスの基礎知識

　スポーツバイオメカニクスでは、さまざまな変量（パラメータ）を用いて動作を分析・評価する。主な分析方法として、運動の様子を分析するキネマティクス的分析と、キネマティクス的パラメータに変化を与えた要因である力に着目し、どのような力により運動が引き起こされたのかを分析するキネティクス的分析の2つがある。

1　キネマティクス的分析

（1）キネマティクス

　運動の様子を表現する際、「足が速い」や「体幹や脚がまっすぐに伸びている」などの言葉を使ったことがあるだろう。このような「運動の見た目（状態）や様子」を数値化したものをキネマティクス的パラメータといい、手先などの位置の変化量（変位）や速度、角度や角速度（回転の速度）といったキネマティクス的パラメータを用いた分析をキネマティクス的分析という。また、運動は2種類あり、物体が上下や前後、左右に平行移動する場合を並進運動、ある点や軸を中心に回転する場合を回転運動という。

（2）並進運動と回転運動

　多くの人にとって身近な並進運動を表すキネマティクス的パラメータは、小学校で習った速度であろう。「例：Aさんは1時間かけて家から東に10 km離れた地点に移動しました。Aさんは時速何kmで移動したでしょうか。（答：時速10 km）」ここで、並進運動における位置の変化は「変位」であり、ある時間（単位時間）の中での位置の変化は「速度」である（ちなみに、単位時間における速度の変化は「加速度」である）。そのため、この問題は、ある1時間におけるAさんの速度についての解を導くので「Aさんについてのキネマティクス的分析」とも考えられる。

　一方、多くの人にとって身近な回転運動を表すキネマティクス的パラメータとしては、肘や膝といった関節の角度や、体幹や足部の向きなど、身体のある部分の角度が挙げられる。例えば、歩行する際、膝関節や股関節を曲げ

143

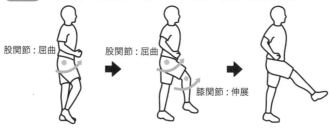

図 9-2 股関節・膝関節を軸にした大腿・下腿の回転運動

股関節:屈曲　　　股関節:屈曲

膝関節:伸展

図 9-3 スポーツ動作における回転運動

a. スピンジャンプ（全身）　　b. 投球（腕・体幹）　　c. ボールキック（脚・体幹）

たり伸ばしたり（屈曲・伸展）することで、脚を前後に振ることができるように、人間の運動は関節角度の変化を伴う。このとき、大腿や下腿は股関節や膝関節を中心に回転運動を行っている（図 9-2）。そのため、前方へまっすぐ歩いたり、垂直跳びを行ったりしているときなど、感覚的には並進運動しかしていないような運動であっても、関節の運動を考慮すると、人間の運動の多くは並進運動と回転運動が同時に生じている。スポーツ動作における回転運動の具体例としては、フィギュアスケートのスピンジャンプや体操のひねり、野球の投球動作やサッカーのキック動作などのような、腕や脚の振り（スイング）といった身体の一部または全身を回転させる動作が挙げられる（図 9-3）。

2 キネティクス的分析

（1）キネティクス

　人間の運動を考える上で、その運動がどのような力によって引き起こされたかを検討することは、運動の様子を表すキネマティクス的パラメータに変化を与えた要因について検討することにつながる（図 9-4）。
　このように、「運動を引き起こす原因となる力」を数値化したものをキネティクス的パラメータといい、力やパワー、運動量などのキネティクス的パ

図 9-4　キネマティクスとキネティクス

キネマティクス
・シュートされたボールの速さは？
・蹴り脚（もしくは軸脚）の関節角度変化は？
・骨盤の回転速度（角速度）は？　など

キネティクス
・どのくらいの力がボールに作用したか？
・蹴り脚のスイング速度と蹴り脚の筋発揮との関係は？
・シュート動作における軸脚の筋の役割は？　など

ラメータを用いた分析をキネティクス的分析という。

（2）ニュートンの三法則

　キネティクス的分析を行う上で、基礎的かつ重要な法則がある。それは、中学校で学習した「ニュートンの三法則」である。

①　第1法則（慣性の法則）

　物体は外からいかなる作用（外力）も受けないとき、静止しているか、等速度運動を続ける。

　電車やバスが発進した直後、自分の身体が電車の進行方向とは反対方向に少し動いた経験は、誰しもあるだろう。これは、何らかの力が作用しない限り、物体は現在の運動状態（速度）を保とうとする、慣性という性質によるものである。電車が発進した際、乗客の身体は慣性によって直前までの運動状態（静止状態）を保とうとするため、電車の進行方向とは反対方向に少し動くのである。

②　第2法則（加速度の法則）

　運動の変化（加速度）は、物体に作用した力に比例し、力が作用した直線の方向に向かって起こる。そして、一般的には以下の式で表される。

$$F = ma$$

　ここで、F は力（単位：N、ニュートン）、m は物体の質量（単位：kg）、a は加速度（単位：m/s^2）であり、1 kg の物体に 1 m/s^2 の加速度を生じさせる力の大きさを 1 N という。この式から分かる通り、物体に同じ力が作用している場合、質量が大きい方が物体の加速度は小さくなる（より加速させるには、より大きな力が必要になる）。

③　第3法則（作用・反作用の法則）

　2つの物体が互いに力を及ぼし合うとき、一方に作用する力は他方に作用する力と大きさが等しく、向きは反対である。

　物体に作用する力について考えるときは、❶力が作用している場所（作用点）、❷力の大きさ、❸力が作用する方向の3つの要素を考えなければなら

図 9-5　手がボールに与える力を考える

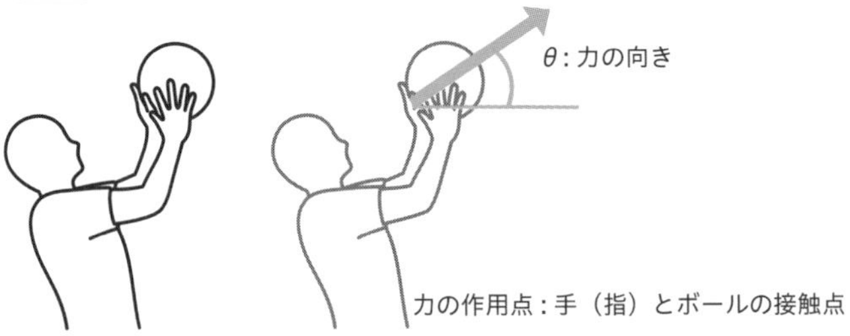

θ：力の向き

力の作用点：手（指）とボールの接触点

※ 矢印の始点で力の作用点を、矢印の長さで力の大きさを、矢印の向きで力が作用する方向をそれぞれ示している
（図中では、手がボールから受ける反作用力を省略している）。

ない（図 9-5）。

3　さまざまなバイオメカニクス

　バイオメカニクスで扱われるパラメータは、車のシートや衣服のボタン、パソコンのキーボードなど、人々の暮らしをより快適にすることにも役立てられている。それらの多くは高度な分析により行われているが、全ての分析の基礎は「動作をよく観察すること」である。そのため、カメラで動作を撮影し何度も観察したり、手本と比較したりすることは、バイオメカニクスの出発点ともいえるだろう。

1　生活とバイオメカニクス

　ここでは、バイオメカニクスに隣接する分野である人間工学（エルゴノミクス）で行われている研究を通して、われわれの生活とバイオメカニクスとの関係を紹介する。

（1）乗り物
①　車のシート

　交通手段の発達によって、現代社会を生きる私たちの身体活動量の低下が問題視されているが、交通手段の中でも自動車が私たちの生活を豊かにしていることは疑いようもないだろう。私たちが普段何気なく乗っている自動車にも、実はバイオメカニクス的パラメータが活用されている。長時間の座位姿勢を続けることは、腰や背中、肩や首などの負担となり、運転者や同乗者の疲労にもつながる。そのため、自動車の開発現場では、人間が生来的にもつ脊椎のＳ字カーブ（図 9-6）を維持した理想的な姿勢を維持し続けられ

るように骨盤を支えられるシート（いす）を開発することを目的として、乗員が座ったときに座面や背もたれに「どのあたりにどのような大きさの力が作用しているか」や、「姿勢が崩れやすいシートと崩れにくいシートの違い」などが研究されており（図 9-7）、私たちの「快適な暮らし」を支えてくれている [4) 5)]。

② 　電車（列車）の手すりやつり革

また、私たちが多く使用する他の交通手段としては電車（列車）が挙げられる。先程述べたように、電車は停車と発進とを繰り返すため、駅の前後では慣性によって乗客の姿勢が変化す

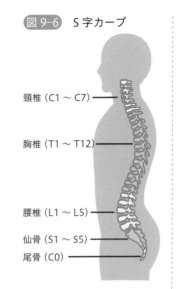

図 9-6　S 字カーブ

頸椎（C1 ～ C7）
胸椎（T1 ～ T12）
腰椎（L1 ～ L5）
仙骨（S1 ～ S5）
尾骨（C0）

る。そのため、つり革や手すりといった支持具を使用せずに一定の姿勢を維持し続けることは難しい。また、車内には年齢や性別以外にも、立位客や座位客など多種多様な乗客が混在する。そのため、幅広い身長の人間を対象に測定し、立位客・座位客にとって快適な空間をつくり出すために、写真 9-1 のような乗降しやすいつり革の取りつけ位置やつり革の長さや手すりの形状などが設計されている [6) 7)]。

図 9-7　一般的なシートと疲れにくいシートの比較

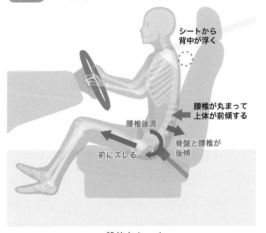

シートから背中が浮く

腰椎が丸まって上体が前傾する

腰椎後湾

前にズレる

骨盤と腰椎が後傾

一般的なシート

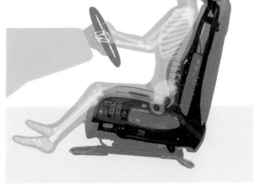

ボディースタビライジングシート

出典協力　本田技研工業株式会社「『疲れにくさ』を研究し生まれたボディースタビライジングシート　2020 年 2 月発表の技術」
https://www.honda.co.jp/tech/auto/body-stabilizing-seat/

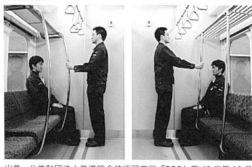

写真 9-1　手すりとつり革の位置の比較

出典　公益財団法人鉄道総合技術研究所『RRR』第62巻第12号
　　　（2005年12月号）　財団法人研友社　2005年　p.30, p.33

（2）日用品

① 松葉杖

　われわれが生活する上で何気なく使っている日用品の中にも、バイオメカニクス的パラメータによって計測・評価され、よりよい製品となるように研究されているものがある。高齢者が歩行時の支持具として使用する杖では、握る部分（グリップ部分）の太さが変わることで、手にどのような力が作用するか、また握りやすいと感じるかなどが検討されている[8]。

② 衣服ボタンの形状や厚み

　衣服ボタンの掛け外しは、高い巧緻性が要求される指先の細かな作業であり、高齢者にとっては困難さが伴う動作である。そのため、ボタンの形状や厚みの違いがボタンの掛け外しに必要な時間に与える影響とボタンの掛け外しやすさとの関係を検討し、若年者だけでなく高齢者にとっても掛け外しが容易なボタン形状や厚さが検討されている[9]。

③ パソコンやキーボード

　現代の生活において、パソコンは多くの人にとって重要な家電製品の一つといえるだろう。しかし、ノートパソコンの場合、ディスプレイとキーボードが一体化されている。そのため、目からパソコンまでの距離が近くなるなどの作業姿勢が制限され、身体の様々な部位に疲労を感じる人が多く、富士通のホームページ[10]では、作業時の適切な姿勢などが紹介されている。パソコンでの作業を行う際、キーボードを打鍵することで入力が可能になるが、打鍵時の姿勢を長時間続けることは、前腕や手部などの障害発生に関連していることが報告されている[11]。そのため、一般的な平面のキーボード配列ではなく、手の形状に合わせて湾曲させたキーボードや、左右に分割することで、使用者にとって楽な姿勢での入力を可能にしたキーボードなど、さまざまなキーボードなどが製作されている[12]。また、キーボードを打鍵し文字を入力する動作は、各キーに力を作用させることで達成される。1回の打

鍵に必要な力はわずかであっても、デスクワークなどでは、1 日に大量の文字を入力することもある。そのため、打鍵に必要な力（キー荷重量などと表現することがある）を減らし、小さな力で打鍵することが可能なキーボードなども製作されている[13]（詳細は「エルゴノミクスキーボード」と web で検索することを勧める）。

写真 9-2　エルゴノミクスキーボード

写真提供　サンワサプライ

　このように、私たちが何気なく使っているものであっても、「人間や用具にどのような力が作用しているか」「力学的な負担の少ない用具」といった観点で検討された製品は多い。さまざまなストレスによる疲労を抱えている現代人にとって、バイオメカニクス（またはエルゴノミクス）の知見が活用された製品を選ぶことは、健康づくりの一つにつながるかもしれない。

2　自分の動作を観察してみよう

（1）速歩を観察する

　速歩は、普段歩いているよりも速く歩く動作である。この速歩は、心肺持久力の向上が期待されている。「健康づくりのための運動指針2006[14]」における速歩の理想的なフォームは、以下の 8 点である（図 9-8（a））。

①あごを引いて視線を遠くに置く	⑤腕を前後に大きく振る
②肩の力を抜く	⑥脚を伸ばす
③背筋（せすじ）を伸ばす	⑦歩幅はできるだけ広くとる
④胸を張る	⑧かかとから着地する

　この中で分かりやすいのは、③⑤⑦⑧あたりではないだろうか。スマートフォンやカメラなどで自分の速歩を撮影し、背中や腕、歩幅や足の着き方を確認してみよう。また、歩幅については、5 歩や 10 歩分の距離（スタート地点のつま先位置から、5 歩または 10 歩目時点のつま先位置までの距離）を計測し、歩数で割ることで 1 歩分の歩幅を算出するのもよいだろう。健康との関連では、高齢者は下肢（特に大腿部）の筋力が低下し、脚を前方に大きく出せなくなり歩幅が短くなることや、すり足に近い歩行となるため、つまずきやすくなるといわれている（図 9-8（b））。そのため、速歩だけでなく、普段歩いている速さでの歩行動作を撮影し、他の人と比較してみるの

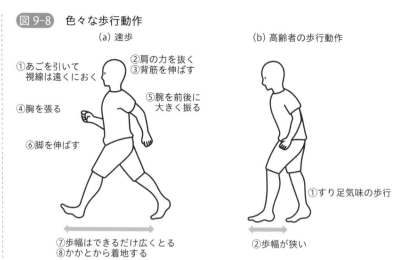

図 9-8 色々な歩行動作

(a) 速歩

①あごを引いて
視線は遠くにおく
②肩の力を抜く
③背筋を伸ばす
④胸を張る
⑤腕を前後に
大きく振る
⑥脚を伸ばす
⑦歩幅はできるだけ広くとる
⑧かかとから着地する

(b) 高齢者の歩行動作

①すり足気味の歩行
②歩幅が狭い

出典　厚生労働省「健康づくりのための運動指針 2006」をもとに筆者作成

もよいだろう。

（2）撮影時の注意点

　速歩に限らず、歩行や走行動作を、運動者の前方から撮影すると、「どのくらい膝関節を曲げているか」といった評価することは難しい。そのため「動作において身体のどの部分を観察したいか」や「どこから見た動きの映像で評価することがよいか」を考え、それに合わせてカメラを置く必要がある。今回のように歩行や走行を撮影する場合は、運動者の側方から撮影することを勧める。また、スマートフォンにも搭載されているスロー撮影（またはハイスピード撮影ともいう）機能を利用して撮影することで、自身の動作をより丁寧に観察することが可能となる。通常、スマートフォンなどのカメラでは動画を録画すると 1 秒あたり 30 枚の写真を撮っている（フレームレートといい、30 fps（fps：frames per second）などと表記されている）。そうして収集したたくさんの写真をパラパラ漫画のように再生することで、われわれは動画として認識している。一方、スロー撮影では、120 fps や 240 fps といった高いフレームレートで撮影し、通常の撮影モードよりも 1 秒あたりの写真の枚数（情報量）を増やして撮影することができる。そのため、速い動きや細かな動きの観察を行うバイオメカニクス的分析を行う際には、可能な限りスロー撮影を行うことを勧める。

（3）走る距離や速さは走り方に影響するのか

　速歩以外にも、50 m や 100 m といった短距離走を想定した走り方と、5 km や 10 km といった長距離走を想定した走り方の違いを撮影し、比較し

てみよう。このとき、腕を振る速さや大きさ、体幹の傾き（前傾または後傾姿勢、もしくはまっすぐか）、歩幅（短距離と長距離ではどちらの方が大きいか）、地面に対して足をどのように着いているか（つま先近くだけか、足部全体か）といったことを比べることで、走る速度の違いによる動作の違いが見られるはずである。動画を見る際、最初は脚や腕など、身体の中でも大きく動く部分の違いに気づくだろう。しかし、動画を何度も繰り返し見ることで、より細かな違いにも気づけるようになる。また、気づいた動きの違いを意識しながら動くことで、さらなる気づきがあるかもしれない。それこそがバイオメカニクスの醍醐味である。そこで、次に自分の動作を撮影・観察する簡単な方法を紹介し、実際に自分の動作を観察することでバイオメカニクスの醍醐味を感じてもらいたい。

3　連続写真をつくって自分の動作を評価してみよう

　サッカーやテニスなど取り組んでいるスポーツがあれば、その動作を撮影し、友人と比較したり、体育の教科書や専門書などに書かれている動作のポイントと比較したりすることで、動作をバイオメカニクス的に評価することにより興味がわくことだろう。ここでは、サッカーのインサイドキック動作を例に、PowerPoint を使った連続写真のつくり方を紹介し、体育実技の教科書や専門書に書かれている動作のポイントと比較する。

（1）動作のポイントを確認する

　インサイドキックについて、体育実技の教科書[15] およびサッカーの専門書[16][17] に記載されている動作のポイントをまとめると、以下のようになる。

①ボールの正面から助走（アプローチ）する
②ボールの真横に軸足を踏み込む
③蹴り足は直角になるようにつま先を身体の外側に開く
④ボールをよく見て蹴る
⑤パスしたい相手（前方）へかかとを押し出すようにフォロースルー：しっかりと最後まで脚を前方に振る動作を行う

（2）連続写真を作る

　今回は、体育実技の教科書[15] を使って比較しやすいように、利き脚側の側方（右利きの場合：右側）から動作を撮影することを勧める。撮影した動

連続写真の作成方法
（https://www.mirai-inc.jp/document/health/9-1.pdf）

画を PC に取り込み PowerPoint を開いて、二次元コードを参照しつつ、手順にならって連続写真を作成してみよう。

　現在では、PowerPoint など多くの PC に搭載されているソフトウェアを使うことで、誰でも連続写真をつくり、動作を確認することができる。今回は、蹴り足の離地・接地と分かりやすい瞬間を例にしたが、パラパラ漫画を考えると、走動作などでは接地・離地時点だけでなく、その中間地点なども含めたり、ジャンプ動作では、最も膝関節が屈曲している瞬間も含めたりして連続写真を作成することで、動きの理解がさらに深まることが期待される。

（3）連続写真から動作を評価する

　図 9-9 は、競技としてサッカー経験のない男子大学生のインサイドキックを撮影し、著者が連続写真を作成したものである。

　1 枚目（①蹴り足接地）から 3 枚目（③軸足踏み込み）までを見ると、ボールの正面から助走（アプローチ）することや、軸足がボールと重なって見えないため、ボールの真横に軸足を踏み込むことができていると考えられる。また、4 枚目（④インパクト：蹴り足がボールに当たった時点）では、蹴り足のつま先が写真でも確認できるため、蹴り足が直角になるよう、身体の外側に開くこともできている。しかし、インパクト時にボールをしっかり見ていないことや、フォロースルーが小さく、しっかりと押し出せていないことが分かる。そのため、彼には、❶ボールをよく見て蹴ること、❷しっかりと前に押し出すようにフォロースルーを行うことの 2 点が改善点として考えられるだろう。

　連続写真として切り出す瞬間としては、腕や脚を上げた時や、膝を最も曲げた時（最も深くしゃがんだ時）、足が地面から離れた時、ボールのリリース時など、「自身が意識しやすい動きのタイミング」や「よく指導を受ける動きのタイミング」などを選定基準とするのがよいだろう。

　最後に、サッカーの専門書[16) 17)]から「ボールを浮かすことなくまっすぐ蹴るためのポイント」を以下のようにまとめた。（1）の 5 項目はできているが、まっすぐボールを蹴ることができない人がいれば、動作を正面（前方）

図 9-9　インサイドキックの連続写真

①蹴り足接地　　②蹴り足離地　　③軸足踏み込み　　④インパクト　　⑤フォロースルー

から<u>撮影し</u>、以下の 3 項目ができているかを追加で確認するとよいだろう。

①パスしたい相手の位置を確認する

②軸足のつま先はパスしたい相手（カメラ側）に向ける

③蹴った後、パスをした相手に向かっていくつもりで、蹴り足を 1 歩前に踏み
　出す

引用文献

1 ）深代千之・桜井伸二・平野裕一・阿江通良編『スポーツバイオメカニクス』朝倉書店　2000 年

2 ）仲谷政剛「ランナーに適合させるスポーツシューズ設計の最先端」『バイオメカニズム学会誌』第
　　33 巻第 3 号　バイオメカニズム学会　2009 年　pp.187-192

3 ）柴田翔平・鳴尾丈司・加瀬悠人・稲毛正也・山本道治・森正樹・浦川一雄・廣瀬圭・神事努「硬式
　　野球ボール型センサを用いた投球データ解析とその活用方法に関する研究」『スポーツ・アンド・
　　ヒューマン・ダイナミクス講演論文集』一般社団法人日本機械学会　2018 年
　　DOI: https://doi.org/10.1299/jsmeshd.2018.A-18

4 ）小山秀紀・本田啓太・関口雄介・石川博明・村木孝行・太田誠・平山健太・伊藤智・櫻井篤実・出
　　江紳一「自動車シートの背もたれ下部の支持が脊柱アライメントと身体負担に及ぼす影響」『人間工
　　学』第 53 巻第 5 号　一般社団法人日本人間工学会　2017 年　pp.157-166

5 ）大島正敏「自動車用シートに於けるエルゴノミクスとコンフォート」『バイオメカニズム学会誌』第
　　33 巻第 3 号　バイオメカニズム学会　2009 年　pp.159-165

6 ）斎藤綾乃・鈴木浩明・白戸宏明・藤浪浩平・遠藤広晴・松岡茂樹・平井俊江・斎藤和彦「通勤近郊
　　列車のつり革高さと手すり位置の検討」『人間工学』第 42 巻第 1 号　一般社団法人日本人間工学会
　　2006 年　pp.9-21

7 ）鈴木浩明「分野別人間工学の現状と将来（2）―鉄道分野における人間工学研究の現状と将来展望―」
　　『人間工学』第 50 巻第 2 号　一般社団法人日本人間工学会　2014 年　pp.61-70

8 ）横田知明・村木里志「松葉杖のグリップ径が杖使用時における手部の負担に及ぼす影響」『人間工学』
　　第 50 巻第 5 号　一般社団法人日本人間工学会　2014 年　pp.286-293

9 ）秋山奈緒・横井孝志「衣服ボタンの形状が高齢者のボタンかけはずしにおよぼす影響」『人間工学』
　　第 54 巻第 6 号　一般社団法人日本人間工学会　2018 年　pp.226-235

10）富士通株式会社「パソコンの利用と疲労」
　　https://www.fujitsu.com/jp/about/businesspolicy/tech/design/ud/vdt/index-page2.
　　html

11）D. Ferguson, An Australian study of telegraphists' cramp, *British Journal of industrial
　　medicine*, 28(3), 1971, 280-285

12）中迫勝「キーボードの人間工学的設計」『人間工学』第 22 巻第 2 号　一般社団法人日本人間工学会
　　1986 年　pp.53-61

13）東プレ株式会社「REALFORCE の特徴」

https://www.realforce.co.jp/features/

14) 厚生労働省「健康づくりのための運動指針 2006」
https://www.mhlw.go.jp/shingi/2006/07/dl/s0719-3c.pdf
15) 近藤茂『中学体育実技』株式会社学研教育みらい　2018 年　p.153
16) 鈴木正治・山田栄一郎・長岡宏和監修『サッカーワンポイントレッスン 500』学研パブリッシング
　　2012 年　pp.30-31
17) 日本サッカー協会監『サッカー指導教本 2012　JFA 公認 C 級コーチ』 JFA テクニカルハウス
　　2012 年　p.92

学びの確認

①本章で紹介した事例を含めて、バイオメカニクスが活用されている場面と、どのようなことに役立っているかを書いてみましょう。

②自分の速歩動作を見て、理想的なフォームと比べて感じたことなど、思ったことを書いてみましょう。

③あなたが観察してみたい（または分析してみたい）スポーツ動作と、どのような点に着目して比較・分析してみたいかを書いてみましょう。

バイオメカニクスという情報を使う

日本体育大学／沼津直樹

私の研究について

　私の主な研究対象は「サッカーのゴールキーパー（GK）」です。サッカーはわずかな点差で試合の勝敗が決することが多いため、得点するだけでなく、失点しないことも勝利するためには重要な要素となります。しかし、GK指導の現場では、専門的な指導を受けられないGKが多いことが問題となっています。

　私はこの問題を解決するために、GKがシュートを防ぐために行うダイビング動作をバイオメカニクス的に分析し、「GKがシュートを防ぐことができなかった原因」を検討したり、「キッカーの動作から、シュートが来る場所を予測できないか」といった内容を検討したりしています。最終的な目標としては、GKの指導に役立つ知見を積み重ねていき、GKの指導者不足を解消できるようになるだけでなく、サッカーをしたことがない人にも、GKの魅力を分かりやすく伝えられるような情報を提供できるように、日々研究を行っています。

研究で得られた知見を「使う」

　皆さんは、本章で自分の動作を撮影し、評価してみてどう思ったでしょうか。速歩では、背筋が伸びていたり、腕を大きく振ることができていたりと「よい動作だった」人もいるかもしれません。一方で、他の人と比べて歩幅が狭かったり、背筋が伸びていなかったりと、自分の動きが「よくない」と気づいて、落胆した人もいたかもしれません。しかし、個人的には、現状が「良かった・悪かった」ということは大きな問題ではないと考えています。それよりも、自身の現状を見て「どういった点がよかったのか、もしくはどうすればよくなるか」を考えられるようになることが、バイオメカニクスを使う際には重要だと考えています。

　私見ではありますが、バイオメカニクスをはじめとしたスポーツ科学の知見は、ある視点（力学や生理学、心理学など）からみた正しさを持った、一つの情報です。そのため、テレビやインターネットなど各種メディアから得た情報を活用するときと同じように、さまざまな情報と組み合わせつつ、判断材料や目線の一つとして活用することが重要だと考えています。

　例えば、私が研究対象としているサッカーでは、同じ状況は二度と起きないといわれるくらい、試合中は目まぐるしく状況が変化します。そのため、指導者の中には「実験で得られたデータは、その実験設定と同じ状況でしか使えないのでは」と感じている人もいます。私はその意見が間違っているとは思いません。その理由は「データがプレーやスポーツの全てを語る情報ではない」と考えているからです。

　バイオメカニクスでは、力学などに基づいた「よい動作」に関する情報提供を行います。一方サッカーでは、パスやシュートを行う際に、相手に邪魔されて「よいキック動作」ができない状況も多数存在します。しかし、そのような状況でもパスがつながったり、ゴールを奪えたりした場合、結果として「よいキック動作（プレー）をした」という評価になる場合も考えられます。このように、「よい」とする基準が異なれば、動きを評価するバイオメカニクスのデータ（情報）であっても、大きな価値をもたない場合もあります。そのため私は、研究で得られた知見を使う際には、他分野の情報と同じように、使う人のリテラシーも重要になると考えています。

　本章を通して「どうしたらよい動作に近づけるか、よい動作とならない原因はどこにあるのか」といったことを考えるきっかけや、「よい動作」を考える際の一つの基準として、バイオメカニクス的な思考法をスポーツの指導現場や、日常生活の中で活用していただければ幸いです。

身体の仕組みとトレーニング

なぜこの章を学ぶのですか？

　この章では運動生理学およびトレーニング科学をもとに身体の仕組み、トレーニングの原理・原則、レジスタンス運動、有酸素運動の特徴について説明し、トレーニングプログラムの立案につながる知識を学びます。これらを学ぶことは、自分自身の状況や目的に合わせたトレーニングを行う上で、必要不可欠だからです。

第10章の学びのポイントは何ですか？

　目的に合わせたトレーニングプログラムの立案の際には基本的な身体の仕組みを理解した上で、骨格筋の特徴とエネルギー供給系、トレーニングの原理・原則を理解し、応用することが大切です。

＼｜／ 考えてみよう ／｜＼

① さまざまな運動やスポーツをしている最中と、安静に座っているときでは、私たちの身体の働きにどのような違いがあるでしょうか。

② 皆さんがトレーニングをする（してきた）際に、どのようなことを意識してトレーニングに取り組みますか（取り組んできましたか）。

1　身体の仕組み

　トレーニングの効果を引き出すためには、筋・骨格系、脳・神経系、呼吸・循環器系の構造および主な機能や、運動中のエネルギー供給系の特徴といった身体の仕組みを理解した上で実施することが大切である。

1　筋・骨格系

　筋・骨格系は身体を形成する骨と筋、腱、靱帯、関節、軟骨、その他の結合組織から構成されている。

（1）関節と骨格筋の関係

　身体活動は一つ一つの関節が連動することで成り立っている。関節とは、骨と骨が靱帯や軟骨でつながっている部位のことである。関節が動くためには筋の働きが必要である。筋は関節をまたいでいるがその両端は腱となって骨に付着しており、筋が力を発揮することによって関節がその角度を変えることができる。

（2）骨格筋の構造

　身体の筋は骨格筋[*1]と心筋（心臓）、平滑筋（内臓）に分類できる。身体には約 600 もの筋があり、その中の約 400 が骨に付着している骨格筋といわれている。骨格筋は自分の意思で動かすことができる随意筋で、一般に呼ばれる"筋肉"である。一方、心筋と平滑筋は心臓や内臓を自分の意識で動かすことができないため不随意筋と呼ばれる。

　骨格筋の組織の大半は筋細胞、いわゆる筋線維で構成されている。筋線維は筋原線維という数 μm の細い線維が束となって形成されている。この筋原線維の中にはアクチンフィラメントとミオシンフィラメントから構成される筋節が筋線維の方向に沿って規則正しく配列されている（図 10-1）。また、ミオシンフィラメントから外側に向けて出ている部分はクロスブリッジという。

（3）筋活動のメカニズム

　身体が動くときには、大脳にある運動野が興奮して信号が発生され、延髄、脊髄、運動神経を経由し骨格筋内の筋線維が刺激を受け、筋活動（筋収縮）

＊1　骨格筋については、p.167 の 図 10-9 も参照。

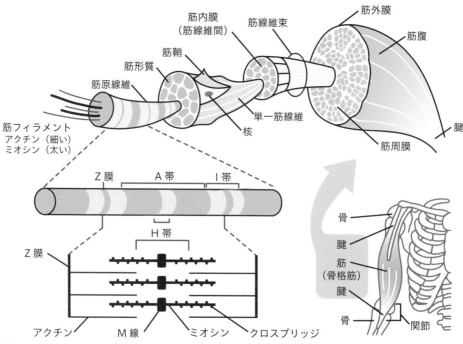

図 10-1　骨格筋の構造

筋外膜

筋腹

筋内膜
（筋線維間）

筋線維束

筋鞘

筋形質

筋原線維

腱

筋フィラメント
アクチン（細い）
ミオシン（太い）

単一筋線維

核

筋周膜

Ｚ膜

Ａ帯

Ｉ帯

Ｈ帯

Ｚ膜

アクチン

Ｍ線

ミオシン

クロスブリッジ

骨

腱

筋
（骨格筋）

腱

骨

関節

出典　G. Gregory Haff, N. Travis Triplett 編　篠田邦彦日本語版総監修　『NSCA 決定版　ストレングストレーニング＆コ
ンディショニング　第 4 版』ブックハウス・エイチディ　2018 年　p.4 および出村愼一監修、佐藤進・山次俊介・長
澤吉則・吉村喜信編『健康・スポーツ科学講義　第 2 版』杏林書院　2011 年　p.64 をもとに筆者作成

が引き起こされる（**図 10-2**）。運動神経終末から骨格筋にアセチルコリンが
放出されると、筋原線維の中に筋小胞体[*2]からカルシウムイオンが流れ込
み、その刺激を受けて、筋節内の膜でアクチンフィラメントとミオシンフィ
ラメントが相互に滑り込むことによって筋節が短縮する。この筋節一つ一つ
が短縮することによって、全身のダイナミックな動きが引き起こされる。

　骨格筋のエネルギーは骨格筋内に蓄えられた ATP（アデノシン三リン酸）
であり、カルシウムイオンの刺激によって ATP から 1 つのリン酸が離れ
ADP（アデノシン二リン酸）に分解されるときに発生するエネルギーを利
用し筋活動が行われる。

（4）筋収縮の種類

　筋収縮には等尺性筋収縮と等張性筋収縮に分類できる。等尺性筋収縮は関
節運動を伴わない静止状態で力が発揮されている筋収縮であり、例えば、肘
を曲げた状態で荷物を持ち続けている際に上腕前部の筋が活動している状態
である。

　一方、等張性筋収縮は筋が短くなりながら力を発揮する短縮性筋収縮と筋
が伸ばされながら力を発揮する伸張性筋収縮に分けられる。例えば、バーベ
ルやダンベルを手で持ち上げるときは上腕前部の筋は短縮性筋収縮となり、

＊2　筋小胞体
筋原線維の周囲にある
膜系構造の一つで、カ
ルシウムイオンが蓄え
られており、これが筋
原線維に流れ込むと筋
が収縮する。

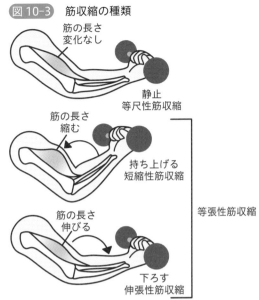

図 10-2　筋収縮の司令部

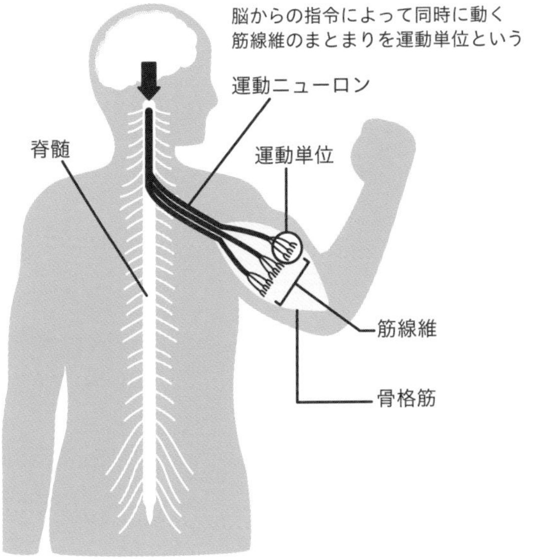

脳からの指令によって同時に動く
筋線維のまとまりを運動単位という

運動ニューロン

運動単位

脊髄

筋線維

骨格筋

図 10-3　筋収縮の種類

筋の長さ
変化なし

静止
等尺性筋収縮

筋の長さ
縮む

持ち上げる
短縮性筋収縮

等張性筋収縮

筋の長さ
伸びる

下ろす
伸張性筋収縮

出典　石井直方『ビジュアル版　徹底解剖　運動に関わる筋肉のしくみ』
新星出版社　2014 年をもとに筆者作成

出典　和田正信編著『ステップアップ運動生理学』杏林書院
2018 年　p.69 をもとに筆者作成

そこからバーベルやダンベルを下ろすときには上腕前部の筋が伸ばされながら力を発揮しているため、伸張性筋収縮となる（図 10-3）。

2　脳・神経系

　脳・神経系は私たちの身体の機能をコントロールする中枢である。脳・神経系は身体機能の調節と思考、意思、記憶、感覚等をつかさどっており、中枢神経系と末梢神経系に分かれる。

（1）神経伝達の仕組み

　神経の伝達は、神経の最小単位である神経細胞（ニューロン）で構成された神経回路網を通して行われる。神経細胞は細胞体、樹状突起、軸索で構成されている。神経信号は樹状突起から細胞体で受け取り、軸索の方向に伝えられ、軸索の終末（神経終末）が付着する他の神経細胞や筋細胞に伝達される。その付着部分をシナプスといい、神経細胞同士でネットワークを形成し、身体機能をコントロールしている。

　骨格筋を支配している神経細胞のことを運動神経といい、運動神経の軸索は途中で枝分かれし、1 本の軸索はそれぞれ 1 個の筋線維に接合する。この運動神経の終末と筋線維との接合部を神経 – 筋接合部と呼び、また、1 個の

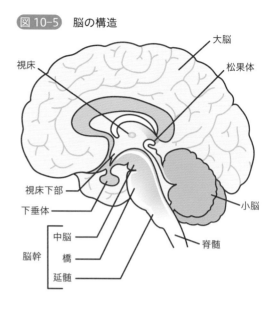

図 10-4 神経細胞と運動単位

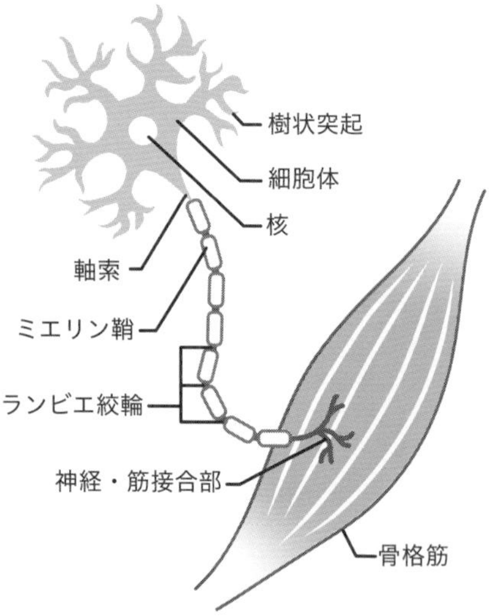

- 樹状突起
- 細胞体
- 核
- 軸索
- ミエリン鞘
- ランビエ絞輪
- 神経・筋接合部
- 骨格筋

出典 G. Gregory Haff, N. Travis Triplett 編　篠田邦彦日本語版総監修　『NSCA 決定版　ストレングストレーニング＆コンディショニング　第 4 版』ブックハウス・エイチディ　2018 年　p.5 をもとに筆者作成

図 10-5 脳の構造

- 大脳
- 松果体
- 視床
- 視床下部
- 下垂体
- 中脳
- 橋
- 延髄
- 脳幹
- 小脳
- 脊髄

運動神経とそれが神経支配する筋線維の集まりを運動単位と呼ぶ（図 10-4）。

（2）中枢神経系

　中枢神経系は脳と脊髄であり、全身に指令を送る神経系の中枢部である。脳は大脳、小脳、間脳、脳幹から構成されている（図 10-5）。

　大脳は身体各部の調節・統制を担っている。小脳は筋や腱、関節からの深部感覚、大脳からの情報を受けて、筋の協調を調節し、姿勢、バランス、運動補正・学習を担っている。間脳は視床、視床下部、松果体、下垂体などから構成され、視覚や聴覚などの情報を大脳に伝える機能があり、また自律神経機能や内分泌の最高中枢である。脳幹は中脳、橋、延髄から構成されており、心拍、血圧、呼吸、循環や消化機能を制御している。脊髄は反射機能の中枢であり、感覚・運動情報の伝導路である。

（3）末梢神経系

　末梢神経系は中枢神経系からの命令や情報を臓器や組織に伝える役割と外部からの刺激・情報を感知して中枢に伝える役割を担っており、体性神経系と自律神経系に分かれる。

　体性神経系は、中枢神経系からの動きの命令を骨格筋に伝達する運動神経と、皮膚、筋、腱、関節等で感じた情報（痛覚、触覚、温度感覚、圧覚、運動覚など）を脳に伝える感覚神経に分けられる。

　自律神経系は交感神経系と副交感神経系に分けられる。自律神経系は中枢

神経系の命令を受けて、無意識に心臓を含むさまざまな内臓や組織の働きを調節する。身体が活発に活動あるいは興奮しているときには交感神経系が優位に働き、リラックスしているときには副交感神経系が優位となる。

3　呼吸・循環器系

身体活動のエネルギー源は、食事で得られた栄養素が酸素の働きによって産生される。酸素は呼吸器系を通じて空気から肺（肺胞）によって体内に取り込まれ、循環器系を通じて各細胞に運ばれ、蓄えられたエネルギー源を分解することによってエネルギーが産生される。呼吸・循環器系およびエネルギー供給系を知ることでトレーニングの運動強度や運動時間を決める際のヒントとなる。

（1）呼吸器系

呼吸器系は、鼻腔・咽頭・喉頭から、気道を確保する気管と気管支、ガス交換が行われる肺、心臓と肺を取り囲む骨格である胸郭で構成されている。気管支は 2 本に分かれて左右の肺に入り、計 6 億個近くの肺胞に達する。私たちの身体は、呼吸によって口および鼻から大気に含まれる酸素を体内に取り込み、体内で産生される二酸化炭素を排出している。このことをガス交換と呼び、肺胞内の空気と血液間のガス交換を外呼吸（肺呼吸）、血液と細胞間のガス交換を内呼吸（組織呼吸）という（図 10-6）。

呼吸数は成人の安静時で 1 分間に 15 回前後で、約 250 mL の酸素を取り込み、200 mL の二酸化炭素を排出している。運動を開始すると骨格筋の活動量が増えることで酸素の必要量が増加する。それに伴い呼吸数も増加し、運動中の呼吸数は 1 分間あたり 35 ～ 45 回程度にまで上昇すると同時に酸素を取り込む量も増加する。1 分間に取り込むことができる酸素量の指標を酸素摂取量という。酸素摂取量は体重に占める筋量が多い方がより多くの酸素を摂取することできるため、一般に、絶対量（L/ 分あるいは mL/ 分）を体重で除した相対量（mL/kg/ 分）で表すことが多い。安静時の酸素摂取量は約 3.5 mL/kg/ 分である。

（2）循環器系

循環器系は心臓と血管で構成されており、全身に血液を送り出し循環させるポンプの働きを担う。心臓は左心房、右心房、左心室、右心室の 4 つの部屋に分かれている。血管は血液を全身に運搬する輸送網であり、心臓から

図 10-6 呼吸器系のガス交換

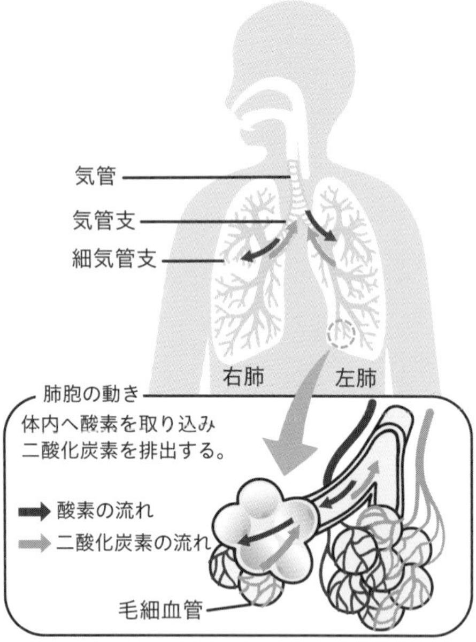

気管
気管支
細気管支

右肺　左肺

肺胞の動き
体内へ酸素を取り込み
二酸化炭素を排出する。

➡ 酸素の流れ
➡ 二酸化炭素の流れ

毛細血管

出典　横浜市スポーツ医科学センター編『新版　図解スポーツトレーニングの基礎理論』西東社　2013年　p.15 をもとに筆者作成

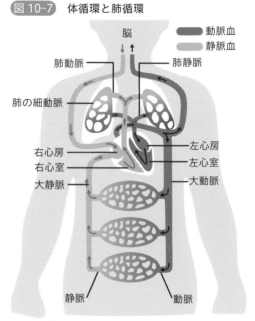

図 10-7 体循環と肺循環

脳

■ 動脈血
■ 静脈血

肺動脈　肺静脈

肺の細動脈

右心房　左心房
右心室　左心室
大静脈　大動脈

静脈　動脈

出典　横浜市スポーツ医科学センター編『新版　図解スポーツトレーニングの基礎理論』西東社　2013年　p.16 をもとに筆者作成

血液を送り出す血管を動脈、心臓に血液を送る血管を静脈という。血液の循環は全身に血液を循環させる体循環と、肺を通して循環させる肺循環に区分される（図10-7）。体循環では肺から取り込まれた酸素を多く含む動脈血を左心室から全身に運搬し、細部では毛細血管となり各部でガス交換を行う。肺循環では全身で利用された静脈血が肺に運ばれ、肺胞でガス交換を行い、動脈血となり、心臓に戻り、呼吸器系によって二酸化炭素が体外に排出される。

　心臓が常に血液を送り出すために反復する収縮と弛緩のことを拍動といい、その拍動する回数を心拍数という。成人で1分間に 60 〜 80 回であり、運動中は酸素の需要が高くなるため心拍数が増加し、全身へ送り出す血液量が増加する。成人では、1分間に最高 160 〜 200 回程度（推定最高心拍数 ＝ 220 －年齢）まで心拍数が増加する。

（3）最大酸素摂取量

　運動中は強度に伴って酸素摂取量が増加する。さらに、運動強度を増加させ、疲労困憊まで運動を続けたときの酸素摂取量の最大値を最大酸素摂取量という。これは全身持久力の指標の一つであり、体内に取り込む酸素の量が多いほど呼吸・循環機能が優れていると評価できる。一般成人男性の最大酸素摂取量は約 40 mL/kg/ 分であるが、マラソンや有酸素性トレーニングを専門に行っているトップアスリートは 70 〜 80 mL/kg/ 分を超える。

4 エネルギー供給系

　中枢神経系からの運動の指令が骨格筋に伝わると、骨格筋内にある酵素の働きで ATP が分解され、その瞬間にエネルギーが生み出され、筋収縮の源となる。骨格筋内に蓄えられている ATP の量に限りがあるが、身体には ATP を再合成する機能が備わっているため、運動を継続することができる。

　私たちの身体には食事から摂取した栄養素（糖質・脂質・タンパク質）が貯蔵されており、それらを分解して得られるエネルギーを利用して ATP を再合成している。そのエネルギーを生み出すシステムは、酸素を利用しない「ATP-CP 系」と「解糖系」、酸素を利用する「有酸素系」の 3 種類（図 10-8）があり、運動やスポーツでの強度や持続時間の違いによって、この 3 つのシステムが働く割合が変わってくる。

（1）ATP-CP 系

　ATP-CP 系は骨格筋の中に蓄えられているクレアチンリン酸（CP）という物質が分解して得られるエネルギーを利用して ATP を再合成するシステムである。瞬時に大量のエネルギーを出すことが可能であり、競技スポーツではスプリントやウエイトリフティングなどの短時間に爆発的な力を発揮する運動で主に使われる。しかし、CP の量が少ないため、7〜8 秒間で枯渇する。

（2）解糖系

　解糖系は骨格筋内の糖質が多くの過程によりピルビン酸に変換される過程

図 10-8　3 つのエネルギー供給系

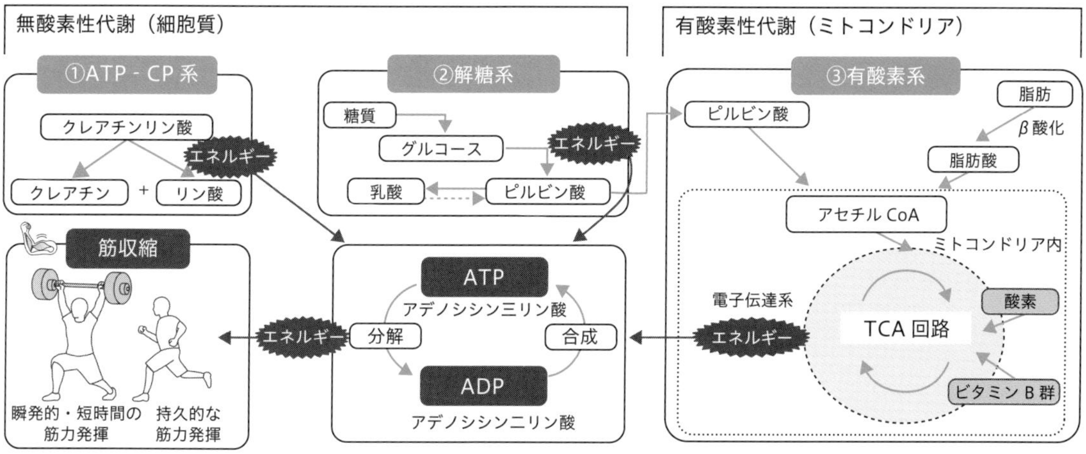

で得られるエネルギーを利用してATPを再合成するシステムである。分解は血液中のグルコース（血糖）から始まり、血糖が不足すると骨格筋や肝臓に蓄えられたグリコーゲンが分解される。このシステムは30〜40秒間の最大運動も可能であるが、ATP-CP系ほど瞬時に大量のエネルギーを供給できない。また、運動強度が高いと、このシステムの過程で代謝産物として乳酸[*3]の生成が増加する。乳酸は骨格筋や肝臓に運搬され、ピルビン酸、グルコースに変換され再利用される。

（3）有酸素系

　有酸素系はミトコンドリア内で酸素を用いて、解糖系で生成されたピルビン酸や体内の脂肪が分解された血液中の脂肪酸をアセチルCoAに変換させ、さまざまな過程を経てATPを再合成するシステムである。アセチルCoAはTCA回路[*4]と呼ばれる過程でミトコンドリア内のさまざまな酵素によって変換される。この過程で生成された水素などが連動し、電子伝達系と呼ばれる仕組みによってミトコンドリア内で電子を供給しながらATPが産生される。この電子伝達系によるATPの合成のことを酸化的リン酸化と呼ぶ。有酸素系はエネルギーの供給は遅いが、酸素が十分に供給されれば、体内の糖質や脂質を利用し、運動強度が低ければ長時間エネルギーを供給し続けることが可能である。食事で摂取したエネルギー源のうち、糖質は主に骨格筋や肝臓に貯蔵され、余った分は中性脂肪、体脂肪として体内に貯蔵される。体脂肪は、リパーゼという酵素によって遊離脂肪酸という物質に分解される。遊離脂肪酸は血液によって骨格筋に運搬され、β酸化を経てミトコンドリアで分解されATPを産生する。体脂肪は通常体内に貯蔵され続けているため、酸素が供給され続ける限り、エネルギーを産生し続けることが可能となる。

2 トレーニングの原理・原則とトレーニングによる身体の適応

　トレーニングプログラムを立案する際は、トレーニングの原理（過負荷の原理、特異性の原理、可逆性の原理）とトレーニングの原則（漸進性の原則、反復性・周期性の原則、全面性の原則、個別性の原則、意識性の原則、専門性の原則）を基盤にすることが重要である。

1 トレーニングの原理

　「人間の器官や機能は、適度に使えば発達するが、使わなければ退化・萎

縮するが、過度に使えば障害を起こす」。これはドイツの解剖学者・実験発生学者のルー（W. Roux）が指摘した生理学における基本原則であり、スポーツやトレーニングの原理・原則の大元となった「ルーの法則」である。普段の刺激以下では身体は発達しないが、刺激（強度）を増やすと身体はそれに対して適応していく。また、トレーニングの内容によって特異的に身体の形態と機能が変化していく。以上のように、私たちの身体は適応性を備えているため、トレーニングによる身体の適応にかかわる 3 つの原理を理解してトレーニングを計画し、実践することが大切である。

① 過負荷（オーバーロード）の原理

現状の体力や筋力に対して適切な負荷が身体に加わるとその負荷に合わせて身体は適応していくが、それ以上の負荷あるいは刺激が加わらなければ体力も筋力も現状維持にとどまる。したがって、現在の負荷に慣れてきたら次のトレーニング時には段階的に負荷を上げることが大切である。

② 特異性の原理

トレーニング内容によって特異的に身体は適応していく。つまり、運動中のエネルギーの使われ方や筋活動の様式と関係する能力が増加する。例えば、瞬発力を向上させたいのに低速度のジョギングばかり行ったとしても効果は期待できない。トレーニングの目的に合わせた動作、スピード、代謝的特異性を考慮することが大切である。

③ 可逆性の原理

トレーニングによって得られた効果もトレーニングを中止すると実施期間に合わせて元のレベルに戻ること。トレーニング期間が長ければ効果の消失の期間は長いが、期間が短ければ効果の消失も早いことが考えられる。適度な休息は必要であるが、効果を維持あるいは高めるためにはトレーニングと休息の間隔を考慮して、トレーニングを継続することが大切である。

2 トレーニングの原則

目的に応じたトレーニング効果を最大限に導き出すためにはトレーニングの原則を理解した上でトレーニングを計画することが重要である。

① 漸進性の原則

トレーニングを継続すると現在の負荷や量、質に合わせて体力や筋力、競技力は向上していく。しかし、いつまでも同じ負荷の反復ではそれ以上の向上は望めない。向上をめざすためには負荷、量、技術課題レベルを徐々に上げていく必要がある。

② 反復性・周期性の原則

　1回のトレーニングによって心理的な達成感や満足感は得られるが、身体の変化は期待できない。トレーニングは反復し継続することで、体力や筋力が向上するとともに、技術の習得にもつながる。一方、トレーニング過多になるとオーバートレーニングの原因となり、体力や筋力が低下することもあるため、トレーニング・休養の周期性のバランスも考慮してトレーニングを継続することが大切である。

③ 全面性の原則

　筋力を高めるトレーニングばかり実施しても、柔軟性やバランス能力が劣っていると左右バランスの欠如やケガにつながる場合もある。また、スポーツでは技術練習だけでは実際の試合中に必要な全身持久力の向上や戦術の改善が期待できない。したがって、全ての体力要素や競技に必要な能力をバランスよく、包括的にトレーニングを進めていくことが大切である。

④ 個別性の原則

　年齢、性別、体力、体格、健康状態、トレーニングの目的、トレーニングの経験など必ず個人差がある。トレーニング効果を最大限に導き出すためには以上の個別性を考慮しながら、トレーニングの強度および量、頻度を設定することが大切である。

⑤ 意識性の原則

　目的もなく、ただやらされているようなトレーニングではさらなる向上は期待できないと同時に、集中力・注意力の欠如によりケガにもつながる。トレーニングを行うときは、トレーニングの目的、方法、留意点、効果について理解し、常に目的意識と高い集中力、意欲、向上心をもって取り組むことが大切である。

　レジスタンス運動ではマインドマッスルコネクションが重要である。つまり、今使われている部位を意識しながら動作への集中力を高め努力することにより、その部位の筋活動が高まり、トレーニング効果も上がる。このように意識性の原則に基づいて、レジスタンストレーニングを行う際には、おのおのの骨格筋の付着部位や機能などを把握しておくことも必要である（図10-9）。

⑥ 専門性の原則

　健康づくりやスポーツ競技の目的に合った機能を優先的に向上させることである。レジスタンス運動の場合は目的（筋力の向上、筋肥大、筋持久力の向上、シェイプアップ）によって負荷や反復回数を変えることが大切である。

図 10-9　身体の主な骨格筋の名称

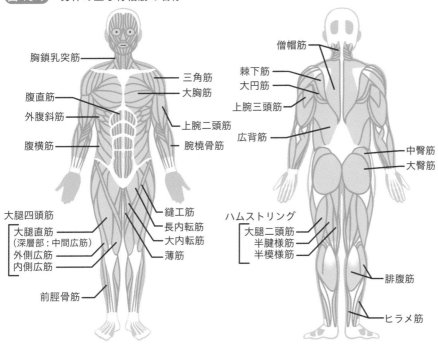

胸鎖乳突筋
三角筋
大胸筋
腹直筋
外腹斜筋
上腕二頭筋
腹横筋
腕橈骨筋
大腿四頭筋
大腿直筋（深層部：中間広筋）
外側広筋
内側広筋
縫工筋
長内転筋
大内転筋
薄筋
前脛骨筋

僧帽筋
棘下筋
大円筋
上腕三頭筋
広背筋
中臀筋
大臀筋
ハムストリング
大腿二頭筋
半腱様筋
半模様筋
腓腹筋
ヒラメ筋

3 トレーニングプログラムの立案

トレーニングを実践するにあたり、トレーニングプログラムの立案のための手順を把握し、レジスタンス運動および有酸素運動の運動種目や運動強度といった条件を、目的に合わせて設定していくことが求められる。

1 トレーニングプログラム立案の手順

　トレーニングの効果を上げるためには、事前に計画を立てることが大切である。計画せずにトレーニングを行うと効果を期待できないだけでなく、オーバートレーニングやアンダートレーニング状態となり、意欲の低下につながりトレーニングの中断に陥ってしまうなど、さまざまな問題が生じる。また、メディアや周囲で成功した人のトレーニングを自分自身の特徴を考慮せずにむやみやたらに行うと、かえってケガや事故を引き起こすこともある。

　医師が患者の病気の治療に必要な薬の種類や量、服用法を記す「処方箋」

図 10-10 トレーニングプログラム立案・実践・修正の手順

健康状態のチェック

医師による健康診断を受け、現状の健康状態を把握し、さらに運動を行える状態であるかを確認する。

個人の分析

身体組成、日常生活の活動状況、トレーニング歴、体力レベル、既往歴、禁忌事項など

目標の設定（大きな目標から具体的な目標へ）

大きな目標（例）
　健康づくり、体力の向上、シェイプアップ、筋量の増加、スポーツパフォーマンスの向上
具体的な目標（例）
　腹筋を強化して腰痛を改善、フルマラソン完走、●ヶ月で5kg減量あるいは筋量を増やす、アジリティ（敏捷性）能力の向上など

トレーニングプログラムの設定

運動種目、実施順序、運動強度、反復回数、運動時間、セット数、セット間の休息時間、頻度、期分け、中・長期計画

トレーニングの実践

エクササイズフォームの習得、修正
負荷、回数、セット数、運動時間の調節
目標到達度、コンディションチェック

トレーニング効果の評価・修正

トレーニング効果の評価（身体組成分析、体力測定、パフォーマンス測定）
目標の再設定およびトレーニング計画の修正を行う。

を作成するように、健康づくりや目的に応じたトレーニングプログラムを立案する際には、運動によるプラスの効果を最大限に発揮させるために、個人の既往歴や体力レベル、生活環境を考慮した上で運動の種目、運動強度、運動時間、頻度等を決定することが重要である。このプロセスを「運動処方」という。この運動処方の概念をもとに、適切なトレーニングプログラムを立案し、実践する際の概要をに示した。

　トレーニングを実践する前に医師による健康診断を受け、健康状態のチェックを行い、運動を実施できる状態であるかを確認し、個人の特徴を分析し、トレーニングプログラムの立案のための目標を設定する。目標設定においては、漠然とした目標だけではなく、具体的な目標を立てる。具体的な目標があるとその目標に対してより詳細にトレーニング内容を組み立てることができる。その後、目標達成に向けたプログラムを日ごと、週間、月間、年間単位で立案し、実践していく。実践の中で定期的にトレーニング効果の評価を行いながら随時修正を行い、繰り返していくことが大切である。

2 レジスタンス運動におけるトレーニングプログラムの設定条件

　レジスタンス運動とは骨格筋に負荷や抵抗をかける動作を反復することであり、一般に筋力の向上や筋横断面積の増大（筋肥大）、筋持久力の向上を目的とする"筋力トレーニング（筋トレ）"のことをいう。

　レジスタンス運動のトレーニングプログラムを立案する際には実施可能な運動種目と実施順序、運動強度と反復回数、セット数、頻度などを考慮する。

（1）運動種目

　レジスタンス運動の種類は、主にバーベルまたはダンベルなどの重量物を用いるフリーウエイトと、用途別に軌道が定められたマシントレーニング、特別な機器や重りを用いないでスクワットやプッシュアップを行う自重トレーニング、弾性体を用いたチューブトレーニングなどがある（図 10-11）。

　筋力向上や筋肥大の効果は、扱える重量が大きいフリーウエイト種目の方が期待できるが、運動フォームの習得が比較的難しいため、初心者や高齢者にとっては比較的フォームの習得や姿勢支持が容易なマシントレーニング種目や自重トレーニング、チューブトレーニングを主に実施し、慣れてきたらフリーウエイト種目も取り入れることが望ましい。

（2）運動種目の実施順序

　図 10-12 に各部位の代表的なフリーウエイト・マシントレーニング種目を示した。主に大筋群[*5] を使用し、2 つ以上の主要な関節が関与する（多関節運動）種目は主要エクササイズ、小筋群を使用し、1 つの主要な関節のみが関与する（単関節運動）種目は補助エクササイズに分類される。各運動種目の順序は、トレーニングの目的に応じて重要度の高い運動を優先することと、大筋群（臀部、大腿部、胸部、背部）の運動を先に行い、その後に小筋群（肩部、上腕部、腹部など）の運動を行うことが大切である。例えば、ベンチプレスでは大胸筋が主働筋[*6] として、三角筋と上腕三頭筋が協働筋として使われるが、この前に三角筋や上腕三頭筋の運動を行った場合、両筋の疲労によって、ベンチプレス時の使用重量や反復回数が減少してしまうことがある。また、健康づくりや減量を目的とした場合、大筋群の運動の方がエネルギー代謝が大きいことと安全性を考慮すると、大筋群の運動を優先的に実施することが望ましい。

＊5　大筋群と小筋群
体幹に近い部位の大きな筋群を大筋群といい、末梢部の比較的小さい筋群を小筋群という。一般に大筋群よりも小筋群の方が、疲労回復が早い。

＊6　主働筋と協働筋
ある動作をするとき、その動作の中心となる筋を主働筋といい、主働筋の動きを補助する筋を協働筋という。

図 10-11　レジスタンス運動の主な種類

フリーウエイト　　マシントレーニング　　自重トレーニング　　チューブトレーニング

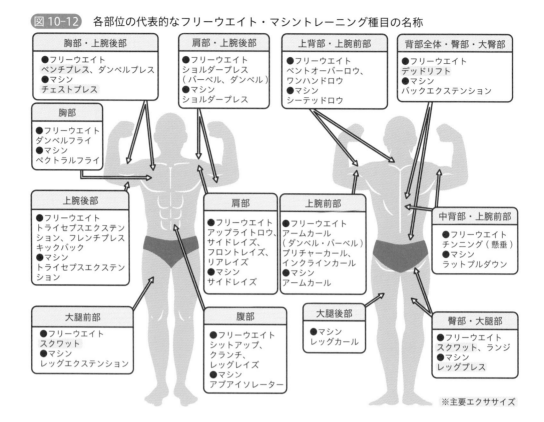

図 10-12 各部位の代表的なフリーウエイト・マシントレーニング種目の名称

胸部・上腕後部
- ●フリーウエイト
  ベンチプレス、ダンベルプレス
- ●マシン
  チェストプレス

胸部
- ●フリーウエイト
  ダンベルフライ
- ●マシン
  ペクトラルフライ

肩部・上腕後部
- ●フリーウエイト
  ショルダープレス
  (バーベル、ダンベル)
- ●マシン
  ショルダープレス

上背部・上腕前部
- ●フリーウエイト
  ベントオーバーロウ、
  ワンハンドロウ
- ●マシン
  シーテッドロウ

背部全体・臀部・大臀部
- ●フリーウエイト
  デッドリフト
- ●マシン
  バックエクステンション

上腕後部
- ●フリーウエイト
  トライセプスエクステンション、フレンチプレス
  キックバック
- ●マシン
  トライセプスエクステンション

肩部
- ●フリーウエイト
  アップライトロウ、
  サイドレイズ、
  フロントレイズ、
  リアレイズ
- ●マシン
  サイドレイズ

上腕前部
- ●フリーウエイト
  アームカール
  (ダンベル・バーベル)
  プリチャーカール、
  インクラインカール
- ●マシン
  アームカール

中背部・上腕前部
- ●フリーウエイト
  チンニング(懸垂)
- ●マシン
  ラットプルダウン

大腿前部
- ●フリーウエイト
  スクワット
- ●マシン
  レッグエクステンション

腹部
- ●フリーウエイト
  シットアップ、
  クランチ、
  レッグレイズ
- ●マシン
  アブアイソレーター

大腿後部
- ●マシン
  レッグカール

臀部・大腿部
- ●フリーウエイト
  スクワット、ランジ
- ●マシン
  レッグプレス

※主要エクササイズ

(3) 負荷の設定

① フリーウエイトやトレーニングマシンの場合

　負荷の設定は最大挙上重量（パーセント法）と最大反復回数（repetition maximum：RM 法）がある。パーセント法では1回のみ持ち上げられる最大挙上重量（one-repetition maximum：1 RM）を測定して、これを100%とし、トレーニング目的に応じてこれに対する割合（%）を基準として負荷を設定する方法である。初心者の場合、1 RM の測定は専門の補助者の下で実施する必要がある。一方、RM 法は反復可能な最大の回数を基準として負荷を設定する方法であり、一人でも実施できる。最大よりも軽めの重量を選択して反復できた最大の回数から 表10-1 の％1 RM を用いて1 RM を推定し、%RM および目標の反復回数を設定する[7]。

② 自重・チューブトレーニングの場合

　自重やチューブを負荷としてトレーニングを行うときは、フリーウエイトやトレーニングマシンのように負荷の大きさを具体的に設定することが困難なため、この場合は運動中の感覚による「自覚的運動強度（Ratings of Perceived Exertion：以下「RPE」）」（ 表10-2 ）を用いるとよい。

＊7　例：40kg で8回反復できた場合は、8回反復できる重量は80％ 1RM に相当するため、以下のように1RM を推定できる。40kg÷0.8＝50kg（推定 1RM）

表 10-1 %RM と反復回数の関係	
%1RM	反復回数
100%	1 回
95%	2 回
93%	3 回
90%	4 回
87%	5 回
85%	6 回
80%	8 回
77%	9 回
75%	10 回
70%	12 回
67%	15 回
65%	18 回
60%	20 回
60%以下	20 回以上

出典　NPO 法人日本トレーニング指導者協会編著『トレーニング指導者テキスト　実践編・改訂版』大修館書店　2014 年　p.42

表 10-2 レジスタンス運動時の自覚的運動強度の例	
強度（%）	自覚的運動強度
50%以下	かなり軽い
55%	かなり軽い〜軽い
60%	軽い
65%	軽い〜やや重い
70%	やや重い
75%	やや重い〜重い
80%	重い
85%	重い〜かなり重い
90%	かなり重い
95%	かなり多い〜非常に重い
100%	非常に重い

出典　NPO 法人日本トレーニング指導者協会編著『トレーニング指導者テキスト　実践編・改訂版』大修館書店　2014 年　p.42

（4）運動強度・反復回数・セット数・セット間休息の設定

　レジスタンス運動のトレーニング効果は運動強度や反復回数、セット間の休息時間によって異なる。全米ストレングス＆コンディショニング協会では、最大筋力の向上のためには、最大挙上重量（1 RM）の 85％以上の負荷で 6 回以下の反復を 2 〜 5 分の休息を挟んで 2 〜 6 セット、筋肥大では 1 RM の 67 〜 85％の負荷で 6 〜 12 回の反復を 30 秒〜 90 秒の休息を挟んで 3 〜 6 セット、筋持久力の向上では 1 RM の 67％以下の負荷で 12 〜 20 回の反復を 30 秒以内の休息を挟んで 2 〜 3 セット実施することを推奨している。

　初心者や健康づくり、シェイプアップ、ボディメイクを目的とする場合は、筋肥大および筋持久力の向上のための条件で実施することが望ましいが、始めは 8 〜 20 回反復できる負荷を用いてスロー動作で反復する。これを 1 セットから開始し、慣れてきたら 3 〜 4 セットに増やしていく。セット間の休息時間は次のセットでも力を発揮させる目的で、1 〜 2 分が薦められる（表 10-3）。特に初心者の場合は軽い負荷（60% 1 RM 以下）を用いて 1 〜 2 週間はまず動作フォームの習得を優先し、3 〜 4 週間は目標に近い負荷に慣れ、その後目的の運動条件に合わせて負荷・反復回数を調節していく。初心者では軽い負荷でも神経系の改善[*8] によって動員される筋線維数が増え、トレーニング効果が期待できる。

＊ 8　神経系の改善
負荷や代謝的な刺激によって、運動単位の動員数や活動電位を発生させる頻度が増加し、筋力が向上する。

（5）負荷の上げ方

　負荷の上げ方は「2 for 2 rules」をもとに決定するとよい。これはあるレ

表 10-3 　目的別のレジスタンス運動条件

目的	最大筋力の向上	筋肥大	筋持久力の向上	健康づくりシェイプアップ
運動強度（% 1 RM）	85% 以上	85 ～ 67%	67 ～ 50%	80 ～ 67%
反復回数	2 ～ 5 回	6 ～ 12 回	12 ～ 20 回	8 ～ 12 回
セット数	3 ～ 5 セット	3 ～ 7 セット	2 ～ 3 セット	1 ～ 3 セット
セット間休息時間	2 ～ 5 分	30 ～ 90 秒	～ 30 秒	1 ～ 2 分
ポイント	・集中して行う ・1 ～ 2 回余裕を残してセットを終える	・各セットオールアウトまで実施	・粘り強く反復する	・スロー動作で反復し、使っている部位の意識を高める

トレーニング度に合わせたトレーニング頻度の目安
・初心者（トレーニング経験なし、あるいは 2 ヶ月以内に始めたばかり）→週 1 ～ 2 回
・中級者（2 ～ 6 ヶ月程度トレーニングを継続している）→週 2 ～ 3 回
・上級者（1 年以上トレーニングを継続をしており、高強度でトレーニングを実施している）→週 4 ～ 7 回（分割法）

出典　G. Gregory Haff, N. Travis Triplett 編　篠田邦彦日本語版総監修　『NSCA 決定版　ストレングストレーニング＆コンディショニング　第 4 版』ブックハウス・エイチディ　2018 年　pp.479-512 および有賀誠司『競技スポーツのためのウエイトトレーニング』体育とスポーツ出版社　2001 年　p.66 をもとに筆者作成

表 10-4 　部位別回復日数の目安

トレーニング部位	低強度（20 RM 以上）	中強度（6 ～ 12 RM）	高強度（2 ～ 6 RM）
下背部	3 日	4 日	5 日
胸部、上背部、大腿部	2 日	3 日	4 日
肩部、上腕部	2 日	2.5 日	3 日
前腕部、下腿部、腹部	1 日	1.5 日	2 日

出典　有賀誠司『競技スポーツのためのウエイトトレーニング』体育とスポーツ出版社　2001 年　p.37

ジスタンス運動種目の最後のセットで設定した目標回数よりも 2 回以上多く反復でき、次の（2 回目の）トレーニングでも達成できたなら新しい目標値に負荷を増加させる方法である。次回のトレーニングでは目安として、3 ～ 7 kg 増加させる。

（6）頻度

　トレーニングによって筋細胞に微細な損傷や疲労を蓄積させ、休養によって以前よりも高い身体機能レベルまで回復していくことを超回復という。この現象を狙ってトレーニング頻度を決める。トレーニングによる疲労回復には原則 48 ～ 72 時間必要とされているが、体力レベルや運動強度により疲労回復期間は異なり、また小筋群は大筋群よりも疲労回復期間が早く、高頻度でトレーニングが実施できる。頻度については原則、トレーニング度と重

点的に実施した部位の回復日数の目安（ 表 10-4 ）で決めるとよい。また、週４回以上のトレーニング日を設ける場合は分割法（スプリットルーティン）を用いる。例えば、背部、胸部、下半身などと部位ごとで重点的にトレーニングする日を分けて行う。

3 有酸素運動におけるトレーニングプログラムの設定条件

　有酸素運動とは全身の筋を使ってリズミカルな動きを一定時間持続させる運動である。このような運動は、呼吸・循環器系により酸素を大量に取り込むことができるため、運動中に体内の糖や脂肪から ATP をつくり出すことができることから有酸素運動と呼ばれている。有酸素運動のトレーニングプログラムを立案する際には運動種目および運動強度、運動時間、頻度を考慮する。

（1）運動種目

　有酸素運動の主な種目は、ウォーキング、ジョギング、ランニング、サイクリング、水泳、エアロビックダンス、レクリエーション目的の各スポーツ種目が挙げられる[9]。

　有酸素運動の効果については運動強度と運動時間、頻度によって異なるため、種目の選択については、体力レベル、実施できる環境、好みで決定する（ 表 10-5 ）。特に気楽に楽しく実施できる種目を選択することが長続きのポイントである。

*9　ジョギングとランニングの違いについては、ジョギングは会話ができるペースで走ること、ランニングは競技力向上の目的でジョギングの速度以上で走ることである。

表 10-5　有酸素運動の種類

運動レベル	対象者	種目
熟練や体力を要さない運動	すべての成人	ウォーキング、サイクリング（余暇的）、アクアビクス、ゆっくりとしたダンス
熟練を要さない高強度の運動	定期的運動習慣のある人、少なくとも平均レベルの体力のある人	ジョギング、ランニング、エアロビックダンス、エアロバイク、速いダンスなど
熟練を要する運動	熟練を有する人、少なくとも平均レベルの体力のある人	水泳、クロスカントリースキー、スケートなど
レクリエーション的なスポーツ	定期的に運動プログラムに参加しているか、少なくとも平均レベルの体力のある人	ラケットを使うスポーツ、バスケットボール、サッカー、スキー（滑走）、ハイキングなど

出典　横浜市スポーツ医科学センター編『新版　図解スポーツトレーニングの基礎理論』西東社　2013 年　p.155

有酸素運動はレジスタンス運動と比べて継続時間が長いこと、身体の同じ部位を使用し続けることから各関節に負担が重なり、特に運動初心者や高齢者、肥満者は障害のリスクが高まる。この場合、例えばウォーキングだけでなく途中でエアロバイクや水泳など複数の運動種目を組み合わせると以上のようなリスクを低減させることができる。

（2）運動強度の設定

有酸素運動は一人でも簡便に測定できる心拍数と自覚的運動強度（RPE）、運動速度で運動強度を設定する[*10]。また心拍数と酸素摂取量は相関関係があり、心拍数を用いて運動強度を設定することが通例である。

① 心拍数（カルボネン法）

心拍数を簡易に測定する方法としては自動で測定できるウエアラブルデバイス（心拍計）を用いるか、手首の橈骨動脈に指先を添え脈拍を数える。脈拍数は 15 秒間測定し、4 倍して 1 分間の値を算出する。

心拍数から運動強度を設定する方法でよく用いられるのがカルボネン法である。カルボネン法では年齢ごとの予測最大心拍予備能（推定最高心拍数と安静時心拍数の差、Heart rate reserve：以下「HRR」）を用いて目的の運動強度から目標心拍数を求める方法である。

【カルボネン法】

目標心拍数（拍/分）

＝（推定最高心拍数[※]－安静時心拍数）×運動強度（％）＋安静時心拍数

※　推定最高心拍数＝ 220 －年齢

一般に持久力向上を目的とする場合は 60 〜 85％の運動強度が望ましく、健康づくりや減量、シェイプアップなどで主に脂質の燃焼を目的する場合は 40 〜 60％の運動強度が望ましい。運動中の心拍数は常に一定ではないため、目標心拍数を算出する際は上限と下限を算出する。

【例】年齢 20 歳、目的：シェイプアップ、推奨運動強度 40 〜 60％、推定最高心拍数 200 拍/分、安静時心拍数 70 拍/分

　　上限：（200－70）× 0.6＋70＝148 拍/分

　　下限：（200－70）× 0.4＋70＝122 拍/分　目標心拍数：122 〜 148 拍/分

以上のように、運動中の心拍数が 122 〜 148 拍/分に達していれば、目的に応じた運動強度に達していることが分かる。それに満たない場合は、ウォーキングやジョギングであれば速度を上げる、エアロバイクであればペダルの負荷を上げるなど、その運動種目の負荷を増加させることが望ましい。

表 10-6　自覚的運動強度と心拍数の関係

Borg スケール		その他の感覚	心拍数（拍 / 分）の目安※	最大強度に対する割合(%)	目的
20		身体全体がつらく、続けられない	180 〜 200	100	全身持久力の向上（競技レベル）
19	非常にきつい				
18		呼吸が苦しく、身体を動かすのがつらい	160 〜 179	80	
17	かなりきつい				
16		きついけど、もう少し頑張れる	140 〜 159	70	
15	きつい				
14		きつくなってきたが、このペースならまだ続けられる	120 〜 139	60	健康づくりシェイプアップ
13	ややきつい				
12		呼吸が弾み汗がでるが、まだまだ続けられる	100 〜 119	50	
11	楽である				
10		汗が出ず、呼吸も楽である	80 〜 99	40	
9	かなり楽である				
8		運動としては不十分に感じる	〜 79	安静〜 30	休養
7	非常に楽である				
6					

※　年齢などにより差異がある

②　自覚的運動強度（RPE）

　運動中に心拍数の測定が難しい場合は RPE を用いる。有酸素運動の場合は Borg スケールを用いる。6 〜 20 のスケールがあり、現在の RPE のスケールに 10 を掛けると現在の心拍数に相当する値を推定できる。健康づくりや減量、シェイプアップを目的とした場合、RPE 12 〜 14 が望ましいとされ、「ややきついけど、このペースならまだ継続できる」ペース、または運動経験があまりない場合は RPE 12「楽である」強度・ペースで実施する。したがって、最初は RPE 12 程度の「ニコニコペース」[*11] から始めて、慣れてきたら RPE 13 〜 14 程度の「ルンルンペース」に強度を上げていくことが無理なく実施できるポイントである（表 10-6）。

（3）運動時間と頻度

　アメリカスポーツ医学会によると、有酸素運動で推奨されている運動時間は 1 日あたり 20 〜 60 分、推奨されている頻度を 1 週間に 3 〜 5 日であるが[1)]、有酸素運動の運動時間は運動強度に依存するため、一般に強度が高ければ 10 〜 30 分、低ければ 20 〜 60 分を目安にする。

　有酸素運動は運動時間が長いほどエネルギー消費量が多くなり、トレーニングの効果も現れやすいことから、短時間しか運動できなければ高めの強度で、長時間できる場合は低めの強度で行うとよい。初心者は RPE 11「楽である」で 10 分から始め、徐々に運動時間を 5 分単位で延長していく。目安

＊ 11　ニコニコペース・ルンルンペース
ニコニコペースは運動中に笑顔を保てて無理なく会話ができる運動強度を指す。ルンルンペースは呼吸は弾むけど、楽しく無理なく続けられる運動強度を表す。

は1～2週ごとに時間を延ばし20分以上無理なく実施できた場合は運動強度を上げる。一方、1日に数回に分けても、まとめて実施しても効果にはさほど影響しないとされている。健康づくりや減量を目的とした場合、1回の激しい運動で疲れすぎて運動以外の身体活動量が減少すると1日の総エネルギー消費量が少なくなる恐れもあるため、1回の運動で長時間持続できない場合、時間が取れない場合は10分程度の運動を3回に分けて実施してもよい。

　頻度については、日々の体調や疲労に合わせながら、中～高強度の場合（運動強度：HRRの60％以上）は週3日を、低強度の場合（運動強度：HRRの40～60％）は週5日を目標に実施し継続することが理想である。ただし、HRRの80％を超える高強度の場合は、活動筋へのダメージも大きく心理的な負担も大きいため、1週間のうち3回以内の頻度で、2日間連続しての実施は避けるべきである。

4　トレーニング前後のコンディショニング

　トレーニングを安全に無理なく実施するためにはトレーニング前のウォーミングアップおよびトレーニング後のクーリングダウンが大切である。

（1）ウォーミングアップ

　ウォーミングアップは、運動によるケガの予防やその運動でのパフォーマンスを最大限に発揮できるコンディション調整を目的とした準備運動のことである。

　安静の状態から急に運動を始めると自覚的運動強度を増加させるとともに心臓や血管などに多大な負担がかかり、さまざまな障害を引き起こす可能性がある。しかし、ウォーミングアップを実施することで、体温・筋温の上昇、酸素運搬能力の活性化、使用筋の血流量や酸素摂取量の増加、神経伝達速度の増加、乳酸代謝の促進、全身の血液循環の促進がなされ、主運動に対する身体的な準備ができる。また、これらに伴い、脳への酸素供給が増加するとともに脳の神経細胞が活性化し、精神的興奮水準を高めると同時に集中力が高まり、トレーニング意欲を向上させることにもつながる。したがって、トレーニングを安全かつ集中して実施するために、トレーニング前に、5～10分の全身のストレッチングと10分程度の有酸素運動（運動強度：40％HRR程度）を行い、自分のペースで徐々に運動強度を上げていくことが大切である。

（2）クーリングダウン

クーリングダウンとは主運動で蓄積された代謝産物の代謝および呼吸を整え、身体機能を効率よく安静状態に回復させる低強度の運動のことであり、アクティブレストとも呼ばれる。

はげしい運動から急に運動を中止すると、筋のポンプ作用が弱くなり、血流量の減少や血圧の低下を生じ、めまいや立ちくらみ、重篤な場合は意識障害を引き起こすこともある。しかし、クーリングダウンによって、徐々に運動強度を下げながら血液循環を促進させることでこれらを防ぐことができる。また、主運動で生じた代謝性アシドーシス[*12]や使用筋の血流低下を改善し、筋のけいれんやその後の筋疲労を軽減させる効果も期待できる。

クーリングダウンは、リラックスしながら低強度の有酸素運動（運動強度：40% HRR 以下）から徐々に強度を下げ、トレーニング前の安静時心拍数＋10あるいは呼吸が楽になるまで回復させることが望ましい。その後はトレーニングで主に使用した筋群をリラックスさせるために、ゆっくりストレッチを行うことが勧められる。

> ＊12　代謝性アシドーシス
> 運動によって代謝のバランスが変化し、体内のpHが低下すること（酸性に傾くこと）。代謝性アシドーシスによって骨格筋のスムーズな活動が阻害される。

5 トレーニングプログラム例

ここではレジスタンス運動と有酸素運動のトレーニングプログラム例を紹介する。表10-7は初心者がレジスタンス運動を行うにあたり、段階的にプログラムを実施するための条件設定の例である。表10-7に沿ってトレーニングプログラムを立案していく。具体的なトレーニングプログラム例については、二次元コードを参照し確認いただきたい。なお各自が実際にトレーニングプログラムを作成できるようにフォーマットも用意しているので、こちらも活用いただきたい。

> トレーニングプログラム例（https://www.mirai-inc.jp/document/health/10-1.pdf）
>
>
>
> フォーマット（Excel）（https://www.mirai-inc.jp/document/health/10-1.xlsx）
>
>

表10-7　レジスタンス運動における初心者のための段階的プログラムの条件設定例

週	段階	目的	種目数	負荷(%)	回数	セット数	休息時間
1～2	第1段階	フォーム習得	5～8	60以下	15～20	1～2	90秒
3～4	第2段階	負荷に慣れる	8～10	60～70	10～12	2～3	90秒
5～8	第3段階	筋肥大	8～10	70～80	10	2～3	60秒
9～12	第4段階	筋肥大および筋力向上	10～12	75～85	5～10	2～4	90～180秒

出典　NPO法人日本トレーニング指導者協会編著『トレーニング指導者テキスト　実践編・改訂版』大修館書店 2014年　p.51

引用文献

1）American College of Sports Medicine 編（日本体力医学会体力科学編集委員会監訳）『運動処方の指針—運動負荷試験と運動プログラム—』南江堂　2011 年　pp.160-170

参考文献

・G. Gregory Haff, N. Travis Triplett 編、篠田邦彦日本語版総監修『NSCA 決定版　ストレングストレーニング&コンディショニング　第4版』ブックハウス・エイチディ　2018 年
・NPO 法人日本トレーニング指導者協会編著『トレーニング指導者テキスト　実践編・改訂版』大修館書店　2014 年
・横浜市スポーツ医科学センター編『新版　図解スポーツトレーニングの基礎理論』西東社　2013 年
・American College of Sports Medicine 編（日本体力医学会体力科学編集委員会監訳）『運動処方の指針—運動負荷試験と運動プログラム—』南江堂　2011 年

学びの確認

①運動中のエネルギー供給系について説明しましょう。

....
....
....

②トレーニングプログラムを立案する上でなぜトレーニングの原理・原則が必要か振り返りましょう。

....
....
....

③運動中における心拍数と自覚的運動強度の関係を説明しましょう。

....
....
....

レジスタンス運動（筋トレ）と減量

東京理科大学／向本敬洋

レジスタンス運動、つまり筋トレの特異的な効果は、筋力の向上、筋肥大、筋持久力の向上があげられます。そのような骨格筋の適応によって、スポーツパフォーマンスの向上や傷害予防だけでなく、健康づくりや正しい姿勢の支持による腰痛や肩こりなどの予防・改善、理想のボディメイク、そして、QOL の向上につながります。

一般に筋トレと聞くと、筋肉が増えて「脚が太くなる」「からだが重くなる」といったイメージがあるかもしれません。一方、「筋肉が増えれば代謝も上がる」ということもよくいわれます。

私たちの身体は特別な運動をしなくても生命維持のために必要最小限のエネルギーを消費しています。このことを基礎代謝といいます。基礎代謝は筋肉や内臓、心臓などを含む除脂肪量（体脂肪以外の量）や体質、環境などから影響を受けますが、筋肉が 1 kg 増えると基礎代謝量は 1 日 13 kcal 増えるといわれています。また、筋トレによって筋肉が増えると内臓などの代謝も上がるため、除脂肪量で見ると、1 日に 50 kcal 近くになるといわれています。1 日では微々たる量ですが、これを 1 ヶ月では 1500 kcal、365 日で換算すると脂肪 2 〜 2.5 kg のエネルギー消費に相当します。

ところで、運動中はエネルギー代謝が亢進しますが、運動終了後も運動中に補えなかった酸素を取り戻す生理応答があり、運動前の安静時よりも酸素摂取量が多い時間が継続されます。このことを運動後過剰酸素消費（EPOC）といいます。運動強度や量によって異なりますが、この応答は数分から数時間継続されます。研究結果では筋トレによって 15 時間以上 EPOC が継続されたこと[1] や高強度の筋トレでは運動後 38 時間経過しても筋トレ前の安静時よりも酸素摂取量が高い状態が観察されたこと[2] が報告されています。この EPOC の継続時間は有酸素運動よりも筋トレの方が長いとされています。

筆者が報告した研究[3] では男子大学生を対象に、スクワットを 75％ 1 RM×10 回を目標 5 セット実施させた結果、EPOC が 65 分間継続され、EPOC から算出したエネルギー消費量は約 50 kcal でした。

筋トレ中は有酸素運動ほどのエネルギー消費は期待できませんが、筋トレを実践すると運動中だけでなく運動後のエネルギー消費を増やし、さらに継続すると筋肉が育ち、基礎代謝量が増え、減量（＝体脂肪の減少）につながると考えられます。減量やシェイプアップでは有酸素運動ももちろん有効ですが、筋トレを併用し継続することは、その効果を助長させ、さらに活発で健康的な生活を送る手立てとなると考えられます。

引用文献

1 ） C. Melby et al., Effect of acute resistance exercise on postexercise energy expenditure and resting metabolic rate, Journal of Applied Physiology, 75（4）, 1993, 1847-1853

2 ） M. D. Schuenke et al., Effect of an acute period of resistance exercise on excess post-exercise oxygen consumption: implications for body mass management, European Journal of Applied Physiology, 86（5）, 2002, 411-417

3 ） 向本敬洋・鈴木立紀「レジスタンス運動の三大基本種目における運動後過剰酸素消費」『運動とスポーツの科学』第 26 巻第 1 号 日本運動・スポーツ科学学会　2020 年 pp.1-10

第11章 スポーツ障害・スポーツ医学

なぜこの章を学ぶのですか？

皆さんはスポーツをしていてけがをしたことはありますか。その時どのような対策をしたでしょうか。突然の出来事にうまく応急処置ができない、原因がよく分からず痛みを引きずりながらスポーツを続けた等の経験があるのではないでしょうか。この章でこれらの対策を学んでスポーツを楽しみましょう。

第11章の学びのポイントは何ですか？

この章では皆さんが快適にスポーツを行うことができるような知識を、医療の視点を含めて提供していきたいと思います。自分の身体のことを理解し勉強する、けが等を最小限にして障害を予防することで、スポーツがしやすい環境になるようにしていきます。

\\ 考えてみよう //

① 皆さんはスポーツ中にけがをしたり痛みを感じたりした際に、どのような対応をとりましたか。その目的はなんだったでしょうか。

② けがや障害、自分の身体に対するトラブルはいつから始まっているのでしょうか。家系や遺伝的な問題だけでしょうか。

1 スポーツ外傷・スポーツ障害

スポーツ外傷は 1 回の外力で組織が損傷する。スポーツ障害は、繰り返される微細なストレスで組織が傷ついていく。成長期では構造が未発達な部分、高齢期では各組織の強度低下により、痛みが生じたり、骨折に至ったりすることが多い。

1 スポーツ外傷とスポーツ障害の分類

スポーツ外傷とは、衝突などの 1 回の外力により組織が損傷されることである。主な疾患としてアキレス腱断裂、肉離れ、前十字靭帯損傷（以下 ACL 損傷）[*1] などが挙げられる。

スポーツ障害とは、スポーツ外傷と比較して長期間に繰り返される過度の運動負荷により生じる筋肉、靭帯、神経、骨、滑膜などの炎症である。代表的な疾患としては、オスグット病[*2]、テニス肘、シンスプリント[*3]、疲労骨折、野球肩などが挙げられる。

以下、 表 11-1 を参考にスポーツ外傷とスポーツ障害を比較していきたい。

（1）外力の大きさと創部の違い

スポーツ外傷の場合は外力が大きく 1 回で損傷をきたしてしまう。そのためストレスがかなり強いものになると、皮膚が破れ損傷部位が体外と通じた状態である開放性の創部となる。

逆にスポーツ障害は何度も繰り返し同じ場所に小さな外力が生じている。ストレス自体は弱いものなので全て非開放性である。ランニング選手が長距離を走ると足首に痛みが出たりするときがあるが、これは微細損傷の繰り返しなのでスポーツ障害となる。

（2）損傷の可能性がある身体部位

身体部位で考えると、スポーツ外傷は相手のスポーツ競技者も関与してく

*1　ACL 損傷
膝関節の中に存在する前十字靭帯は、膝下の骨である脛骨が前方にずれてしまうのを防いでくれる靭帯であるが、それに外力が強くかかり断裂してしまう状態を指す。スポーツ競技でよく損傷することが多く、サッカー、バスケットボール、スキーなどで目にすることがある。

*2　オスグット病
脛骨結節（お皿の下の隆起した骨部分）が徐々に突出し痛みを生じる。成長期の発達過程の子どもが発症する。大腿四頭筋が膝蓋腱付着部を介して牽引することで負担がかかり成長軟骨部が剥離する。

*3　シンスプリント
運動時および運動後に脛骨中央から遠位 3 分の 1 の内側後方を中心に縦長に広い範囲で痛みが起こる過労性障害。脛骨過労性骨膜炎とも呼ばれる。ヒラメ筋・後脛骨筋・長趾屈筋などの足関節を底屈する筋や筋膜の繰り返し加えられる牽引による脛骨の骨膜の炎症。

表 11-1　スポーツ外傷とスポーツ障害の比較

	外力	創部	身体部位	予後予測	対応者	予防
外傷	大きい 1回	開放性 非開放性	全体	しやすい	医師 スポーツトレーナー	回避しにくい
障害	小さい 何回も	非開放性	筋腱付着部、関節、骨、神経	しにくい	スポーツトレーナー 理学療法士など	回避しやすい

るため全体に生じる可能性がある。頭部、体幹、四肢はもちろん細部の眼球などさまざまである。一方、スポーツ障害は同じ動作を繰り返すことで組織が損傷してくるので、筋腱付着部や動作時に関与する関節、骨、神経に痛みを伴うことが多い。

（3）組織回復の予後予測

　損傷後の組織回復に対しての予後予測は、スポーツ外傷の方が予測しやすい。これは、損傷後にスポーツができる状況でないため多くが安静にしていることと、組織の回復過程が推定しやすいからである。部位にもよるが、骨折であれば12週でおおよそ骨が以前と同じ状況に修復し、靭帯であれば疼痛や炎症が落ち着くまでに2～4週かかるといわれている。つまり、組織の回復過程を主に把握していくことになる。

　反面、スポーツ障害となると予後予測が難しい。それは各個人で条件が違うからである。スポーツ外傷に対してスポーツ障害の場合は安静が保証されていない。そのため適切なケアや休息をつくらない環境では、組織の回復をストレスが上回る、もしくは回復過程を阻害するために時間がかかってしまう。スポーツ障害を起こした人が治りづらいのはそのためである。

　では、安静にしていればスポーツ障害も治るのだろうか。残念ながら不可能である。それは個人ごとの身体機能の問題があるからである。損傷を起こしている組織にストレスをかけているのは、本人の筋力低下、関節のアライメント（最適な位置関係）不良、姿勢制御、バランス、ボディメカニクスの理解等さまざまある。これらの一つ一つの原因を解決していき、初めてスポーツ障害の問題が解決してくる。そのため予測が困難となりやすい。

（4）それぞれの対応者

　外傷が生じた場合では、医療機関を受診し医師に対応してもらうことを強く勧めたい。例えば、肩の脱臼について考えてみたい。肩関節は関節窩が浅く前方の組織が比較的弱く、前方脱臼をしやすい。自分で関節を元の状態に戻す人もいるが、初めての受傷時は医師に整復をしてもらい適切な対応をした方がよい。なぜなら、肩の脱臼は2回以上繰り返す場合では保存療法が難しいとされているからである。つまり手術の適応となることが多い。そのため、初めての受傷をした後の丁寧な処置が大切になる。三角巾で安全なポジションで固定することで受傷した組織が回復し元の状況に近づいていく。それ以降はリハビリテーションも必要であるが、この固定期間に対応を怠ると組織が緩みリハビリテーションでも難事するケースがある。そのため、外傷に関しては受傷後の処置が非常に重要になってくる。

　一方でスポーツ障害は、痛みの原因を把握し適切な処置をすることによってコントロールすることが可能である。なかなか痛みの原因を一人で探ることは困難であるため、リハビリテーションで理学療法士と自分の身体機能のどこに問題があるのかを検討したり、所属している組織のスポーツトレーナーと相談したりしながら治療していくことが求められる。

（5）スポーツ外傷を予防することはできないか

　上述の通りスポーツ外傷は一般的には回避することが難しいといわれている。しかし、一部においては予防することが可能であると訴えている論文も目にする。少し紹介していきたい。

　スウェーデンのアルペンスキーを行っている高校生を対象とした ACL 損傷予防の研究がある。介入方法としては、ACL 損傷を予防するための教育ビデオの視聴と、神経筋コントロール、そして core（インナーマッスル）を安定化させるトレーニングを行った群と行わなかった群の比較である。2 年における予防対策の結果は、介入しない群（431 名）は 35 件の ACL 損傷の発症数なのに対して、介入した群（305 名）では 12 件にとどまった。つまり、ACL 損傷を 45％減少させることに成功している[1]。すなわち、ある程度の範囲でスポーツ外傷の予防は可能であるということである。身体機能を高めることはもちろんであるが、ビデオでの教育をすることで ACL 損傷の知識を深めさせている。身体機能の改善には時間を要すると思われるが、知識に関しては一度理解すればすぐに実践できるので早めに取り入れたい部分である。

2 年齢別で発症しやすいスポーツ外傷・スポーツ障害

（1）成長期（10 〜 12 歳頃）

　成長期の若い年齢の人は各組織が新鮮で高齢期で生じる変性がほぼない状況である。そのため、組織の強度が強くけが等しづらい印象があるかもしれない。しかし、骨の部分を考えてみた場合はどうだろうか。成長期には大人にはもうすでにない骨端線 図 11-1 が存在し骨が伸びている段階である。骨端線は成長軟骨組織であるため、力学的な力が加わった

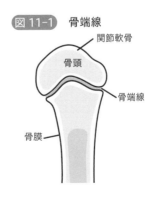

図 11-1　骨端線

骨端線
関節軟骨
骨頭
骨端線
骨膜

時に負担がかかりやすい部分である（ただし、年齢においては個人差がある）。そのためこの未成熟な部分に力学的なストレスがかかると、損傷や疼痛を引き起こすことがよくある。オスグット病を聞いたことがある人もいるかもしれない。これは骨端線の代表的な疾患の一つである。この骨端線に生じる病気は膝だけではない。肩では上腕骨近位骨端線離開、肘であれば離断性骨軟骨炎、足部は踵骨骨端症（Sever病）と各部位で存在する。

（2）高齢期（60歳以降）

　筋力、筋量の低下はもちろんのこと、腱や靭帯の強度の低下、関節では軟骨の変性や摩耗が生じ始める。成長期、成人期と比較して各組織の強度が破綻してきている時期である。そのため、運動強度が組織の耐性を上回ったときに疼痛や痺れを生じ始める。

　筋力が落ちるのはもちろん、バランス能力も落ちてくるため転倒の危険性も高まる。特に高齢者の転倒では、尻もちをついた時に生じる腰椎圧迫骨折、前方への転倒では橈骨遠位端骨折、大腿骨頸部骨折等の診断名がつくことが多い。これらの骨折は転倒だけが原因ではない。特に女性は閉経後にホルモンバランスが崩れ、50歳あたりから骨粗しょう症の方が多くなる。そのため、骨自体の強度が若い頃と比較し弱くなっていることを把握しておきたい。

2　スポーツ場面における応急処置と予防

　スポーツ外傷への対応は、安静にして損傷部位の回復を妨げないことが重要となる。熱中症・脱水症への対応は、水分・塩分摂取を小まめにすること、さらに熱中症においては涼しい場所にて身体を冷却することが重要である。心肺停止の際は、胸骨圧迫と人工呼吸などによって蘇生に努め、AEDの使用を含めて対応する。

1　スポーツ外傷（骨折・脱臼・捻挫など）への対応

（1）骨折

　骨折は基本的に安定した状況で固定をして動かさないことが必要となる。スポーツ時に骨折かと思った場合は患部を動かさないような状況をつくって病院に行くことが望ましい。特に骨折線にズレが生じてしまうと整復、もしくは手術を要する可能性が高くなる。そのため、あて木やそれに対応するもので骨折部分を動かさないようにすることが大事なポイントとなる。その後

ギプス等で固定し、患部の組織の回復を待つ。

　部位によっても違うが、おおよそ 6 週で仮骨が形成されてくるのでそこまでたどり着けばひとまず安心できる。もちろん、関節の可動域制限と筋力低下はあるのでそこについてはリハビリテーションが必要である。

（2）脱臼

　関節は関節包という組織で覆われており脱臼しないように保護されている。特に肩の脱臼は、競技者間で接触を伴うスポーツ（コンタクトスポーツ）で生じることが多い。肩の脱臼は関節の適合状態から逸脱しているため整復する必要がある。事故現場に医師、もしくは柔道整復師がいる場合は整復をしたのち病院へ向かうことをお勧めする。専門職のスタッフがいない場合は患部を固定し動かさずに病院に運ぶ必要がある。2 回以上の脱臼は組織が弱くなり抜けやすくなるため、1 回目の脱臼の際に三角巾でしっかりと固定をして、組織の回復に努めることが必要である。

（3）捻挫

　足部の内反捻挫はスポーツをしている場合には多く経験するだろう。一般的には POLICE 処置を行うことが適している。Protection：保護、Optimal Loading：最適な負荷、Icing：患部を冷やす、Compression：圧迫する、Elevation：挙上を行うことで、組織の炎症や痛みを抑える。

2　熱中症・脱水症などの予防と応急処置

（1）熱中症
①　予防方法

　熱中症とは暑熱環境によって生じるさまざまな病態の総称である。予防としては、スポーツを行う環境の温度、湿度に注意し悪環境で無理な運動をしないよう、練習量などを調整する。また、15 分から 30 分ごとに水分を摂取して、体重の 3％以上の発汗が想定される場合、運動が 90 分を超える場合は、0.2％程度の塩分を含んだものを摂取するようにする。最近では、タブレット型の塩分摂取のための商品や経口補水液も販売されているので準備しておくといいだろう。子どもや高齢者は、脱水になりやすく体温調整能力も弱い。また、朝の食事を済ませたか、寝不足ではないか、脱水状態ではないか、風邪や体調不良はないかと事前に確認し点検していく必要がある。

② 応急処置

重症の可能性がある場合は救急車を要請し、身体を冷却することが重要となる。意識障害、全身のけいれん、高体温、まっすぐ歩けない等の症状があれば重症と考える。一般に発症から 20 分以内の手当てが必要とされているので迅速に行う必要がある。風通しのよい日陰など涼しい環境へ移動すること。衣服を緩め身体を冷却しやすい状態にする。露出した皮膚に霧吹きなどで水をかけ、うちわや扇風機などで身体を冷やす。水が冷たすぎると皮膚血管を収縮させ体内に熱がこもってしまうので注意が必要である。氷嚢、アイスバックなどを首、脇の下、大腿のつけ根にあてて、皮膚の下を流れている血液を冷やす。冷却はできるだけ早く行う必要があり、意識が回復し寒いと訴えるまで続ける[4]。

＊4　環境省「熱中症予防情報サイト」(https://www.wbgt.env.go.jp/heatillness.php) も確認してみよう。

（2）脱水症

脱水症とは体内の水分や電解質が発汗により不足する状態をいう。自覚症状としては、口の渇きや身体のだるさ、立ちくらみなどを訴えることが多い。皮膚や口唇・舌の乾燥、皮膚の弾力低下、微熱などが起こる。その他に食欲低下、脱力、意識障害、血圧低下、頻脈も出現することがある。熱中症と同様に、汗をかきやすい夏場の水分補給には、発汗で失われがちな塩分などの電解質が含まれる経口補水液が適している。水だけでは電解質のバランスが崩れたままなので、塩分を確保するためにタブレットや漬物などを一緒に摂取したい。

3 一次救命処置・心肺蘇生

心肺蘇生法とは cardiopulmonary resuscitation：CPR のことであり、突然に心肺停止、もしくはそれに近い状況になったときに、胸骨圧迫および人工呼吸によって対応することをいう。傷病者を救命するために大切な心肺蘇生、自動体外式除細動器（automated external defibrillator：以下「AED」）を用いた除細動、異物で窒息をきたした場合の気道異物除去の 3 つを合わせて一次救命処置（basic life support：BLS）という。

（1）二次災害と意識確認

二次災害（スポーツに限らず交通事故や自然災害など、事故現場によっては引き続き危険が伴うケースがある）を防ぐために必ず周囲の安全確認を行う。そして迅速に傷病者の肩を優しく叩きながら大声で呼びかける。この刺

激に対する反応の有無は心肺蘇生を行うか行わないかの重要な指標となる。目を開けるなどの何らかの返答や、目的をもった動作などが確認されなければ反応なしと判断する。目を開ける、身体を動かす（痛み刺激に対する逃避反応などを含む）など、刺激に対応して目的のある仕草が見られる場合は反応があると見なす。傷病者に反応がないと判断したら大声で協力者を求め救急車要請を指示する。また近くに AED があれば持ってきてもらう[2]。

（2）呼吸の確認

　呼吸の度に、胸と腹部が上下に動いているかどうかを確認する。心臓が止まると通常の呼吸がなくなるため、胸と腹部が止まっている場合は胸骨圧迫に移る。通常の呼吸かどうか判断ができない場合も、胸骨圧迫を開始する。

（3）胸骨圧迫

　胸骨は胸の真ん中に位置する扁平な骨である（図 11-2）。この位置に一方の手のひらの基部をあて、その手の上にもう一方の手を重ねて置く。手掌基部に力を集中させることが目的なので指を持ち上げるようにする方法が確実である。垂直に体重が加わるよう両肘をまっすぐに伸ばし、圧迫部位の真上になるような姿勢をとる（図 11-3）。傷病者の胸が 4 ～ 5 cm 沈み込む程度の圧迫を繰り返す。そのテンポは 1 分間に約 100 回である。胸骨圧迫を 30 回続けたらその後は気道確保をして人工呼吸を 2 回行う。この組み合わせを救急隊や AED が到着するまで絶え間なく続ける[2]。

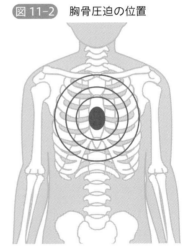

図 11-2　胸骨圧迫の位置

出典　厚生労働省「救急蘇生法の指針 2015〔市民用〕」

図 11-3　胸骨圧迫の方法

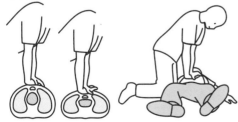

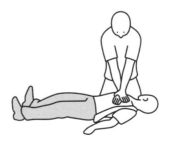

出典　厚生労働省「救急蘇生法の指針 2015〔市民用〕」

（4）気道確保

　傷病者をあおむけに寝かせ、傷病者の顔を横から見下げるポジションに座る。片手で傷病者の額を押さえながら、もう一方の手の指先を傷病者の顎の先端にあてて挙上させていく。傷病者の顔があおむけになり反るような姿勢となる。この状況になると気道が確保されて空気が通りやすくなる。傷病者の気道を確保したら、その姿勢を維持したまま傷病者の胸の動きを確認して呼吸の有無を確かめる。この時に自身の耳を傷病者の口元へ近づけると息の音が聞こえ同時に胸の上下動が見える。こうして正常な呼吸がなされているかを把握する[2]。

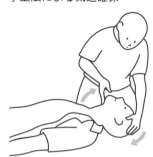

図 11-4　頭部後屈あご先挙上法による気道確保

出典　厚生労働省「救急蘇生法の指針 2015〔市民用〕」

（5）人工呼吸

　傷病者の気道を確保したまま、ゆっくり息を吹き込む。この際に吹き込んだ息が鼻から漏れないように額を押さえている手で鼻をつまむ[*5]。

（6）AED の使用

　AED が到着したら電源を入れ、音声ガイダンスに従い電極パッドを装着する。自動で心電図の解析を始め、電気ショックが必要な場合はガイダンスが流れるため、傷病者に触れていないことを確認した上で、ショックボタンを押す。その後はただちに心肺蘇生法を再開し、救急車が到着するまで続ける必要がある[*6]。

　総務省消防庁の調査では、2018（平成 30）年に一般市民が目撃した心停止状態の傷病者数は 2 万 5,756 人であり、そのうち AED を使用した傷病者の 1 か月後生存率は 55.9％であった。これは、AED を使用されなかった傷病と比較すると、約 4.8 倍高い結果である[3]。上記の流れを習得し、いざ

図 11-5　口対口人工呼吸

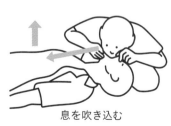
息を吹き込む

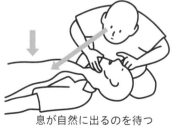
息が自然に出るのを待つ

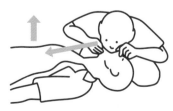

出典　厚生労働省「救急蘇生法の指針 2015〔市民用〕」

＊5　以前は感染予防のためにフェイスシールドやマスクなどの感染予防をした上で行うことが推奨されてきた。しかし、新型コロナウイルス感染症が流行している状況では、全ての心肺停止傷病者に感染の疑いがあるものとして対応するべきである。マスクをして倒れていた場合は、できればマスクを外さずに胸骨圧迫を開始し、マスクをしていなければ口と鼻に布をかぶせるなどの対応をしてから開始するようにする。

＊6　BLS の流れは日本赤十字社「一次救命処置の手順」(https://www.jrc.or.jp/study/safety/process/) も確認してみよう。

という時に救助が行えるよう備えたい。併せて、生活圏においてどこに AED が設置されているかを、「全国 AED マップ」などで調べておくことが重要である[7]。

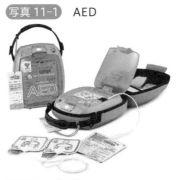

写真 11-1　AED

写真提供　日本光電

＊ 7　日本救急医療財団「財団全国 AED マップ」（https://www.qqzaidanmap.jp/）

3 スポーツ時（主にスポーツ障害）における疼痛緩和をめざすには

スポーツ障害への対応は、安静だけでは解決しない。病態評価（何が痛いのか）と機能評価（何で痛いのか）を把握することが大切である。これらの評価を的確に行うためには、たくさんの知識をもつことや専門家に相談する、さらには自分をマネジメントしていくことが必要である。

1 スポーツ障害への対応

（1）病態評価・機能評価とは

上記の節でも学んだようにスポーツ外傷においては未然に予防できる部分があることを知ってもらえたかと思うが、全てを防ぐことは難しい。しかし、スポーツ障害においては条件さえ整えば痛みやストレス回避のために対応することができる。そのためには、何の組織が原因なのか（病態評価）、自分の身体において何が起きているのか（機能評価）を探っていく必要がある。

まずは、この 2 つの言葉に対して少し説明をしていきたい。病態評価は何の組織が原因で痛くなっているかを評価していくことである。そして、機能評価とは何が理由で痛くなっているかを評価していくことである。

例えば、半月板損傷が疑われてマクマリーテスト[8] を行い陽性となった場合は、半月板という膝の組織が損傷し痛みが起きているということになる。これが、病態の評価となる。さらに評価していくと片足立ちのポーズをとった際に膝が不安定であり、筋力テストの結果、股関節や膝関節周囲の筋力が落ちていた。つまり、この評価は機能評価（何が理由で痛みを起こしているかを調べている）となる。これら 2 つの評価をしていくことで、どこに対

＊ 8　マクマリーテスト
股関節を深く曲げた状態から、内側もしくは外側方向に膝が弧を描くように伸ばしていく。痛みがあれば半月板の損傷を疑う。

図11-6 膝の痛みに対する病態評価と機能評価

病態評価

何が痛いのだろう？

・半月板
・靭帯
・関節炎（滑膜炎）

機能評価

何で痛いのだろう？

・股関節の筋が弱いから？
・足首が不安定だから？

して治療していけばよいのか明確になっていく（図11-6）。

　特に機能評価は大切である。なぜならこの評価によって治療の方針が大きく変わってくるからである。先ほどの膝の痛みに関して考えてみたい。詳しく評価していくと、膝が内側に崩れるときに痛みが生じたとして、その痛みの原因は臀部や膝周りの筋力の問題である人もいる。その場合には股関節周りの強化が必要になる。一方で股関節周りは評価したが問題がなく、膝の痛みを起こしている人もいる。その人の足部を評価してみたら足首の不安定性があった。不安定性があることで膝に負担を生じさせていたと判断できたなら、足首のバランストレーニングやインソール*9 を検討して疼痛の緩和を図ることになる。同じ痛みの原因であっても股関節にアプローチしないといけない人もいれば、足首にアプローチしないといけない場合もある。

(2) 肩の痛みを探る

　スポーツ障害において、病態評価と機能評価を行い、治療計画を立ててアプローチしていくことは、どの部位においても基本的には同じである。

　例えば肩をあげた時に痛みがあったとする。インピンジメントが疑われたため Neer インピンジメントテスト*10 （病態評価）を行うと陽性であった。またドロップアームサイン（病態評価、腱板損傷の有無を調べる）をして陰性であった。このことから肩峰下滑液包の炎症の可能性が高いと判断される（滑膜が痛いのか分かった）。次にインナーマッスル*11 を評価してみると筋力が弱いことが判明した（機能評価）。つまり、筋力が弱いために肩を上げる際に通常では起こるはずの骨頭の下方への滑りが減少して、骨頭と肩峰で衝突を起こしている可能性がある。したがってインナーマッスルの筋力訓練をすることで衝突を回避し痛みが軽減できるかのではないか。以上のように評価をして判断していくことで痛みを軽減させていく。

*9 インソール
靴の中敷に凹凸を意図的につけることによって歩行中の痛みを軽減する目的で使われる。形状は個々の足部や歩行状態によって違うものとなるため、市販のものでは限界がある。

*10 Neer インピンジメントテスト
肩を構成している肩甲骨と上腕骨頭が衝突しているか（インピンジメント）を調べるテストである。痛みが生じれば、肩峰下滑液包炎もしくは腱板断裂が示唆されるが特定はできない。

*11 インナーマッスル
関節を安定化させるために働く筋肉。粗大な動きを遂行する筋肉とは役割が違う。関節の不安定な動きを抑えるために関節の近くに付着し身体の深部に存在している。

2　自分のけがや障害とどう向き合うか

（1）たくさんの知識をもつこと

　例えば、足部の捻挫をして靭帯が伸びてしまった場面で、足関節周りの筋力強化をしているが、一度緩んでしまった靭帯は元に戻らないことさえ知らない学生も多い。筋肉は低下すればトレーニングをして元の状態に近づけることはできるが、靭帯はトレーニングしても治らない。その場合にはテーピングや装具を用いた患部の保護が必要となる。単純に靭帯は伸びたら戻らない、そして固定が必要だという 2 点が理解できていれば対応できるはずである。しかし、ひたすら筋力訓練を続けたり、知識がないがために焦点がずれた処置をしている人は多いように感じる。誤った解釈は痛みを助長する。

（2）腰痛が生じたら

　表 11-2 を見てもらいたい。腰の痛みを簡便に分類したものだが、少しの知識で病態評価を行うことができる。例えば、背中をかがめた（前屈に近い動作）ときに痛みが出る場合や、電気が走るような痛みの訴え方であったり、力が抜ける感覚があったりする場合、神経性の原因を疑うことができる。

　関節の痛みの場合は局所の痛みを訴えることが多く、対して筋筋膜性の痛みは鈍痛なので痛みの特徴だけの把握でも原因の推測が可能となる。

表 11-2　腰痛の痛みに対する分類

原因	特徴	評価	治療
筋筋膜性	重だるさ、鈍痛	圧痛、前屈	体幹運動
神経性	電気が走る、筋力低下	前屈＋＋、SLR テスト[*12]	体幹運動
関節	ピンポイントでの痛み	後屈＋、kemp テスト[*13]	体幹運動
骨（骨折）	激痛、痛くて動けない	レントゲン	体幹運動
メンタル	不安愁訴がある	再現性がない	

3　その対策（学生が心掛けられること）

（1）専門家と相談する機会をもつ

　「この痛みは何が原因なのだろう」「どうして痛みが起きるのだろう」と常に疑問をもち、自分の身体と会話していくことが重要である。そして、ある程度の知識がついてきたら、病態評価・機能評価をして自分自身でトレーニ

＊12　SLR (Straight Leg Raising) テスト
あおむけの状態で膝を曲げずに下肢を検査者が挙上させる。床面からの下肢の角度が 70 度までに下肢後面に電気が走る痛みが生じたら腰椎椎間板ヘルニアなどの神経性の問題を疑う。

＊13　Kemp テスト
傷病者の体幹を検査者側に側屈し伸展、回旋させる。痛みが生じた場合、椎間関節由来の疼痛の可能性が高い。

ングやストレッチなどを試し、痛みの変化が生じるか確認することは有意義である。

　ただ、病態評価・機能評価は難しく、全ての場合において自分自身で問題を解決できるわけではない。そのため、病院やクリニックに行って医師や理学療法士、もしくは所属先のスポーツトレーナーに意見を求めることは大事であると考える。また痛みに耐えて運動していれば筋力がついて治る、もしくは慣れてくると考えている人がいるが誤った認識である。スポーツ障害が残ったまま運動を続けることは、痛みを長引かせるだけである。痛みの原因になっている部分を把握し、早期に治療していくことが最適な考え方である。

（2）自分をマネジメントする重要性

　今日は情報化社会である。自分のけがや障害がどのようなものであるかは、検索して見当がつく時代となった。またAIの発展で専門家の意見がなくとも治療の時期や方法が個々でカスタマイズされて提供される時代がくると推測する人もいる。しかし、以前と変わらない部分もある。それは本人の意思やマネジメント力である。改善や予防のために必要となるストレッチや姿勢制御、トレーニングが継続して行えるかどうかは本人によるところが大きい。医師や理学療法士といった専門家が手助けできるのは24時間の中で考えたらわずかな時間である。それ以外の時間で、自分の障害をしっかりと把握し、マネジメントしていくことが重要である。

（3）生涯にわたり健康でいるために

　私はクリニックで小学生の子どもから高齢者までたくさんの患者さんと日々リハビリテーションをしている。特に中高年から高齢者は、疼痛が続き難事するケースはよくある。しかし、不思議なことに似たような身体的条件でも回復や疼痛のコントロールが個々によって大きく違うことを経験する。何がこの違いを生み出すのか。傾向として回復が順調な患者には明確なゴールがある。早く競技復帰したい、趣味の社交ダンスをもう一度！　と、はっきりしたゴールがある患者は主体的で受け身ではない。ポジティブに考えることだけでなく、趣味をもち自分が楽しいと思える環境をつくること、そして人とつながりをもっている人ほど健康にいられるように感じる。

引用文献

1 ）M. Westin *et al.*, Prevention of Anterior Cruciate Ligament Injuries in Competitive Adolescent Alpine Skiers, 2020
2 ）日本体育協会『公認アスレティックトレーナー専門科目テキスト　第8巻　救急処置』日本体育協

会　2008 年　pp.67-75

3 ）総務省消防庁「令和元年版　救急救助の現況」p.98

https://www.fdma.go.jp/publication/rescue/items/kkkg_r01_01_kyukyu.pdf

参 考 文 献

・日本スポーツ協会『公認アスレティックトレーナー専門科目テキスト　第 3 巻　スポーツ外傷・障害の基礎知識』日本スポーツ協会　2019 年

学びの確認

①スポーツ外傷・スポーツ障害の違いは何でしょうか。また年齢における特徴を押さえましょう。

....

....

....

②熱中症で水分と何の補給をするべきでしょうか。

....

....

....

③病態評価と機能評価の意味を確認しましょう。

....

....

....

腰痛改善の体幹運動

しのざき整形外科／馬場俊一

　スポーツ障害・スポーツ医学の章を読んでいただいた方で、腰痛の治療で体幹運動だけ説明がないと思った方もいるのではないでしょうか。病態評価のみの説明だけだったのでここで改めて説明させてもらえればと思います。

　腰痛の原因を探ることは非常に重要ですが、治療においては欠かせないものとして、インナーマッスルの再教育があります。私はクリニックで腰痛患者の方に会う機会が多いです。その中でインナーマッスルは、必ず評価し治療する部分です。用語解説でも述べましたが、インナーマッスルは関節を安定化させる筋肉です。ここが働かないと痛みを引き起こしやすい腰になってしまいます。一度腰痛が起きるとその筋肉に抑制がかかりうまく働いてくれなくなるといわれています。そのため、再教育が必要になるのです。では、どのようにトレーニングしたらインナーマッスルが働いてくれるか説明していきたいと思います。

　これらのトレーニングで重要なのは時間の長さです。特に四つ這いでのバランス訓練（写真 11-2）、プランク（写真 11-3）、サイドブリッジ（写真 11-4）はできれば 30 秒から 1 分くらい時間をかけて行いましょう。そうしないとインナーマッスルは働き出してくれないのです。10 秒くらい同じようなトレーニングをしてもし満足していたなら、頑張ってまずは 30 秒行いましょう。そうするとお腹の深部が硬くなってくるのが感じられるはずです。うつぶせでの股関節伸展（写真 11-5）はただ単純に足を上げるだけの運動ですが、多裂筋という大事な背部の筋肉を鍛えることができます。この筋肉も関節を安定化することに働きますが、背中を丸めた状態から身体を起こすことができない、もしくはギックリ腰になりやすい方は、予防にトレーニングしておくことをお勧めします。

写真 11-2　四つ這いでのバランス訓練

写真 11-3　プランク

写真 11-4　サイドブリッジ

写真 11-5　うつぶせでの股関節伸展

野外活動・自然体験活動における安全管理

鎌倉女子大学短期大学部／西島大祐

安全管理の考え方とポイント

近年、健康やレジャーという視点から、アウトドアでの活動が改めて注目されるようになりました。友達や家族、もしくは個人で行う登山やキャンプなどが人気を集めていますが、その反面、準備や経験の不足から生じる深刻な事故も増えています。特に山岳・水辺の活動や、キャンプに代表される野外活動・自然体験活動の場面では、他のスポーツとやや異なった安全管理の考え方が必要になるといえます。

自然の中には、学校のグラウンドや体育館に比べて多くのリスクが潜んでいます。人の手の入らない自然の豊富な場所になればなるほど、そのリスクが高くなるともいえるでしょう。例えば登山の場面では、荒天や寒さに耐えられる装備や食料を持っているか、危険な野生生物（クマや毒性をもつ動植物など）への対策がなされているか、通信手段が確保されているか、知識・技術や経験のあるリーダーが存在するか、感染症対策がなされているか、などが安全管理のポイントとして挙げられます。また、事故の可能性が高まった場合には、適切な判断やリーダーシップが求められることにもなります。そのた

め自然の中で活動する際には、事故を起こさないために、想定されるリスクに対して十分な準備をして臨むことが必要となります。

もしものための「野外救急法」

野外活動中の万が一の事故への備えとして、「野外救急法」を学んでおくこともお勧めします。この野外救急法は、救助要請をしても救急車がすぐに到着できないような自然環境下での事故に対応するための救急法です。例えば、木やロープなどその場にあるものを活用した傷病者への対応方法や、医療機関での処置を受けられるまでの実践的な手当の方法などを身につけます。欧米に比べると日本ではまだ知名度が低いですが、いくつかの団体がライセンスを発行していますので、どのような研修を行っているか調べてみてもよいでしょう。

自然の中で活動する際には、環境に対する配慮を心掛けることも忘れてはいけません。自然環境へのインパクトを最小限に抑えながら、ぜひ安全で充実した活動を進めていただければと思います。

写真 11-6 　十分な準備によって素晴らしい体験を！

第12章 健康・スポーツと性

なぜこの章を学ぶのですか？

　人間の性別には、セックス（生物学的性別）とジェンダー（社会的文化的性別）があります。これらの性差を正しく理解することは、健康的な生活や豊かなスポーツライフを実現する上で大切であり、多様性を尊重する現代社会においてとても重要なこととされています。

第12章の学びのポイントは何ですか？

　本章では、人間のからだと性別に着目し、性がどのような要素によって構成されるのか、性によって私たちのからだや暮らしにどのような差があるのかを理解します。

＼＼ 考えてみよう ／／

① 私たちのからだは、性別によってどのような差があるでしょうか。構造や機能といった観点から、性による違いを考えてみましょう。

② スポーツの場におけるジェンダー課題には、どのようなものがあるでしょうか。オリンピックなどのトップスポーツを事例に考えてみましょう。

1　私たちのからだと性

　ヒトの「セックス（生物学的性別）」は性染色体の組み合わせによって決定し、発育・発達や加齢などに伴って身長や体重、性ホルモンの分泌量に性差が生じる。運動・スポーツ実施率においても性差が確認でき、特に若年女性の実施率は低い傾向にある。女性アスリートは運動性無月経などの健康的リスクを抱えることから、適切な健康管理が必要とされる。

1　からだの「性」の決定

（1）性染色体

　ヒトの性は性染色体の組み合わせで決定され、一般的に性染色体が XX の場合は女性、XY の場合は男性とされている[1]。性染色体の組み合わせが異なることで、男女間には性腺（精巣・卵巣）、内性器（精巣上体・精管・精嚢、子宮・卵管・膣の一部）、外性器（陰茎・陰嚢、陰核・小陰唇など）の構造に差異が見受けられる[2]。

（2）性分化

　妊娠 8 週までの胎児にからだの性の違いはなく、妊娠 8 週以降に胎児の性腺や内・外性器は男女の典型的なものへ形成される[2]。このように、性染色体の情報に基づき精巣や卵巣が発育し、男女それぞれに特徴的な内・外性器がつくられる過程のことを性分化という[3]。

2　発育発達・加齢における性差

（1）身長・体重の発育発達

　人間の出生時の身長、体重は女性より男性の平均値が高いが、これはあくまでも平均値的な傾向であり、それぞれの性別において個人差が存在する[4]。

　身体組成において男女の差がより顕著に現れるのは 12 歳頃からで、身長、体重ともに男性の方が高い値を示す傾向にある。筋肉量においても同様の傾向が見受けられるが、これは性ホルモンの分泌によって第二次性徴が出現するためである[4]。加えて、女性は必須脂肪が多いため、男性よりも体脂肪率が高いことが多い。必須脂肪とは乳房、臀部、大腿部につく脂肪を指し、男性では体重の 3% 程度であるのに対し、女性は約 9 〜 12% といわれている[4]。

（2）性ホルモンと加齢

　思春期以降、男性の性ホルモン（テストステロン）は常に一定量が分泌され、加齢とともに緩やかに減少する[5]。それに対して、女性は月経周期（約1か月）ごとに女性ホルモン（エストロゲン）の分泌量が変動する。女性ホルモンは40代後半から50代にかけて分泌量が急速に低下し、やがて喪失する（図12-1）[5]。これは、加齢とともに卵巣の活動性が低下し、月経が永久に消失する閉経の影響によるものである。日本人女性の閉経時の平均年齢は50歳で、その前後の5年間を合わせた10年間（45〜55歳頃）を更年期と呼ぶ。

　更年期の女性は、女性ホルモンの急減により発汗や冷え性などの自律神経失調症状やイライラ、不眠などの精神症状、関節痛などさまざまな症状が発現する。これらの症状のうち、他の病気に伴わないものを更年期症状といい、その中で特に症状が重く日常生活に支障をきたす状態を更年期障害という[5]。

　これまで、更年期障害は女性特有の病気と考えられてきたが、近年は男性ホルモンの低下によって男性にも更年期障害の症状が現れることが分かっている。ただし、女性の更年期障害が更年期に起こるものであるのに対し、男性の場合は、男性ホルモンの減少が始まる40歳以降のどの年代でも起こる可能性がある点には留意が必要である[5]。

　更年期障害の治療には、低減したホルモンを補うホルモン補充療法や、漢方薬、向精神薬が有効であるが、更年期障害と同じ症状を発する他の疾患と区別するためにも、医師による適切な診断を受けることが最も重要である。

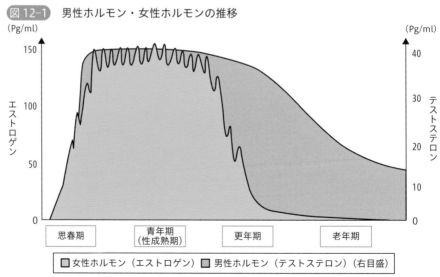

図 12-1　男性ホルモン・女性ホルモンの推移

出典　内閣府男女共同参画局「男女共同参画白書　平成30年版」
https://www.gender.go.jp/about_danjo/whitepaper/h30/zentai/html/honpen/b1_s00_02.html

3 妊娠・出産と健康

（1）妊娠期

　妊娠中の女性は、胎児の成長に伴いさまざまな面で変化する。したがって、無理のない生活を心掛け、つわりや妊娠悪阻[*1]、妊婦貧血、妊娠浮腫などの妊娠時特有の症状に留意することが肝要である。また、妊婦健診を定期的に受診し、かかりつけ医の指導の下、妊娠糖尿病や妊娠高血圧症候群、早産・切迫早産などの予防に努める必要がある。

　妊娠中の適切な体重管理は妊娠高血圧症候群などの疾患を予防するだけでなく、低出生体重児分娩や、分娩時の大量出血のリスクを抑えることにつながる[6]。妊娠全期間を通しての体重増加量の目安は、妊娠前の BMI 値（体重（kg）／身長（m)^2）をもとに、表 12-1 の通りまとめられている[7]。妊娠期の体重増加量は個人差が大きいが、個々の状態を踏まえた食事摂取や運動などの対応が必要であり、その意味でもかかりつけ医や助産師等との綿密な連携が求められる。

（2）産後

　産後 1 ～ 3 か月頃までの間に、10 ～ 15%の女性が産後うつを発症する[5]。発症の原因は不明だが、産後のホルモンバランスの変化や、育児による疲労・睡眠不足、家族からのサポート不足などの要因が関与しているとされる[5]。

　産後、急に気分が落ち込んだりするマタニティブルーズは、出産した女性の 30 ～ 50%が経験するものの、1 ～ 2 週間ほどで軽快することが多い[8]。それに対して、産後うつはより深刻な気分の変動を引き起こし、その症状が数か月に及ぶことも珍しくない。産後うつを治療せずにいると、親子関係をうまく築くことができなかったり、母親の自殺念慮を引き起こしたりするこ

＊1　妊娠悪阻
より重度なつわりのことで、強い吐き気やはげしい嘔吐を起こす。十分な食事や水分補給ができなくなることから、体重減少や脱水、栄養状態の悪化などを招く。

表 12-1　妊娠中の体重増加の目安

妊娠前体格	BMI kg/m^2	体重増加量の目安
低体重	< 18.5	12 ～ 15 kg
普通体重	18.5 ≦～< 25	10 ～ 13 kg
肥満（1度）	25 ≦～< 30	7 ～ 10 kg
肥満（2度以上）	30 ≦	個別対応（上限 5 kg までが目安）

※ 1　「増加量を厳格に指導する根拠は必ずしも十分ではないと認識し、個人差を考慮したゆるやかな指導を心がける」産婦人科診療ガイドライン産科編 2020 CQ010 より
※ 2　体格分類は日本肥満学会の肥満度分類に準じた。

出典　公益社団法人日本産科婦人科学会「妊娠中の体重増加指導の目安について」2021 年
　　　http://www.jsog.or.jp/news/pdf/20210616_shuuchi.pdf

とがある[9]。

　また、産後の精神疾患の中で最も重度とされる産後精神病（産褥精神病）は、発症頻度こそ0.5～1%と低いが、錯乱や幻覚、妄想などの症状を引き起こし、母子の生命を危険にさらすこともある[10]。

　いずれも、母子の安全確保という観点から、できる限り早く医師やカウンセラーの診察を受け、精神療法や抗うつ薬投与などの適切な対応をとることが重要である。

4 性感染症・エイズ

（1）性感染症

　性感染症（Sexually Transmitted Diseases：STD）の病原体（ウイルス、細菌など）は、感染者の精液や膣分泌液、泌尿器周辺の病原体や分泌液に含まれ、性行為を介してそれらが性器や泌尿器、肛門、口腔に触れることで感染する[11]。したがって、膣性交（いわゆるセックス）だけでなく、口腔性交（オーラルセックス）や肛門性交（アナルセックス）でも感染する可能性があり、同性との性行為によっても感染する。

　性感染症の代表的なものには、発疹やただれを繰り返し、心臓などの神経異常を引き起こす「梅毒」や、性器のはげしい痛みや炎症を起こす「淋菌感染症」、陰部にはげしい痛みを伴う発疹ができる「性器ヘルペス感染症」などがある。いずれも治療せずに放っておくと、重症化するだけでなく男女を問わず不妊症の原因につながる[11]。また出産を機に母親から子に感染することもあることから、性交時にコンドームを使用するなどして適切な感染予防に努めるとともに、万が一感染した場合には早期に治療を受けることが重要である。

（2）エイズ

　エイズ（AIDS）とは、後天性免疫不全症候群（Acquired Immuno Deficiency Syndrome）の略称で、ヒト免疫不全ウイルス（Human Immunodeficiency Virus：以下「HIV」）の感染によって引き起こされる[12]。前述の性感染症と同様に、感染者との性行為によって感染することが多い*2。

＊2　HIVウイルスは性行為だけでなく血液や母乳を介しても感染するため、誰でも感染する可能性がある。

　HIVに感染すると、2～4週間で発熱や喉頭痛、筋肉痛などインフルエンザに似た症状が発出するが、その後の数年から10年程度は特に症状がなく経過する。この無症候期までに適切な治療が施されない場合、体の免疫力

はHIVによって徐々に弱められ、健康な状態であればかからない病原体による感染症（日和見感染症）や悪性腫瘍など、さまざまな合併症が引き起こされる。この状態に至ることで初めて、エイズを発症したものと見なされる[12]。

　HIVへの感染がすぐにエイズ発症につながるわけではないが、無症候期もウイルスは体内で活動しており、他者へ感染させるリスクが常に存在する。したがって、見知らぬ人との性行為を避けること、親しいパートナーとの性行為においてもコンドームを適切に使用し、感染の予防を心掛けることが重要である。

　また、近年、HIV感染症とエイズの治療は急速に進歩しており、早期発見と早期治療によって免疫力を回復させ、普段と同じ生活を送ることができるようになっている[12]。HIVへの感染が疑われる場合は、保健所やNPO・NGO等の匿名相談を利用したり、専門機関での検査や治療を早期に受けたりすることが何よりも大切である。

5　スポーツの実践における性差

（1）運動・スポーツの実施状況

　1年間に何らかの運動・スポーツを1回以上実施した成人の割合は、1965（昭和40）年では男性58.8％、女性36.7％と20ポイント以上の差があり、大きな性差があった[13]。しかし、以後の50年間でその差は徐々に縮まっており、2020（令和2）年度の調査では4ポイント（男性83.8％、女性79.8％）となっている[14]。週1日以上の運動・スポーツの実施率にも同様の傾向を見てとることができ、2020年度の調査では2.7ポイント（男性61.4％、女性58.7％）となっている[14]。

　このように成人全体の運動・スポーツ実施率における性差は小さくなっているものの、年代別の実施状況にはまた違った傾向が見られる。例えば、年代別の週1日以上の運動・スポーツ実施率は、40代以上は3ポイント以内の差に収まっているのに対して、20代は6.2ポイント（男性61.3％、女性55.1％）、30代は8ポイント（男性59.0％、女性51.0％）の差があり、若い女性の運動・スポーツの実施率が顕著に低いことが確認できる[14]。

（2）女性アスリートの三主徴

　はげしいトレーニングを行う女性アスリートは、利用可能エネルギー不足（low energy availability）、運動性無月経（視床下部性無月経）、骨粗しょ

う症の 3 つの健康上のリスクを抱えている[15]。これらは女性アスリートの三主徴と呼ばれ、継続的なはげしい運動トレーニングが誘因となり、それぞれの発症が相互に関連するとされている[15]。

　利用可能エネルギー（energy availability）とは、食事で摂取したエネルギーから、運動によって消費されるエネルギーを差し引いたものを指す。利用可能エネルギーは内臓の活動や呼吸などの日常生活で使用されるが、女性の場合は黄体形成ホルモンの分泌や骨代謝にも用いられる[15]。したがって、運動によるエネルギー消費量が食事から摂取するエネルギーを上回る状態が続くと、利用可能エネルギー不足に陥り、からだの諸機能や月経、骨密度に影響を及ぼすことになる。

　無月経とは、妊娠していないにもかかわらず月経が 3 か月以上停止した状態を指し、思春期を過ぎても月経が始まらない原発性無月経と、過度の減量などを原因とする続発性無月経に大別できる。運動性無月経は、続発性無月経のうちはげしい運動の継続によって生じる無月経のことをいう[15]。

　主な運動性無月経の発生要因は、利用可能エネルギー不足、精神的・身体的ストレス、体重・体脂肪の減少、ホルモン環境の変化などが考えられる[15]。特に、選手の体脂肪率が低くなる傾向にある審美系（体操、新体操、フィギュアスケートなど）や持久系（陸上長距離、トライアスロンなど）の競技に発症者が多く見られることから、体重や体脂肪との関連が指摘されている（図 12-2）[15]。

　また、女性アスリートは初潮の遅延や月経周期異常も多く、国立スポーツ科学センターの調査によれば、何らかの月経異常を抱えている女性アスリートは全体の約 40％を占める（図 12-3）[15]。無月経の状態が長く続くと、女

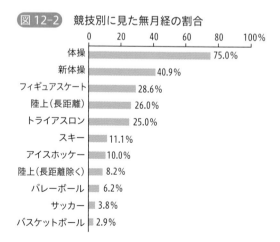

図 12-2 　競技別に見た無月経の割合

- 体操 75.0%
- 新体操 40.9%
- フィギュアスケート 28.6%
- 陸上（長距離） 26.0%
- トライアスロン 25.0%
- スキー 11.1%
- アイスホッケー 10.0%
- 陸上（長距離除く） 8.2%
- バレーボール 6.2%
- サッカー 3.8%
- バスケットボール 2.9%

出典　独立行政法人日本スポーツ振興センター　国立スポーツ科学センター『成長期女性アスリート指導者のためのハンドブック』2014 年　p.19

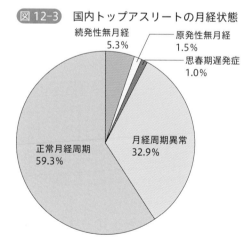

図 12-3 　国内トップアスリートの月経状態

- 続発性無月経 5.3%
- 原発性無月経 1.5%
- 思春期遅発症 1.0%
- 月経周期異常 32.9%
- 正常月経周期 59.3%

出典　能瀬さやかほか：日本臨床スポーツ医学会誌，2014；1：67-74

性ホルモンのエストロゲンの分泌量が減少する。また、エストロゲンの分泌量が少ない状態が続くと、骨代謝が滞り骨量の低下が進行していく。つまり、運動性無月経が骨量を低下させ、骨粗しょう症や疲労骨折のリスクを高めるのである。国立スポーツ科学センターの調査においても、月経周期が正常なアスリートに比べ、原発性無月経および続発性無月経アスリートは疲労骨折の発症率が高いことが明らかになっている[15]。

　運動性無月経は、競技をやめた後も回復しにくいとされている。つまり、日頃から食事を通じて利用可能エネルギーを十分に確保すること、正常な月経周期を維持すること、高い骨量・骨密度を維持することは、「女性アスリートの女性としての将来に対して非常に重要な課題」[15]であるといえよう。

2　スポーツとジェンダー

　人間の性を男女に二分することは難しく、両性の平等をめざして生まれた「ジェンダー（社会的文化的性別）」という考え方も、近年は多様な性のあり方を尊重する概念へと変化している。しかし、スポーツは依然として男性優位の文化であるとともに異性愛を前提とする性別二元制の下で行われ、競技への参加資格などさまざまなジェンダー課題を抱えている。

1　セックスとジェンダー

　前節では、セックス（生物学的性別）に着目し、私たちのからだにおける性差や健康的な生活を送る上での留意点について述べた。しかし、実際の人間の性は多様であり、ある基準をもって「男性」「女性」と区別することや、生活の送り方を規定することは難しい。

　そこで本節では、性の多様性に関連する概念を整理し、性的な課題が表出しやすいスポーツを題材にして、人間の性のあり方について考察したい。

　ジェンダーは「社会的・文化的に構築された性差」[16]という概念であり、1960年代後半からの第2波フェミニズムのなかで生まれた。フェミニズムは女性の権利拡大をめざす思想と社会運動の総称であるが、第2波フェミニズムでは、特に性別役割分業に基づく性差別の撤廃が強く求められた。つまり、フェミニズムはジェンダーの概念を用い「それまでの『男は仕事、女は家庭』とする性別役割分業」に異議を唱えたのである[16]。

　性別役割分業は、生物学的性差、つまりセックスに基づく「男らしさ」や「女らしさ」を基盤にして割り当てられてきた。ジェンダーは、この「男ら

しさ」「女らしさ」は人間が生まれながらにもつものではなく、社会や文化によって形成されるものとし、「社会的に劣位に置かれた女性の地位を改善」[16] するために役立てられてきた。

このように、ジェンダーは男女の平等をめざす動きの中で生まれた。しかし、近年は性を男女に二分して捉える「性別二元制」の枠を超え、後述する性分化疾患や性自認、性的指向などの現象を踏まえ、より多様な性のあり方を尊重するための概念へと変化している [16]。

2 多様な性

（1）性分化疾患

性分化疾患（DSD）とは、Disorder of Sex Development（もしくはDifferences in Sex Development）の略称である。日本小児内分泌学会は、性分化疾患を「性分化のステップの何らかにトラブルが生じ、性染色体、性腺、内性器、外性器が非典型的である生まれつきの状態に使われる用語で、多くの疾患（体質）を含む総称」[3] と定義している。

たとえば、Y 染色体は男性化を促す性染色体と考えられているが、Y 染色体を有しながら男性ホルモンの受容体をもたないために女性として生まれ育つ人がいる [17]。また、性染色体の型自体もさまざまなものがあり、「XXY」男性、「XO」女性なども確認される [17]。性染色体の型が典型的であっても、内・外性器の形状や機能、性ホルモンの分泌量が男女の特徴的な枠組に収まらないこともある。こうしたことから、私たちのからだは染色体の型や性器の形状などを基準にして、簡単に男女に区別できるものではないことが分かる。

（2）性自認

性自認（Gender Identity）とは、自分の性をどのように認識しているかを示す概念であり、心の性とも呼ばれる。多くの人は、心の性とからだの性（生物学的性別：セックス）が一致するものとして認識している。しかし、心とからだの性が一致せず、違和を感じる人も少なくない。

こうした人々は「性同一性障害」という病名がつけられてきたが、2019年に世界保健機関（World Health Organization：WHO）は性同一性障害を疾病リストから外し（2022 年から施行）、性別の不適合を疾病ではなく、多様な心身のあり方の一つとして捉え直している [17]。そのため、近年は性別違和を感じる人をトランスジェンダー（trans gender）と呼ぶことが一

般的である。また、からだの性が男性で性自認が女性の人をトランス女性（または MtF：Male to Female）、からだの性が女性で性自認が男性の人をトランス男性（または FtM：Female to Male）と呼ぶ。

　トランスジェンダーにおいても、性別二元制は必ずしも当てはまるものでなく、自らの性自認が男女のどちらでもない人や、揺れ動く人もいる。こうしたことから、性自認という点においても、私たちの性が多様なものであることが理解できる。

（3）性的指向

　性的指向（Sexual Orientation）とは、「性愛の対象が、自分と同性（ジェンダー）の人に向かうか、異性に向かうか、双方に向かうか、どちらにも向かわないかという、性的関心の方向」[16] を示す言葉である。異性を好きになる異性愛者が多いことは周知のことであるが、上述のように同性愛者や両性愛者（多性愛者、全性愛者）、男女どちらの性にも魅力を感じない無性愛者の人もいる。

　今日では、そうした性的指向における少数者と前述のトランスジェンダーを総称して、性的マイノリティ（性的な少数者）や LGBT[*3] という言葉を用いることがある。また、性的指向と性自認を合わせて、SOGI（ソジ、ソギ）と呼ぶことも増えている。

3 スポーツとジェンダー

（1）スポーツという男性文化

　近代スポーツが成立する過程で中心的な役割を担ったイギリスのパブリック・スクールは、主に少年期の男性を教育する機関であり、女性の入学が認められていなかった。そのため、当時の女性たちがスポーツをする機会は限定されており、そもそも「女性がスポーツのような激しい身体活動をおこなうこと自体があまり好ましくないこと」[18] とも考えられていた。こうしたことから、スポーツという文化は男性を中心に発展してきたことが理解できる。

　スポーツは「その競技特性やルールを含めて、男性に有利につくられて」おり、それゆえにスポーツをするうえで女性は男性に劣る存在とみなされてきた [18]。前述の通り女性における運動・スポーツの実施頻度が男性に比べて低いのも、「スポーツ＝男性がするもの」という、スポーツを取り巻く男性優位の価値観が影響していると考えられる。

　今でこそオリンピック参加選手の男女比はほぼ半々であるが、そもそも、

＊3　LGBT は、Lesbian（レズビアン：女性同性愛者）、Gay（ゲイ：男性同性愛者）、Bisexual（バイセクシャル：両性愛者）、Trans gender（トランスジェンダー）の頭文字をとったもの。Queer（クイア：性的マイノリティの総称）や Questioning（クエスチョニング：性的指向・性自認が定まっていない状態の人）を含めて LGBTQ や LGBTQ ＋などと表記されることもある。

第1回アテネ大会（1896年）には女性の参加が認められられていなかった。第2回パリ大会（1900年）で22名の選手が女性として初めて参加を果たすも、全体比率はわずか2.2％であり、第25回バルセロナ大会（1992年）まで30％を下回る状況が続いた[19]。近代オリンピックは120年以上の歴史を有しているが、選手の女性比率が40％を超えるのは第28回アテネ大会（2004年）以降と、ごく最近のことである[19]。こうした事実からも、女性によるスポーツが亜流、二流のものとして周縁化されていることが理解できる。

（2）トランスジェンダーとスポーツ参加

　今日、スポーツをすることは人権の一つとして捉えられている。オリンピック憲章（オリンピズムの根本原則第6項）には「人種、肌の色、性別、性的指向、言語、宗教、政治的またはその他の意見、国あるいは社会的な出身、財産、出自やその他の身分など」[20]に関する差別に言及した記述があり、スポーツの場における不当な排除を容認しない姿勢が示されている。しかし前述の女性と同様、長い間、スポーツの場においてLGBTや性分化疾患をもつ選手たちの存在は不可視化されてきた。

　例えば、トランスジェンダー選手が自らの自認する性で試合出場を希望する際にはいくつかのルールが課される。オリンピックにおいては、2004年から2015年まで全てのトランス選手が性別適合手術を受け、新たな性が法的に承認されている必要があった。2016年以降は出場要件が緩和され、トランス男性（FtM）の選手に関しては自らの性自認を宣言していれば参加が認められている[17]。

　一方で、生物学的に男性であったトランス女性（MtF）の選手は、自認する性別の宣言に加えて、試合に出場するまでの1年間、血中のテストステロン（男性ホルモン）の数値を基準値以下（10 nmol/L）に保たなければならない[17]。これは、トランス女性が女子種目における競技の平等を侵しかねないとの考えに基づくものであり、基準値を超えている場合は投薬等のホルモン治療を受ける必要がある。

（3）性分化疾患とスポーツ参加

　陸上競技では、DSD（性分化疾患）がある女性選手にトランス女性と同じようなルールが課されている。陸上競技の国際競技連盟であるWorld Athletics（ワールドアスレティックス）は、女子の400〜1600 m（障害走含む）に出場する選手のうち、XY染色体を有する者はテストステロンが基準値（5 nmol/L）を超えてはならないと定めており、それを上回る場合

は試合に出場するまでの 6 か月以上、投薬等のホルモン治療を受けること
を必須としている [17]。

（4）スポーツとジェンダーの平等・公正

　上述のように、トランスジェンダーや性分化疾患がある選手は、その性が
非典型的であるために、生まれもった身体的なアドバンテージをホルモン治
療によって抑えなければならない。これは投薬等で不当に能力向上を図る
ドーピングと真逆の構図にあるが、こうした条件下で行われる競技は果たし
て公平と呼べるものなのだろうか。また、これらがトランス女性や性分化疾
患のある女性選手のみに課されるルールであることから、性差別を指摘する
声も多い [21]。

　加えて、スポーツの世界には、性自認や性的指向に関する差別も根強く残っ
ており、「特に男性のスポーツ領域における同性愛嫌悪（ホモフォビア）は
根深く、深刻な問題を孕んで」[17] いる。

　2019 年の女子サッカー・フランスワールドカップでは、552 名の参加選
手のうち、約 6.9％（38 名）が同性愛者であることを公言していた [22]。
2021 年には、SNS で女子サッカー元日本代表選手がトランス男性（FtM）
であることを発信し、アメリカで女性パートナーと結婚したことも報告して
いる [23]。

　このように、女子サッカーの選手が自らの性自認や性的指向を公表するこ
とは珍しくないが、男性選手がそれらを公表することは少ない。1990 年に、
イングランドのプロリーグでプレーする男性サッカー選手がゲイをカミング
アウトしたが、同性愛の選手は男らしさが足りないとして、世間から嘲笑さ
れ続けたと伝えられている [22]。その後、2011 年にスウェーデンのリーグで
プレーする選手がゲイを公表したが、1990 年のイングランドでの事例以後、
同性愛を公言する男性サッカー選手はそれまで存在しなかった [24]。

　他競技においても同様の傾向が見られ、2013 年にアメリカのプロバス
ケットボールリーグ（NBA）でプレーする選手がゲイを公表するまで、北
米 4 大スポーツ（NBA、MLB：野球、NFL：アメリカンフットボール、
NHL：アイスホッケー）で同性愛を公に認める選手はいなかった [25]。こう
した事例からも、男性のスポーツ領域にはいまだ同性愛嫌悪の風潮があるこ
とが推察される。

　2012（平成 24）年に行われた調査によれば、体育・スポーツ系の関連学
部に在籍する大学生のうち 6 〜 7％が性的マイノリティであった [26]。この
数値をもとに計算すると、小学校や中学校のクラス（40 人）のうち、1 〜
3 人は性的マイノリティである。これだけ身近に性的マイノリティがいるに

＊4　SDGs
2015 年の国連サミットで採択された「Sustainable Development Goals（持続可能な開発目標）」の略称。2030 年までに持続可能でよりよい世界をめざす国際目標で、17 のゴールと 169 のターゲットで構成される。「誰一人取り残さない（leave no one behind）」をテーマに、先進国、発展途上国の別なく全世界的に取り組みが進められている。

もかかわらず、スポーツはその存在を不可視化し続けているのである。

　今日のスポーツは SDGs＊4 などの国際開発で活用されるなど、社会に大きなインパクトを与えるものとして理解されている。したがって、スポーツが選手の多様性と人権に配慮し、その競技形体やルールなどのあり方や慣習を変化させることは、社会におけるジェンダー課題解決のために非常に有用なことだといえよう。

引用文献

1 ）東邦大学理学部生物分子科学科「性決定のしくみ」
　　https://www.toho-u.ac.jp/sci/biomol/glossary/bio/sex_determination.html
2 ）英国性分化疾患家族の会（日本小児内分泌学会翻訳、性分化・副腎委員会監修）「からだの性の成り立ちについて」2021 年
　　http://jspe.umin.jp/public/files/Story_of_Sex_210701.pdf
3 ）日本小児内分泌学会「性分化疾患」
　　http://jspe.umin.jp/public/seibunka.html
4 ）独立行政法人日本スポーツ振興センター　国立スポーツ科学センター『成長期女性アスリート指導者のためのハンドブック』2014 年　pp.4-9
5 ）内閣府男女共同参画局「男女共同参画白書　平成 30 年版」
　　https://www.gender.go.jp/about_danjo/whitepaper/h30/zentai/html/honpen/b1_s00_02.html
6 ）「健やか親子 21」推進検討会「妊産婦のための食生活指針　『妊娠期の至適体重増加チャート』について」
　　https://www.mhlw.go.jp/houdou/2006/02/dl/h0201-3a4.pdf
7 ）公益社団法人日本産科婦人科学会「妊娠中の体重増加指導の目安について」2021 年
　　http://www.jsog.or.jp/news/pdf/20210616_shuuchi.pdf
8 ）公益社団法人日本産婦人科医会「マタニティブルーズについて教えてください」
　　https://www.jaog.or.jp/qa/confinement/jyosei200226/
9 ）公益社団法人日本産婦人科医会「産後うつ病について教えてください」
　　https://www.jaog.or.jp/qa/confinement/jyosei200311/
10）岡野禎治「マタニティー・ブルーズから産褥精神病まで (レクチャーシリーズ第 9 回)」『女性心身医学』第 9 巻第 1 号　日本女性心身医学会　2004 年　pp.82-86

11）東京都福祉保健局「性感染症ってどんな病気？」2021 年
　　https://www.fukushihoken.metro.tokyo.lg.jp/iryo/koho/kansen.files/sti.pdf
12）東京都福祉保健局「エイズって何？」2009 年
　　https://www.fukushihoken.metro.tokyo.lg.jp/iryo/koho/kansen.files/what_is_aids.pdf
13）日本スポーツとジェンダー学会編『データでみるスポーツとジェンダー』八千代出版　2016 年
　　pp.42-43
14）スポーツ庁「令和 2 年度『スポーツの実施状況等に関する世論調査』調査結果の概要」2021 年
　　https://www.mext.go.jp/sports/content/20200507-spt_kensport01-000007034_5.pdf
15）前掲書 4）　pp.18-21
16）飯田貴子・熊安貴美江・來田享子編著『よくわかるスポーツとジェンダー』ミネルヴァ書房　2018
　　年　pp.4-5
17）日本スポーツ協会「体育・スポーツにおける多様な性のあり方ガイドライン」2020 年
　　https://www.japan-sports.or.jp/Portals/0/data/supoken/doc/SOGIguigeline/jspo_
　　optimal_sexual_diversity_bilingual_low2p_20200930.pdf
18）井上俊・菊幸一編著『よくわかるスポーツ文化論』ミネルヴァ書房　2014 年　pp.52-53
19）前掲書 13）　pp.18-20
20）公益財団法人日本オリンピック委員会「オリンピック憲章　2020 年版・英和対訳」
　　https://www.joc.or.jp/olympism/charter/pdf/olympiccharter2020.pdf
21）前掲書 16）　pp.150-151
22）BBC NEWS JAPAN「女子サッカーの同性愛者、なぜ男子より多い？」2019 年
　　https://www.bbc.com/japanese/features-and-analysis-48851013
23）Instagram　横山久美（@yoko10_official）2021 年 11 月 23 日投稿
　　https://www.instagram.com/p/CWnvnPfl0au/?utm_source=ig_web_copy_link
24）フットボールチャンネル（鈴木肇著）「サッカーから差別がなくなる日は来るか。依然として少ない
　　同性愛カミングアウト」2013 年
　　https://www.footballchannel.jp/2013/12/03/post15322/
25）REUTERS「NBA＝現役選手が米四大スポーツ初の同性愛公表、大統領も称賛」2013 年
　　https://jp.reuters.com/article/tk0666511-nba-collins-gay-idJPTYE93T01420130430
26）藤山新・飯田貴子・風間孝・藤原直子・吉川康夫・來田享子「体育・スポーツ関連学部の大学生を
　　対象としたスポーツと性的マイノリティに関する調査結果」『スポーツとジェンダー研究』第 12 巻
　　日本スポーツとジェンダー学会　2014 年　pp.68-79

■学びの確認──

①セックス、ジェンダーとは、どんな概念を示す用語ですか。その違いを説明してみ
　ましょう。

　⋯⋯

　⋯⋯

　⋯⋯

②生物学上、私たちのからだにはどのような性差がありますか。ライフステージごと
　に考えてみましょう。

　⋯⋯

　⋯⋯

　⋯⋯

③なぜ、スポーツにはジェンダーの課題が表出しやすいのでしょうか。スポーツの歴
　史や、スポーツがもつ文化・特性という観点から考えてみましょう。

　⋯⋯

　⋯⋯

　⋯⋯

東京 2020 オリンピック・パラリンピックと ジェンダー

神奈川大学／波多野圭吾

東京 2020 オリンピック・パラリンピックでは、開幕前からさまざまなジェンダー課題がニュースで取り上げられたが、皆さんはどの程度記憶しているだろうか。

性差別発言の代償と LGBT 選手の活躍

最も鮮烈だったのは、東京オリンピック・パラリンピック競技大会組織委員会元会長の森喜朗氏による女性蔑視発言である。「女性がたくさん入っている理事会は時間がかかります」という根拠に乏しい性差別的な発言は、瞬く間に世界中が知ることとなり、国際社会からはげしいバッシングを受けて辞任へと追い込まれた。

森氏の古い感覚が批判されるのは当然のことだが、何よりも残念なのは組織委員会という重要な立場であるにもかかわらず、オリンピズムを全く理解していないことだった。

本文で取り上げたように、オリンピックは人種や性別などのあらゆる差別を禁止しており、そうした価値観を広げる場としてオリンピックを開催している。オリンピックは他のスポーツの先駆けとなるべく、人間の多様性や人権を尊重する場でなければならないのに、冒頭の森氏の発言はそれを踏みにじる結果を招いてしまった。

その一方で、選手に関してはポジティブなニュースが多かった。

例えば、2016 年のリオ大会に参加した性的マイノリティの選手は 56 人だったが、東京大会では 183 人にまで増えた。スポーツには今も同性愛を嫌悪する風潮が残っているが、性的マイノリティを公表する選手の増加は、そうした状況を変革するきっかけになるかもしれない。

トランスジェンダーとして初めてオリンピックに出場したニュージーランド人選手の存在も大きな話題となった。同選手はトランス女性（MtF）で、元々男性として競技を行っていたことから、競技上の不公平さを心配する声もあった。しかし、そうした批判に屈することなく競技に懸命に打ち込む姿に、心を打たれた人も多かっただろう。

性愛化報道への抵抗

また、体操女子のドイツチームが、体操界の慣習を破り、脚をあらわにしたレオタードではなく、足首までを覆うユニタードで試合を行ったことも話題になった。スポーツ報道に見られる特徴の一つに、女性選手のからだやセクシーさを不必要に取り上げる「性愛化」がある。国際オリンピック委員会（International Olympic Committee：IOC）はそうした報道がジェンダーにおける偏見を助長するとして、「スポーツにおけるジェンダー平等、公平でインクルーシブな描写のための表象ガイドライン（原題：PORTRAYAL GUIDELINES – GENDER-EQUAL, FAIR AND INCLUSIVE REPRESENTATION IN SPORT）」を策定・公開し、オリンピックを取り扱うマスメディアに対してジェンダー平等に配慮した報道をするよう求めている。

しかしながら、マスメディアの中には、この指針に従わず選手のパフォーマンスよりも容姿に着目した報道をするところが少なくない。前述の体操女子ドイツチームはそうした扱いに自ら NO を突きつけたわけだが、選手自身がこうした扱いに NO の声を上げることで、多くのマスメディアが改善を検討するはずである。

東京 2020 大会は、スポーツにおけるジェンダー課題を可視化する場となった。これらの課題をすぐに解決することは難しいかもしれないが、改善に向けた議論を続け、正のレガシーとして後世へ継承していくことが何よりも重要であろう。

第13章 ライフステージと生涯スポーツ

なぜこの章を学ぶのですか？

　本章では、青年期から高齢期までの身体機能の変化を背景に生涯スポーツの役割とその重要性について考察します。科学技術の発展から社会的に「運動不足」が話題になっているなか、誰もが身体活動を日常生活の一部として実践し、健康意識を高めていく重要性を学ぶことが大切だからです。

第13章の学びのポイントは何ですか？

　「誰もが生涯を通じてスポーツを楽しむ権利がある」ことを認識した上で、なぜ日常生活においてスポーツ活動が重要なのか、生活の質（QOL）とどのような関係性があるのかを学びます。また、さまざまな観点からスポーツの楽しみ方について学習します。

考えてみよう

1. 青年期および中・高齢期におけるそれぞれの身体的特徴とスポーツ活動について考えてみましょう。

2. 生涯スポーツは、さまざまな形で楽しむことができます。これから（青年期から高齢期まで）どのような形でスポーツを楽しむことができるかについて考えてみましょう。

1 ライフステージに応じたスポーツ

　人は、加齢に伴い身体諸機能が低下する。ライフステージに応じたスポーツを楽しむためには、各年代における身体諸機能の特徴や体力水準を把握することが重要である。特に、加齢の影響を大きく受けている下肢筋力を維持・向上させることは、スポーツを楽しむ上で重要な要素になると考えられる。

1 加齢による体力の変化

(1) 加齢と身体の変化

　人は、誰でも加齢の影響を受け、成人となり高齢になる。一般的に高齢者は、65 ～ 74 歳までを「前期高齢者」、74 歳以降を「後期高齢者」と定義するが、高齢者の身体諸機能は、若年者と比較してほとんど低下する。人の身体諸機能は、乳幼児期、思春期を経て成人に達するまで発達し、20 歳前後にピークに達し、その後年齢とともに低下していくが、この成人以降の年齢による変化を加齢（ageing）と呼ぶ。特に運動機能の低下水準は、これまでの生活習慣や環境（運動習慣、食生活、仕事など）によって個人差が大きい。図 13-1 では、加齢による身体諸機能の変化を形態、運動、循環呼吸系、神経感覚機能の大きく 4 つの項目[1] に分けて示した。

　図 13-1 に示したように人間の身体諸機能は、加齢の影響によって低下する。この身体諸機能は、どれか一つの機能が欠けても日常生活活動に支障をきたすようになり、結果的に健康寿命や生活の質（quality of life：以下「QOL」）に悪影響を及ぼす可能性もある。しかし、上述のように身体諸機能の低下は、個人差が大きいことから、個人の努力で生活習慣を見直し・改善することによってその低下率を遅らせることは可能である。特に、日常生活における運動習慣は、身体諸機能（特に運動機能）、生活習慣病と密接に関係している。大学生は、授業体制や身の回りの環境が大きく変わる時期であり、生活の乱れにより運動不足や睡眠不足につながるリスクが高いことから、自ら積極的に身体活動を行うことが重要である。

(2) 加齢と体力の変化

　身体諸機能の中でも運動機能は最も加齢の影響を受け、はげしく低下を示す機能である。図 13-2 では、加齢に伴う新体力テスト[*1] 合計点の変化を示した。男女ともに 6 歳から体力水準は向上し、男子は青少年期（6 ～ 19 歳）

＊1　新体力テスト
文部科学省が国民の体力・運動能力の現状を明らかにするとともに、体育・スポーツの指導と行政上の基礎資料を得ることを目的に毎年実施している調査であり、1999（平成11）年から導入されたものである。

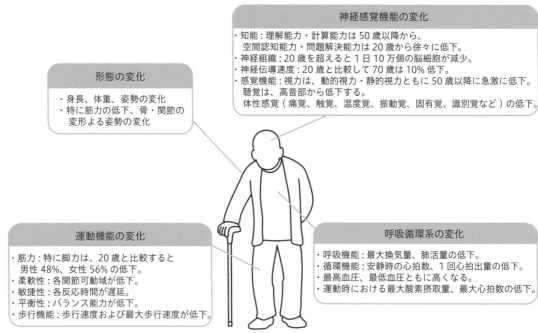

図 13-1　加齢による身体諸機能の変化

神経感覚機能の変化
・知能：理解能力・計算能力は 50 歳以降から、
　　　空間認知能力・問題解決能力は 20 歳から徐々に低下。
・神経組織：20 歳を超えると 1 日 10 万個の脳細胞が減少。
・神経伝導速度：20 歳と比較して 70 歳は 10% 低下。
・感覚機能：視力は、動的視力・静的視力ともに 50 歳以降に急激に低下。
　　　聴覚は、高音部から低下する。
　　　体性感覚（痛覚、触覚、温度覚、振動覚、固有覚、識別覚など）の低下。

形態の変化
・身長、体重、姿勢の変化
・特に筋力の低下、骨・関節の
　変形よる姿勢の変化

運動機能の変化
・筋力：特に脚力は、20 歳と比較すると
　男性 48%、女性 56% の低下。
・柔軟性：各関節可動域が低下。
・敏捷性：各反応時間が遅延。
・平衡性：バランス能力が低下。
・歩行機能：歩行速度および最大歩行速度が低下。

呼吸循環系の変化
・呼吸機能：最大換気量、肺活量の低下。
・循環機能：安静時の心拍数、1 回心拍出量の低下。
・最高血圧、最低血圧ともに高くなる。
・運動時における最大酸素摂取量、最大心拍数の低下。

出典　丸山仁司「老人の評価」『理学療法科学』第 12 巻第 3 号　理学療法科学学会　1997 年 pp.141-147 をもとに筆者作成

図 13-2　加齢に伴う新体力テスト合計点の変化

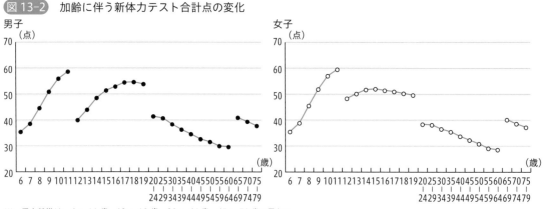

男子

女子

※　得点基準は、6 〜 11 歳、12 〜 19 歳、20 〜 64 歳、65 〜 79 歳で異なる。
出典　スポーツ庁「令和 2 年度体力・運動能力調査結果の概要及び報告書について」

の 17 歳頃ピークに達するのに対して、女子は 14 歳頃ピークに達する。男女ともに 20 歳以降は、加齢に伴い体力水準が低下する傾向を示している[2]。20 歳前後である大学生は、まさに身体諸機能がピークに達する時期であると同時に、加齢の影響も受ける時期でもある。特に加齢の影響を大きく受けている運動機能のピークをいかに向上・維持させることが、これからの人生の豊かさにつながる極めて重要な課題であるだろう。

2 各年代におけるスポーツ活動

(1) 青年期における身体的特徴とスポーツ活動

　高石昌弘ら [3] は、「20 歳をとりまく年齢層は、身体的成熟に達しながらも社会的にみて、まだ、経験が浅く、いろいろな意味で多くの新しい体験をすることが多い。したがって、この年齢層の身体発達の特徴は、身体的成熟過程というより、一応成熟に達した身体が、その後の生活環境や生活条件にどう対応していくかという問題である」と述べている。つまり、身体的には成熟したが、その後のさまざまな環境の対応によって大きく変わる時期である。また、身体諸機能がピークに達しながら加齢の影響を受け始める時期でもある。

　これまでは、小学校、中学校、高等学校の体育の授業でそれぞれの時期に合わせたさまざまな運動やスポーツを体験してきた。大学では、これまでに必修で実施した体育の授業が減少する傾向があるが、多くの大学では、学士課程教育の教養科目として体育の授業が開講されている。大学生が自ら積極的に体育の授業を選択し参加することは、日常生活の中に運動やスポーツを取り入れていく習慣を身につけ、規則正しい生活習慣を送る機会につながる。したがって、この時期でのスポーツ活動は、大学の授業のみならず、大学のクラブやサークル活動、そして地域クラブ活動など多くのスポーツ活動に積極的に参加することが重要である。このような活動への参加は、皆さんの卒業後の人生において豊かなスポーツライフを送ることに貢献できるだろう。

(2) 中・高年期における身体的特徴とスポーツ活動

　人間として一定の生活の質（QOL）を維持することは、誰でも望むことであろう。その QOL を維持・向上するためには、身体活動を生み出す身体諸機能を保つことが必要不可欠である。一方、身体諸機能は加齢の影響を受け、低下する傾向がある。もちろん、必然的な現象であるが、加齢に運動不足が加わるとその機能の低下は加速することになる。谷本芳美ら [4] の研究では、日本人を対象に加齢に伴う筋肉量の変化について調べた。その結果、全身筋肉量は 60 歳以降から低下する傾向が見られた。中でも特に上肢筋肉量と下肢筋肉量のデータを見ると、中・高齢期以降では、上肢筋肉量と比較して下肢筋肉量が著しく加齢の影響を受けていることが分かる（図 13-3）。

　以上の研究成果は、体を支える、自分の意思で移動ができる下肢筋肉量（筋力）の重要性を示唆する結果である。中・高年期における運動機能は、これまでのライフスタイルや生活環境によって個人差が大きい。そのため、健康

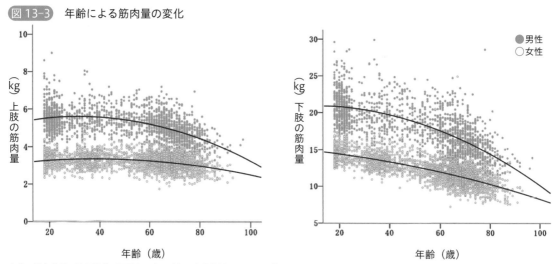

図 13-3　年齢による筋肉量の変化

●男性
○女性

上肢の筋肉量 (kg)

下肢の筋肉量 (kg)

年齢（歳）

年齢（歳）

出典　谷本芳美・渡辺美鈴・河野令・広田千賀・高崎恭輔・河野公一「日本人筋肉量の加齢による特徴」『日本老年医学会雑誌』第 47 巻第 1 号
日本老年医学会　2010 年　pp.52-57

な日常生活を送るための必要な運動機能が個人によって大きく異なる。一般的な身体活動量の生活を送るのか、活発な身体活動を実施しながら生活を送るのかによって実施する運動やスポーツ活動の内容も異なる。いずれにせよ、運動やスポーツ活動は、身体諸機能、特に運動機能の維持やQOLの維持・向上に大きく貢献することは事実であり、この時期のスポーツ活動は、個人のライフスタイルや体力水準、目的に応じて積極的に行うことが重要である。

2　生涯スポーツ

　生涯スポーツは、誰もが自発的にスポーツを楽しむこと、それを実現するための環境整備を充実させていくことを意味する。生涯スポーツの楽しみ方は多様であり、個人のライフスタイルに合わせて「する」「みる」「ささえる」形で楽しむことができる。

1　生涯スポーツとは

（1）生涯スポーツの歴史

　現在の生涯スポーツは、ドイツにおけるスポーツ対策が源流であるといっても過言ではない。ドイツは、第 2 次世界大戦後の急速な経済復興により1950 年代後半から運動不足や栄養問題による疾病者が増加してきた。そのような問題を解決するため、国民の誰もがスポーツ活動を行い、自らの力で

健康を手に入れる必要が出てきた。そのため、これまでの競技スポーツを「第1の道」とし、1959 年に国民誰もが参加できる「第 2 の道」*2 として提唱された。その後、1960 年ドイツオリンピック委員会（DOC）によりスポーツ施設の充実を目的とした「ゴールデン・プラン」が発表され、運動施設の確保と整備に向けた 15 年間の長期的な計画が進められた。

　そして、1967 年にノルウェーで始まったトリム運動（Trimm Aktion）*3 がヨーロッパ大陸から全世界に発展し、1972 年には、英国スポーツ審議会がスポーツ・フォー・オール（Sports For All）を宣言した。さらに、1975 年のスポーツのヨーロッパ議会における「みんなのスポーツ憲章」や 1976 年ユネスコの第 1 回青少年体育・スポーツ担当会議において、すべての人々に対してスポーツの機会を提供する必要性が強調され、生涯スポーツ時代の幕開けを迎えることになった。以上の背景から、1970 年代から始まったスポーツ・フォー・オールは、「みんなのスポーツ」として定着してきたが、日本では、1988（昭和 63）年の文部省体育課の改組により「生涯スポーツ」となった。

（2）生涯スポーツの意味

　生涯スポーツは、明確な学術的定義がなされていないのが現状であるが、ここでは、歴史的背景に基づいて述べていく。前述にもあったように戦後ドイツ国民の健康問題を解決するためのスポーツ対策は、「第 2 の道」と「ゴールデン・プラン」であり、国民誰もが

参加でき、運動施設の確保と整備をすることである。このような背景から、生涯スポーツは、❶生活の中のスポーツとして「いつでも、どこでも、誰でも、いつまでも」自発的にスポーツを楽しむことであり、幼児から高齢者までさまざまなライフステージでスポーツを楽しみながら継続する意味、❷それを実現するためのスポーツ施設の環境整備を充実させていくことの 2 つの意味がある。

　近年、産業や科学・医学の進歩、また、少子高齢化、都市化の進展、生活水準の向上などの変化により私たちのライフスタイルも急激に変化し、生活習慣病や身体活動の減少による体力低下といった社会的問題に発展している。人生において健康的かつ豊かな生活を送ることは極めて重要なものであり、QOL の維持・向上のためにも生涯スポーツの役割は重要な要因の一つであろう。

＊2　第 2 の道
ドイツスポーツ連盟が提唱した「全ての国民がスポーツ参加の権利を持つ」生涯スポーツ対策。

＊3　トリム運動
スポーツ・医療・食事改善などにより、積極的に心身を調整し、健康の維持・増進を図る健康増進運動である。1967 年ノルウェーで始まった。

2 スポーツの楽しみ方の多様性

社会の多様性によりスポーツの楽しみ方も多様化している。スポーツ庁[5]は、スポーツ基本法の規定に基づき2017（平成29）年3月に第2期「スポーツ基本計画」を策定した。その中に「スポーツはみんなのもの」とし、スポーツの参画の仕方として「する」「みる」「ささえる」といった多様な形でのスポーツ参画人口の拡大をめざしている。その目的は、人々がスポーツの力で人生を楽しく健康で生き生きとしたものとし、活力ある社会と絆の強い世界をつくるという「一億総スポーツ社会」の実現である。ここでは、スポーツの楽しみ方として、スポーツを「する」「みる」「ささえる」の3つに分けて述べていく。

（1）スポーツの楽しみ方「する」

ある調査[6]によると、週1回以上の運動・スポーツ実施率は、1992（平成4）年の23.7％から2012（同24）年には59.1％に上昇し、2020（令和2）年は59.5％となり最も高い運動・スポーツ実施率を示したと報告した（図13-4）。また、同調査の週1回以上の種目別実施率ランキングでは、全ての年代において散歩、ウォーキング、ジョギング・ランニング、筋力トレーニングが上位を示し、ほとんどの種目が個人で行う種目であった。これは、個人の健康への関心度が高まったことが一つの要因である。一方で、20代や子育て世代の実施率[7]は、他の世代と比べ低い水準であることから

図 13-4 運動・スポーツ実施率の年次推移

○ 年1回以上　◎ 週1回以上　● 週2回以上　● アクティブ・スポーツ人口

※1 2014年までは20歳以上、2016年以降は18歳以上を調査対象としている。
※2 アクティブスポーツ人口：運動・スポーツ実施レベル4（週2回以上、1回30分以上、運動強度「ややきつい」以上の実施者）
出典 笹川スポーツ財団「スポーツライフに関する調査」2020年
https://www.ssf.or.jp/thinktank/sports_life/datalist/2020/index.html

今後の課題として改善する必要があると考えられる。

　「遊び」や「学校体育」など、多くの人がスポーツを「する」形で楽しむことが多いだろう。「する」形として生涯スポーツを楽しむ場合は、実施する競技の勝負にこだわらず、それぞれの体力レベルやライフスタイルに合わせて行うことが重要である。特に青年期では、これまでの「遊び」によるスポーツから体育の授業や部活動、サークル活動などで幅広くスポーツを楽しむことができる。さらに、具体的な目標設定やより専門的に高いレベルを求めるなど、自主的にスポーツを取り組むことが多い。生涯スポーツでは、誰でも参加できる「sport for everyone」という言葉をよく使う。上記でも述べたように「する」スポーツとしての生涯スポーツは、性別関係なく、子どもから高齢者まで、そして障害の有無にかかわらず、それぞれのライフステージ状況や体力レベルに合わせて楽しむことが重要である。誰でも参加できる「する」スポーツは、ルールや場所、道具などを工夫することで「する」機会をかぎりなくつくり出すことが可能であろう。

（2）スポーツの楽しみ方「みる」

　スポーツのもう一つの楽しみ方は「みる」スポーツである。コロナ禍での無観客で行われた東京 2020 オリンピックでは、日本は史上最多 58 個のメダルを獲得した。オリンピック史上初めての無観客での開催であり、世界中のほとんどの人はテレビや動画などを通じて、「みる」スポーツとしてオリンピックを楽しんだ。ある調査[6]によると「みる」スポーツの上位は、1 位：プロ野球、2 位：J リーグ、3 位：高校野球、4 位：マラソン・駅伝、5 位：サッカー（高校、大学、JFL など）を示し、ほとんどがプロのある種目であった。「する」スポーツは個人種目、「みる」スポーツは集団やプロの種目が上位を示しているのが特徴である。「みる」スポーツの楽しみ方は主に 2 つが存在する。

①　生（ライブ）で「みる」スポーツ

　ライブでスポーツを楽しむ大きな魅力は、大会会場やスタジアムに足を運び、フィールドの選手や観客と同じ空間をリアルタイムで共有できることである。また、多くの場合、観戦するためにはチケットを購入する必要があることから、チームの経営にも貢献できる、まさに「ささえる」スポーツとしての役割も果たす。

②　メディアで「みる」スポーツ

　もう一つは、メディアを通じて観戦を楽しむことである。試合進行を生で、あるいは録画などで伝えるテレビ放送は、無料で観戦できる代表的な存在ともいえる。また近年では、インターネットの普及や端末機器の発達により、

無料もしくは低価格でいつでも、どこでもスポーツに関する情報収集や観戦ができるようになっている。生で「みる」スポーツと比較してトップ選手の動きをいろいろな角度からスローで確認することができ、過去のデータや選手情報の紹介などさまざまな観点から観戦ができる魅力がある。

（3）スポーツの楽しみ方「ささえる」

ここでは、「ささえる」スポーツとしての楽しみ方を紹介する。

① スポーツボランティアとして「ささえる」

スポーツを「ささえる」ことが注目されたのは、1998（平成10）年に開催された長野冬季オリンピック以降といわれており、そのボランティア精神は現在においても「ささえる」スポーツとして重要な役割を果たしている。スポーツボランティアが注目されるようになった背景には、スポーツ大会の巨大化、関係者だけでの運営困難、教育課程でのボランティア活動、ボランティア活動に対する社会的注目度が高まったことなどが挙げられる。

皆さんの身近なところで日常的に行うスポーツボランティア活動は、地域スポーツ団体やクラブでの活動などがあり、具体的にはスポーツ少年団や高齢者健康づくりなどでの運営サポート、指導、審判活動などがある。一方、非日常的に行うスポーツボランティア活動は、地域スポーツ団体やクラブでの大会（スポーツイベント）、国際スポーツ大会などのボランティア活動である。その内容は、スポーツイベントや大会の種類によって異なるが、運営や企画、開閉式、表彰式、審判、得点系などが挙げられる。

特に若い大学生は、スポーツボランティア活動に参加することで、イベントまでの準備やイベント全体の流れを把握し、周りとの連携の大切さを身をもって実感することができる場所でもある。また、このような体験は、その場の状況に応じて対応する対応力の向上や、コミュニケーション能力向上の二次的効果も期待できる。スポーツボランティアとしてスポーツを「ささえる」ことで、多くの人と接しながらコミュニケーションをとることができ、スポーツを「ささえる」形で楽しむことができるだろう。

② 指導者として「ささえる」

スポーツを素晴らしい文化として育てていくためにも指導者の役割は重要である。指導対象者の未来、スポーツそのものの未来に対して、プロの指導者や地域のボランティアを問わず、指導者としての社会的責任の大きさは変わらない。生涯スポーツとしての指導者は、主に地域でのボランティア活動である。学校や地域の体育館、グラウンドを活用し、子どもたちに野球やサッカーなどのチームのコーチや指導者としてボランティア活動を行うことで、スポーツをささえながら楽しむことができる。とりわけ、指導者は技術をサ

ポートすることだけではなく、スポーツを通して豊かな人間性、安全・安心にスポーツを楽しむこと、生涯を通じてスポーツを楽しむ権利を伝える極めて重要な役割がある。皆さんが学校や大学で学んだ得意とするスポーツを、指導者として地域の子どもたちに伝えていくことを期待する。

③　観客（サポーター）として「ささえる」

「みる」スポーツで述べたように「みる」スポーツは、大会会場やスタジアムでチケットを購入することでチームの運営や経営に貢献する、まさに「ささえる」スポーツにつながる。サポーター（支援者）という言葉は主にサッカーで使われることが多いが、「12 番目のプレイヤー」としてチームや選手を活気づける大きな存在である。また、フィールドにいる選手は、その観客席での声援が力になっている。皆さんが住んでいる地域のクラブチーム、所属している大学チームなど、チームの一員として観客席で応援しながらスポーツを「ささえる」形で楽しむことができる。

3　ニュースポーツ

ニュースポーツ（new sports, new sorting games）は、競技スポーツと比べ子どもから高齢者まで、障害の有無にかかわらず、みんなで楽しむことができるスポーツである。その種目は数多く、幅広い年齢層で楽しむことができることから生涯スポーツの促進に貢献できるスポーツである。ここでは、ニュースポーツの歴史や特性について述べていく。

（1）ニュースポーツの歴史

ニュースポーツは、20 世紀後半に考案されたスポーツであり、日本では1979 年に最初に使われた和製英語である[8]。それ以降、ニュースポーツという言葉は、今日に至るまで行政や教育、メディア、学術研究など幅広い分野で使用されてきた。また、誰もが、いつでも、どこでも楽しめることからレクリエーションスポーツや軽スポーツとも呼ばれる。

（2）ニュースポーツの特性

①　ルールが簡単でアレンジができる

ニュースポーツのルールは、競技スポーツと比べて比較的に簡単であるが、その場の状況（参加人数、体力、場所、道具など）に応じてルールのアレンジができる。しかし、ルールをアレンジする際には、実施する種目の本来の目的や楽しさを念頭に置いてアレンジすることが大切である。

> ニュースポーツにおけるルールのアレンジ例
> ●参加人数の変更：参加者の年齢や技能レベルに合わせて人数を変更する
> 例：年齢別チームをつくる、技能レベル別チームをつくる
> ●場所の変更：参加人数や気候などに合わせて変更する
> 例：参加人数が多い際には、広い場所に変更する（室内→室外）
> ●道具の変更：参加者の安全や技能レベルに合わせて変更する
> 例：バレーボール→ソフトバレーボール、かたい道具→やわらかい道具

　写真 13-1 は、ニュースポーツの例としてネオホッケーで使用する道具を示した。ネオホッケーは、「ユニホック」または「ユニバーサルホッケー」として行われたが、2012（平成 24）年に日本フロアボール連盟の発足を機に、名称を「ネオホッケー」に変更した。本来のホッケーと比較して危険を伴う行為を規制することによって、安全にホッケーを楽しむことができるルールである。特に道具においては「スティック：木、カーボン素材→プラスチック」「ボール：かたいゴム素材→穴が開いているプラスチック」に変更するなど、安全にスポーツを楽しめるように工夫されている。

② **運動量の調節ができる**

　ニュースポーツと呼ばれているスポーツは、500 種類以上が存在するが、種目によって運動量もさまざまである。そのため、多くの種目から参加者の体力レベルを考慮した上で種目を選ぶことができる。また、場合によって実施するセット数や実施時間を変更しながら楽しむことができる。

③ **年齢や体力差に関係なく楽しめる**

　上記で述べたようにニュースポーツは、子どもから高齢者まで、障害の有無にかかわらず、みんなで楽しむことができるスポーツである。そのため、ルールが比較的に簡単で高度な運動技術や体力を必要としない種目が多く存在する。ルールのアレンジや道具の変更などの工夫をすることによって、年齢や体力差の差に関係なく、誰でも楽しむことができる。

写真 13-1　ネオホッケーで使用する道具

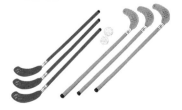
スティック

ボール

写真提供　サンラッキー

3　健康と生涯スポーツ

　運動やスポーツ活動は、健康と密接な関係があり、健康寿命の延伸においても重要な役割を果たしている。その観点から国は、これまでの「スポーツ振興法」を見直し「スポーツ基本法」を成立させ、新たなスポーツ文化の確立を目標に 5 つの重点戦略を示した。

1　QOL と生涯スポーツの役割

　厚生労働省の「簡易生命表」によると 2020（令和 2）年の日本人の平均寿命は、男性が 81.64 歳、女性が 87.74 歳であると報告した[9]。これは、世界でもトップレベルの長寿国家である。それに比較して日常生活に制限のない期間を示す健康寿命は、男女ともに平均寿命と比べ 10 歳程度低いのが現状である。すなわち、医療や科学の発展などにより長生きすることは可能となったが、残りの 10 年間は人手を借りるなど、ある程度の制限の下で生活をしないといけないことになる。したがって、いかに QOL を維持・向上させ、健康寿命の期間を延ばす努力をできるかどうかが、今後の長寿国家である日本の大きな課題である。

　健康の概念や価値は、人それぞれの考え方によって少し異なるが、運動あるいはスポーツ活動は、健康と密接な関係があり、健康寿命や QOL においても重要な役割を果たしている。田中俊夫[10] らは「スポーツ活動が生活文化として定着することは、運動やスポーツが仕事や余暇活動の中で調和し、他の文化活動と連携しながら生活の中で欠かすことのできないものになっていくことである。すなわち、QOL の向上へとつながっていくのである。ある人にとっては歩くことが、生の充実感や躍動感を感じる一時となったり、自然に触れ四季を感じる契機となったり、仲間とのコミュニケーションの場となる。このような文化機能のうえに継続される生涯スポーツなのである」と解釈した。したがって、日常生活において生活の一部として継続される生涯スポーツは、健康的ライフスタイル形式と QOL 向上に極めて重要な役割を果たすものであると考えられる。

2　わが国におけるスポーツ立国戦略

　文部科学省[11] によると「スポーツは、世界の人々に大きな感動や楽しみ、

活力をもたらすものであり、言語や生活習慣の違いを超え、人類が共同して発展させてきた世界共通の文化の一つである」と述べている。また、「スポーツは、人格の形成、体力の向上、健康長寿の礎であるとともに、地域の活性化や、スポーツ産業の広がりによる経済的効果など、明るく豊かで活力に満ちた社会を形成する上で欠かすことのできない存在である」と述べ、これまでの「スポーツ振興法」を見直し、新たに「スポーツ基本法」を検討してきた。具体的には、「スポーツ振興法」は1964（昭和39）年に東京オリンピックを控えて制定され、主に施設整備等のいわばハードウェア面にその趣旨が置かれていた。それに対し「スポーツ基本法」では、スポーツ立国の実現をめざすため、国家戦略の一環としてスポーツに関する施策を総合的にかつ計画的に推進することを目的とし、スポーツ施設整備に加えてスポーツ指導者や審判の育成などのソフトウェア面に重点を置いたものである。

　また、スポーツ立国戦略の概要 [12] では、新たなスポーツ文化の確立を目標に5つの重点戦略を示した（図13-5）。

　その内容は、❶ライフステージに応じたスポーツ機会の創造、❷世界で競い合うトップアスリートの育成・強化、❸スポーツ界の連携・協働による「好循環」の創出、❹スポーツ界における透明性や公平・公正性の向上、❺社会全体でスポーツを支える基盤の整備である。特に戦略1のライフステージに応じたスポーツ機会の創造においては、国民誰もが、いつでも、どこでも、いつまでもスポーツに親しむことができる「生涯スポーツ社会を実現する」ことをめざし、成人の週1回以上のスポーツ実施率が3人に2人（65%程度）、成人の週3回以上のスポーツ実施率が3人に1人（30%程度）となることを目標としている。

　さらに、重点戦略の中には、総合型地域スポーツクラブ*4 を中心とした

＊4　総合型地域スポーツクラブ
人々が、身近な地域でスポーツに親しむことのできる新しいタイプのスポーツクラブであり、子供から高齢者まで（多世代）、様々なスポーツを愛好する人々が（多種目）、初心者からトップレベルまで、それぞれの志向・レベルに合わせて参加できる（多志向）、という特徴を持ち、地域住民により自主的・主体的に運営されるスポーツクラブである（スポーツ庁）。

図13-5　スポーツ立国戦略の概要

I　スポーツ立国戦略の目指す姿

　新たなスポーツ文化の確立

II　基本的な考え方

　1．人（する人、観る人、支える（育てる）人）の重視
　2．連携・協働の推進

III　5つの重点戦略

　戦略❶：ライフステージに応じたスポーツ機会の創造
　戦略❷：世界で競い合うトップアスリートの育成・強化
　戦略❸：スポーツ界の連携・協働による「好循環」の創出
　戦略❹：スポーツ界における透明性や公平・公正性の向上
　戦略❺：社会全体でスポーツを支える基盤の整備

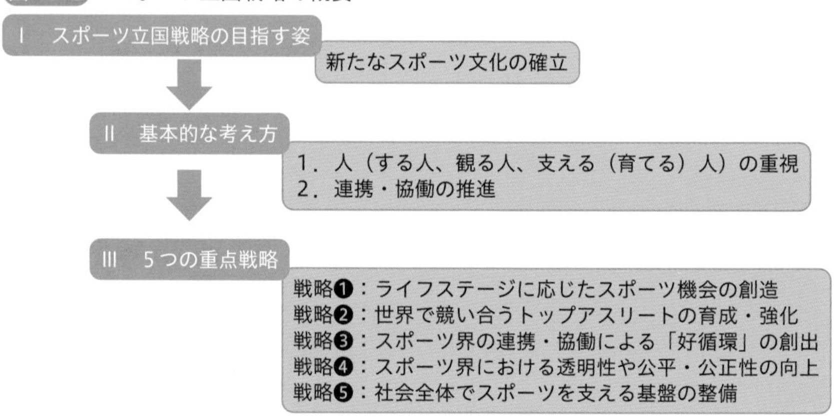

出典　文部科学省「スポーツ立国戦略の概要」2010 年を引用改変
https://www.mext.go.jp/a_menu/sports/rikkoku/__icsFiles/afieldfile/2010/09/16/1297182_01.pdf

スポーツ環境整備、学校における体育・運動部活の充実など、生涯スポーツ
に関連した内容が盛り込まれており、生涯を通じてスポーツを定着・発展さ
せるという観点から重要な戦略ともいえる。

引用文献

１）丸山仁司「老人の評価」『理学療法科学』第 12 巻第 3 号　理学療法科学学会　1997 年 pp.141-
　　147

２）スポーツ庁「令和 2 年度体力・運動能力調査報告書について」
　　https://www.mext.go.jp/sports/content/20210927-spt_kensport01-000018161_3.pdf

３）高石昌弘・樋口満・小島武次『からだの発達』大修館書店　2006 年　pp.310-311

４）谷本芳美・渡辺美鈴・河野令・広田千賀・高崎恭輔・河野公一「日本人筋肉量の加齢による特徴」『日
　　本老年医学会雑誌』第 47 巻第 1 号　日本老年医学会　2010 年　pp.52-57

５）スポーツ庁「第 2 期スポーツ基本計画」2017 年
　　https://www.mext.go.jp/sports/content/jsa_kihon02_slide.pdf

６）笹川スポーツ財団「スポーツライフに関する調査」2020 年
　　https://www.ssf.or.jp/thinktank/sports_life/datalist/2020/index.html

７）スポーツ庁「平成 30 年度「スポーツの実施状況等に関する世論調査」の概要について」2019 年
　　https://www.mext.go.jp/sports/b_menu/shingi/001_index/shiryo/__icsFiles/afieldfi
　　le/2019/04/01/1414265_006.pdf

８）仲野陸士「ニュースポーツ」田口貞善編『スポーツの百科事典』丸善出版　2007 年　pp.571-572

９）厚生労働省「令和 2 年簡易生命表　資料」
　　https://www.mhlw.go.jp/toukei/saikin/hw/life/life20/dl/life18-02.pdf

10）田中俊夫・鈴木久雄・高橋香代「ホームフィットネステストの提案―生涯スポ－ツへの動機づけの
　　機能を果たす簡易体力テスト―」『徳島大学大学開放実践センター紀要』第 5 巻　徳島大学大学開放
　　実践センター　1994 年　pp.93-118

11）文部科学省「スポーツ立国戦略　はじめに」2010 年
　　https://www.mext.go.jp/a_menu/sports/rikkoku/detail/1297183.htm

12）文部科学省「スポーツ立国戦略の概要」2010 年
　　https://www.mext.go.jp/a_menu/sports/rikkoku/__icsFiles/afieldfile/2010/09/16/1297
　　182_01.pdf

学びの確認

①新体力テストについて調べ、自分の体力水準を把握してみましょう。

....
....
....

②大学以降におけるライフステージにおいてどのような形でスポーツを楽しむことが
　できるかについて考えてみましょう。

....
....
....

③自分が暮らしている地域において総合型地域スポーツクラブ（施設、活動など）に
　ついて調べてみましょう。

....
....
....

言い訳しない！
有酸素運動は、まとまった時間がなくても細切れでもよい

神奈川大学／韓一栄

現代社会において「忙しい」「今は疲れているから」「まとまった時間がない」と運動ができない言い訳をする人は少なくないだろう。また、低体力者や肥満者など長期間運動を維持することが困難な人もいる。ある研究では運動習慣のない健康な若年男性を対象に、自転車エルゴメーターを用いた中強度の有酸素運動を30分間連続で行った場合と、2回の休憩を挟んで10分ずつ3回行った場合（10分×3回）の2つの異なる運動条件による酸素摂取量とエネルギー消費量について比較した。その結果、休憩を挟んだ有酸素運動でも30分連続で行った運動と比較してほとんど差が見られなかった（表13-1）。むしろ、運動後における総酸素摂取量とエネルギー消費量は、休憩を挟んだ運動が多い結果を示した。すなわち、休息時間を挟みながら間欠的に有酸素運動を行っても、運動強度と運動時間の合計が同一であれば連続的に運動した場合と同等の酸素摂取量およびエネルギー消費量が得られることが明らかとなった。

日常生活における定期的な運動は、健康や体力の維持・向上に必要不可欠なものである。大学生は、これまでの高等学校の生活と大きく異なり、授業のスケジュールや生活行動など自分自身で決めないといけない。体育の授業においても同様であり、大学や学部によって必修科目か選択科目かの違いはあるものの、自分がその科目を選択しないかぎり大学の授業で運動をすることはできない。もちろん大学の体育授業は、運動することだけが目的ではない。自分の体力の現状を把握し、健康や体力について改めて認識していく。さらには、学生同士のコミュニケーションの空間として「友達づくり」「仲間づくり」もできる。大学の施設や授業などを積極的に利用することでこれまでのない体験やコミュニケーションの場が広がるチャンスがある。

一方、授業が多い、課題が多い、バイトが忙しいなどさまざまな理由で自分の健康や体力を伸ばす機会を失う学生が多い。上記の研究成果で示したように、まとまった時間がなくても短い運動でも工夫をすることで一定の効果が得られる。例えば、通学やバイト先までの移動をウォーキングや自転車などに変える、スマートフォンやスマートウォッチなどをうまく利用し、毎日の自分自身の行動（運動時間、睡眠時間など）を記録として残し、確認できる仕組みをつくることで行動パターンを変えるなど、工夫次第でいくらでも運動時間を確保できる。

大学の施設や体育授業での運動参加、そして、日常生活での運動など、自ら運動時間を確保することは、間違いなく皆さんの将来のQOLに直接役立つだろう。

表13-1　運動中および運動後（休憩時）における生理的応答の比較

項目		30 Ex	10 Ex
運動中	（30分間）		
血中乳酸濃度	(mmol/L)	6.3 ± 1.7	6.3 ± 2.5
平均心拍数	（拍/分）	152.5 ± 14.8	149.0 ± 12.9
平均酸素摂取量	(ml/kg/分)	37.1 ± 7.7	34.8 ± 4.5
総酸素摂取量	(L)	71.1 ± 13.4	66.5 ± 7.9
エネルギー消費量	(kcal)	354.8 ± 67.2	331.1 ± 39.3
運動後（休息時）計90分間		90分連続後	10分＋10分＋70分
総酸素摂取量	(L)	42.5 ± 6.8 *	49.3 ± 4.1
エネルギー消費量	(kcal)	202.0 ± 31.7 *	239.0 ± 19.9
EPOC	(L)	9.0 ± 5.9 *	17.2 ± 4.3

EPOC：excess post-exercise oxygen consumption（運動後過剰酸素消費量）
平均値±標準偏差　$*p < 0.05$
30 Ex：30分間の連続的有酸素運動
10 Ex：10分間3セット（10分休息）の間欠的有酸素運動
出典　韓一栄・向本敬洋・植田央・清田寛・大野誠「間欠的な有酸素運動における運動中および運動後の酸素摂取動態」『日本体育大学スポーツ科学研究』第1巻　日本体育大学　2012年　pp.1-7

索引

数字・欧文

1RM ……………………………… 170
ADP ……………………………… 158
AED ……………………………186、188
AIDS ……………………………… 200
AMPK …………………………… 101
ATP ……………………………101、158
ATP-CP 系 ……………………… 163
BLS ……………………………… 186
BMI ………………………… 91、105
DSD ……………………………… 204
fight or flight（闘争―逃走反応）…… 42
GLUT …………………………… 92
GLUT4 ………………………… 100
ICF ……………………………… 77
ICIDH …………………………… 77
LGBT …………………………… 205
NCDs …………………………… 91
PFC バランス …………………114、115
POLICE 処置 …………………… 185
RM 法 …………………………… 170
RPE ……………………………170、175
SOC ……………………………… 32
SOGI …………………………… 205
SRRS …………………………… 44
STD ……………………………… 200
TCA 回路 ……………………… 164
VO₂max ………………………… 129

あ行

アディポサイトカイン ………… 94
アデノシン三リン酸 …………101、158
アデノシン二リン酸 …………… 158

意識性の原則 ………………… 166

一次救命処置 …………………… 186
一次予防 ………………………… 90
飲酒 ……………………………… 118
インスリン ……………………… 92
ウォーミングアップ …………… 176
運動器障害 ……………………… 96
運動処方 ………………………… 168
運動神経 …………………157、159、160
運動単位 ………………………… 160
運動能力 ………………………… 125
エイズ …………………………… 200
栄養機能食品 …………………… 120
栄養補助食品 …………………… 120
エネルギーバランス …………… 114
エルゴノミクス ………………… 146

か行

外呼吸（肺呼吸）………………… 161
回転運動 ………………………… 143
解糖系 …………………………… 163
外部環境 ………………………… 42
可逆性の原理 …………………… 165
拡張期血圧 ……………………… 93
加速度の法則 …………………… 145
過負荷（オーバーロード）の原理 …… 165
カルボネン法 …………………… 174
加齢 ……………………………… 213
がん ……………………………… 107
感覚神経 ………………………… 160
慣性の法則 ……………………… 145
キネティクス的パラメータ …… 144
キネティクス的分析 …………… 145
キネマティクス的パラメータ … 143
キネマティクス的分析 ………… 143
機能性表示食品 ………………… 120

機能評価 ……………………………… 189
競技スポーツ ………………………… 14
胸骨圧迫 ………………………186、187
協調性 ………………………………… 132
緊急反応 ……………………………… 42
筋原線維 ……………………………… 157
筋持久力 ……………………………… 131
筋収縮 ………………………………… 157
筋小胞体 ……………………………… 158
筋節 …………………………………… 157
筋線維 ………………………………… 157
筋力 …………………………………… 131
クーリングダウン …………………… 177
軽スポーツ …………………………… 83
ゲーム依存症（障害）………………… 121
血圧 …………………………………… 93
月経異常 ……………………………… 105
健康 ……………………………… 13、25
健康関連体力 ………………………… 126
健康寿命 ………………………… 96、223
健康生成論 …………………………… 31
健康づくりのための睡眠指針 ………… 111
健康日本 21 ……………… 25、109、110
交感神経系 …………………………… 160
高血圧 ………………………………… 93
恒常性維持機能 ……………………… 42
行動体力 ……………………………… 125
更年期 ………………………………… 198
更年期障害 …………………………… 198
コーピング ……………………… 45、50
合理的配慮 …………………………… 76
呼吸器系 ……………………………… 161
呼吸法 ………………………………… 50
国際障害分類 ………………………… 77
国際生活機能分類 …………………… 77
国民医療費 …………………………… 97
心の健康 ……………………………… 39

五大栄養素 …………………………… 112
骨格筋 …………………………157、167
骨折 …………………………………… 184
骨粗しょう症 …………………105、184
個別性の原則 ………………………… 166

さ行

最大挙上重量 ………………………… 170
最大酸素摂取量 ………………129、162
最大反復回数 ………………………… 170
「ささえる」スポーツ ……………… 220
作用・反作用の法則 ………………… 145
産後うつ ……………………………… 199
産後精神病（産褥精神病）…………… 200
酸素摂取量 …………………………… 161
三大栄養素 …………………………… 112
ジェンダー …………………………… 203
自覚的運動強度 ………………170、175
脂質 …………………………………… 112
実行機能 ……………………………… 60
疾病生成論 …………………………… 31
自動体外式除細動器 ………………… 186
シナプス ……………………………… 159
社会的健康 …………………………… 39
社会的再適応評価尺度 ……………… 44
社会の医療化 ………………………… 27
収縮期血圧 …………………………… 93
柔軟性 ………………………………… 128
循環器系 ……………………………… 161
障害者活躍推進プラン ……………… 76
障害者差別解消法 …………………… 76
生涯スポーツ ……………… 13、216
情緒的健康 …………………………… 39
情動焦点型コーピング ……………… 46
消費エネルギー ……………………… 102
食事バランスガイド ………………… 116

食生活指針 ……………………… 117、118
食物繊維 …………………………… 112
女性アスリートの三主徴 ………201、202
自律訓練法 ………………………… 52
自律神経系 ………………………… 160
心筋 ………………………………… 157
神経細胞（ニューロン） ………… 159
人工呼吸 …………………… 186、188
身体活動指針（アクティブガイド）
　………………………………109、110
身体組成 ……………………… 91、128
伸張性筋収縮 ……………………… 158
心肺持久力 ………………………… 129
心肺蘇生法 ………………………… 186
心拍数 ……………………… 162、174
随意筋 ……………………………… 157
睡眠 …………………………… 66、110
睡眠サイクル ……………………… 110
睡眠障害 …………………………… 111
睡眠負債 …………………………… 110
スキャモンの発育曲線 …………… 60
スクリーンタイム ………………… 65
ストレス …………………………… 40
ストレスマネジメント …………… 48
スポーツ …………………………… 11
スポーツ外傷 ……………………… 181
スポーツ基本計画 ………………… 218
スポーツ基本法 ……… 12、76、218、224
スポーツ障害 ……………………… 181
スポーツバイオメカニクス ……… 141
スマホ症候群 ……………………… 121
「する」スポーツ ………………… 218
生活習慣病 …………………… 90、109
性感染症 …………………………… 200
性自認 ……………………………… 204
成人病 ……………………………… 90
性的指向 …………………………… 205

性的マイノリティ ………………… 205
性分化 ……………………………… 197
性分化疾患 ………………………… 204
脊髄 ………………………………… 160
摂取エネルギー …………………… 102
摂食障害 …………………………… 105
漸進性の原則 ……………………… 165
漸進的筋弛緩法 …………………… 51
全面性の原則 ……………………… 166
専門性の原則 ……………………… 166
総合型地域スポーツクラブ ……… 224

た行

体脂肪率 …………………………… 91
体循環 ……………………………… 162
体性神経系 ………………………… 160
体力 ………………………………… 125
脱臼 ………………………………… 185
脱水症 ……………………………… 186
たばこ ……………………………… 119
短縮性筋収縮 ……………………… 158
炭水化物 …………………………… 112
たんぱく質 ………………………… 112
知的健康 …………………………… 39
中枢神経系 ………………………… 159
超回復 ……………………………… 172
低出生体重児 ……………………… 105
適応性 ……………………………… 165
糖質 ………………………………… 112
等尺性筋収縮 ……………………… 158
等張性筋収縮 ……………………… 158
糖尿病 ……………………………… 92
動脈硬化 …………………………… 94
特異性の原理 ……………………… 165
特異的反応 ………………………… 40
特定保健用食品（トクホ） ……… 120

トランスアクショナルモデル ……………… 45
トランスジェンダー …………………… 204

な行

内呼吸（組織呼吸）………………… 161
内臓脂肪型肥満 …………………… 94
内臓脂肪症候群 ………………… 29、94
内部環境 ……………………… 42
七大栄養素 ………………… 112
日本人の食事摂取基準 ……………… 113
ニュースポーツ ……………… 83、221
ニュートンの三法則 ………………… 145
人間工学 ……………………… 146
人間的健康 …………………… 39
認知的評価モデル ………………… 45
熱中症 ……………………… 185
捻挫 ……………………… 185
脳 ……………………… 160
ノンレム睡眠 ……………111、123

は行

パーセント法 …………………… 170
バイオメカニクス ……………… 141
肺循環 ……………………… 162
パラスポーツ …………………… 73
汎適応症候群 ……………… 42
反復性・周期性の原則 …………… 166
皮下脂肪型肥満 …………………… 94
非感染性疾患 …………………… 91
ビタミン ……………………… 112
非特異的反応 …………………… 40
肥満 ……………………… 91
肥満症 ……………………… 91
病態評価 …………………… 189
敏捷性 ……………………… 131

フィトケミカル ………………… 113
副交感神経系 …………………… 160
不随意筋 …………………… 157
フレイル …………………… 96
平滑筋 ……………………… 157
平均寿命 …………………… 223
閉経 ……………………… 198
平衡性 ……………………… 131
並進運動 …………………… 143
ヘルスプロモーション ……………… 98
ヘルスリテラシー ……………… 35
防衛体力 …………………… 125
ホメオスタシス ……………… 34、42

ま行

マインドフルネス ……………… 50
マインドマッスルコネクション ……… 166
末梢神経系 …………………… 159
ミネラル ……………………… 112
「みる」スポーツ ………………… 219
メタボリックシンドローム ……… 29、94
メッツ ……………………… 110
目標心拍数 …………………… 174
問題焦点型コーピング ……………… 46

や行

有酸素運動 …………………… 173
有酸素系 ……………163、164
ユニバーサルデザイン ……………… 83

ら行

レジスタンス運動 ……………… 168
レム睡眠 …………………… 111
ロコモティブシンドローム … 96、105、135

スポーツ健康科学

2022 年 8 月 20 日　初版第 1 刷発行
2023 年10月 31 日　初版第 3 刷発行

編 著 者	佐藤洋
発 行 者	竹鼻均之
発 行 所	株式会社みらい
	〒500-8137　岐阜市東興町40 第 5 澤田ビル
	TEL 058-247-1227（代）
	FAX 058-247-1218
	https://www.mirai-inc.jp
装丁・本文デザイン	小久保しずか
イラスト	MiMi
印刷・製本	株式会社　太洋社

ISBN978-4-86015-580-3　C3075　Printed in Japan